綁架美利堅

美國由盛而衰的案例

（美）則席／著

目錄CONTENTS

感 謝

　　按照慣例，付梓之前作者要對自己心存感念的人們說一句：謝謝。這可不是客套話，因爲一本書得以成型不是一個人的勞動可就，而是多方面的共同努力而成。

　　首先要感謝的是我的家人，他們在諸多方面的包容大度使我得以靜心碼字，在與他們的討論、爭論中使我知道選材和內容收放的尺度。沒有他們的理解和支持，這些故事或許依舊在筆記本裡酣睡。最後一稿的校對也是家人秉燭達旦才消滅了數以百計的錯別字和使用不當的標點符號。

　　還要感謝近幾年經常與我互動的廣大網友，他們在各類題材上提出的問題、批評和辯論爲許多情節的展開提供的依據。無數個夜深人靜獨對孤燈時，在我的心中許多網友早已是本書的第一批讀者了。

前言

豈止今日，二十一世紀人類經歷的節點性大事件有三個，開世第一年的紐約"雙子樓恐襲"，2020年漫延全球的新冠病毒和同年的美國總統大選。這三件事都從根本上改變了歷史進程的軌跡，而且在本質上相互關聯。所謂"本質的關聯"，至少表現在四個方面：

首先，從美國社區政治到各種形態的國際政治始終都掌握在精英團體手中，越是高層政治越是如此，因為他們是政治和經濟的規則制定者，也是民眾和國家的路徑引領者。

第二，人類文明演進的歷史決定了歐洲文明的前導地位和東亞文明的後置地位，從而決定了後置觀察理解和判斷前置時常常遇到難以逾越的局限性，少數通識者除外。

第三，一切政治制度（帝制、君主制、民主制等等）的本質是相通的，因為參與政治活動的所有人的本性是相通的；所謂政治就是人際關係的總和與平衡。

第四，精英團體決策的成果主要受益者是自身，惠及民眾的多少取決於該團體的道德價值和內部平衡，但是，精英決策產生的惡果卻相反，民眾是受損主體，上層精英在大多數社會演進過程中是很少承擔實際損失的。然而當一個社會的政治生態嚴重失衡而導致暴力式政權更迭時，付出最大代價又恰恰是精英階層，這就是爲什麼任何精英集團一旦奪取政權就必然窮盡一切手段保衛並鞏固來之不易的權力。

上面的開場白有點文縐縐的，甚至有點拗口。原因是本書的每個案例所要展示的美國政治的側面都在這個範疇之內，所以開篇就濃縮地做個概括。

我們編著本書的動因是對2020美國總統大選後漢語族群表現出來的各種激烈情緒所做的歷史思考和反應。競選期間民主黨和共和黨雙方的選情可謂雲泥之別，一方是支持者人山人海，另一方是門可羅雀；但郵寄投票，機器停擺，計票異常，卻導致選舉結果與選情出現逆向巨差。一方面是多數人感到不解，憤怒，失望和難過；另一方面是一小部分人偷樂，得意和更大的期盼。前者的情緒源自於多年建立的三觀被難以置信的選舉結果摧毀，自由的燈塔、民主的柱石、公平正義的象徵等等；後者的得意源於他們本來就認爲美國應該反川普之道而行，繼續打開國門實行多元文化主義，推行全球一體化主義，科學技術輸出結合製造業外包，等等。這兩者雖然觀念對立，但都只是從己方立場結合媒體喂料去觀察解讀美國政治，這一點又反過來加劇了雙方的對立。今天的美國意識形態的對立以及由此演化出來的社會分裂是空前的，而且在日益加深。當然，一切對立的根本只有兩點，一是價值觀，二是利益歸屬；這兩點往往是融爲一體的，所以一切意識形態的對立最終只能走向極端，而利益不過的臨時的潤滑劑和降溫液。

我們編著本書的另一個目的是爲關心政治（也就是關心自己命運的個人以及所屬群體利益）的讀者提供一個不同的視角，展示一個不同的層面來觀察分析理解美國政治。這一點之所以很值得耗費心力，是因爲美國在上個世紀所積累的巨大能量至今依然在國際政治，金融和軍事領域主導著整個世界的格局變化和未來走勢。想要了解一個國家眞實的政治生態就萬萬不可依賴教科書和媒體的宣講（這方面的信息量足以使人窒息），而要多看他們不讓說或刻意迴避的歷史事件。換言之，不能只看陽光燦爛時的美國，而更要看陰雨連綿和天黑後的美國。唯如此才有可能獲得相對完整和眞實的認知。

本書的目標讀者大致可以分爲三個群體：一是有興趣了解政治經濟和社會問題，關注政治博弈的讀者。對於此類讀者，我們希望本書能夠起到拋磚引玉的作用。書中的每個案例都包含諸多線索供大家探索和展開，以求揭示出更多更深的博弈實質。二是不依賴官方教科書和媒體碎片信息作爲自己認知體系的原料，而是力求多維度構建自己知識架構的讀者。對於此類讀者，我們希望各位能夠多做引申研讀，提出有價值的批評和爭論，以便補充本書的不足和遺漏謬差。三是喜歡閱讀和分析"懸疑"案件和邏輯思考的讀者。對於此類讀者無需多言，因爲邏輯思考的前提是平時積累的常識和判斷能力，相信諸位讀後自有心得。另有一類讀者可能不在我們的"預見"之內，他們是實際工作中接觸美國政客的人士，至於本書內容對他們的思考和工作方法有何正負作用，恐怕"只有天知道"了。

本書的編著基本遵循所謂的"編年體例"，但也偶有插敘；原因是本書所選的案例多數是二十幾年的個人筆記，原本就很"有序但又凌亂"；歷時八個多月的業餘時間整理出這本小冊子，還是本著初衷：拋磚引玉，這個主旨從目錄和索引里可見一斑。

定義和鋪敘結束，用一句通俗的話就是：閒言少敘，言歸正傳，請各位帶著批判和質疑的精神閱讀《綁架美利堅》。

2021年2月20日（美國）

1. 美國轉運的歷史見證人──阿瑟·史萊辛格

二零零一年，肯尼迪圖書館和幾家基金會共同舉辦了《敞開心扉》電視訪談節目，其採訪對象都是在二十世紀親歷過重大事件的人物，而首選的嘉賓就是阿瑟·史萊辛格。

阿瑟·史萊辛格（Arthur Schlesinger）生於一九一七年，是美國政壇的三朝元老，在羅斯福總統，杜魯門總統和肯尼迪總統時代都曾擔任內閣要職並經常參加許多高層的機密會議，是諸多重大歷史事件的親身經歷者和見證人。當記者問他，回顧一生走過的路，最有價值的經驗教訓是什麼？老人看著窗外的濛濛細雨答道："該說話的時候絕不能保持沉默。"在記者詢問的目光下，老人打開了記憶的閘門，講述了他的名著《一千個日夜》裡記載的一幕……

一九六零年十一月的總統大選以約翰·肯尼迪的勝利落下帷幕。次年一月二十一日，美國歷史上最年輕且才華出眾，躊躇滿志的肯尼迪總統宣誓就職。隨著他那句"請不要問國家能為你做什麼，而要問你能為這個國家做什麼"的名言，美國的歷史翻開了新的一頁。當時，反對戰爭的政客們及民間勢力呼吁停止越戰，年輕的總統幾次公開演講說要先降溫，隨後再撤回美國駐南越的一萬七千名軍事顧問；民眾要求打擊黑社會勢力，肯尼迪責令司法部長羅伯特·肯尼迪主抓打黑工作；選民提出政府應該增加公開透明度，肯尼迪在對全美記者協會發表演講時公開抨擊祕密組織是社會的毒瘤。宣誓就職後的短短幾個月，血氣方剛的年輕總統就向世人展示了一個充滿活力，雄心勃勃要大幹一場形象，他要爲美國開創百年盛世。

入主白宮後的當務之急是梳理前任總統尚未未完成的工作，重新安排輕重緩急的順序，以便重點推進新的內政和外交方針。這時，首先提上議事日程的是《坎坷之路》，也叫"豬灣計劃"——顛覆古巴卡斯特羅政權。上任僅僅一個月後，肯尼迪在橢圓辦公室召開了一次高規格保密會議，參加這次會議的是爲數不多的核心要員，除了軍方的幾個將軍，中情局的頭目，還有總統最信賴的幕僚，其中就包括阿瑟·史萊辛格。會議的議題只有一個："豬灣計劃"的可行性論證及行動時間表。這個計劃是中央情報局一手策劃，由艾森豪威爾總統於一九六零年授權進行籌備的。中情局局長艾倫·杜勒斯用沉著凝重的語氣就該計劃向總統和到會的各部門主管做了總體概述：

1. 一九五九年古巴發生了革命，社會主義者卡斯特羅奪取了政權。由于卡斯特羅和蘇聯共產黨領袖赫魯曉夫的關係日益密切，這個新生的紅色政權對整個拉丁美洲開始發揮影響，成爲美國後院的潛在危險，因此，在其政權尚未牢固之時要將其推翻。

2. 卡斯特羅上台後，古巴政府驅逐了幾乎所有美國公司，並將這些公司擁有的土地收歸國有，美國的蔗糖，咖啡和煙草行業受到巨大衝擊，損失慘重。同時，美國對古巴的出口業已處於停頓狀態。

3. 中情局已經招募了一千四百名流亡美國的古巴自由戰士，經危地馬拉同意，他們在該國已經集訓了一年，隨時可以投入戰鬥。

4. 中情局正在古巴祕密展開一場反卡斯特羅的全面宣傳攻勢，爲即將開始的軍事行動做了必要的準備。

5. 中情局正在古巴境內建立情報網絡，展開情報收集工作。

6. 八架B-26轟炸機已經重新塗漆改標爲古巴投誠戰機，在尼加拉瓜待命，可以按指令攻擊卡斯特羅的軍用機場，摧毀其空軍主力，掌握製空權並爲搶灘部隊提供空中掩護。另外，海上補給艦也準備就緒。

7. 古巴內部的反卡斯特羅力量將在內地策應。最差的結果是搶灘登陸的一千四百名戰士與他們匯合，展開游擊戰。

8. 登陸點選在"豬灣"，中情局長艾倫·杜勒斯指著地圖上標出的"豬灣"結束了他的報告。

肯尼迪總統環視在場的每一個人，詢問他們的意見。五角大樓的將軍們首先認可了中情局的計劃並承諾陸海聯合作戰部隊會配合到位；白宮安全顧問也認爲可行，因爲所有行動都是由古巴自由戰士們從第三國發動的，卽便發生意外，美國政府也不至于被責難；至此，會議形成了一邊倒的意見。肯尼迪本人雖然願意利用這次行動履行他在競選時的諾言，對共產主義擴張絕不退讓；但他還是謹愼地再次徵詢有何不同見解。看著大家都信心滿滿而且行動及作戰計劃似乎也整合嚴密，史萊辛格欲言又止。會議最後一致通過了中情局制定的"豬灣計劃"，定名爲"Zapata修鞋匠行動"；肯尼迪總統簽署了執行令。此時是一九六一年四月十三日，肯尼迪總統執掌白宮還不足九十天。

中情局局長杜勒斯向肯尼迪總統做的匯報勾勒出一個整體作戰計劃，卻少了一個極其重要的細節：爲什麼選擇"豬灣"作爲登陸點？這一點我們稍後再展開。

四月十五日，八架改裝的B-26轟炸機按照預定計劃從尼加拉瓜起飛，進入古巴領空。遺憾的是，古巴政府似乎有所準備，早已提前將戰機轉移；隨後出現在"豬灣"上空的米格戰斗機群將入侵的反共自由力量"2506旅"的補給艇炸沉，侵入古巴境內笨重的B-26轟炸機在米格戰機的攻擊下幾乎無一生還。

四月十六日，作爲配合"豬灣"行動的佯攻，小股古巴反共自由戰士組成的"2506旅"在古巴南部的巴亞洪達島開始登陸，但古巴政府和軍方似乎看透了對方的伎倆，並沒有將注意力轉向南部。至此，這次佯攻沒有達到預期目的。

四月十七日，一千四百人的古巴反政府武裝在北部的"豬灣"發起搶灘登陸。原計劃的突襲卻遇到了十倍強敵的殘酷圍攻，二十小時後，因失去空中掩護，補給艦船被擊沉，登陸宣告失敗。反政府自由軍"2506旅"死亡一百四十多人，餘下的近一千兩百人被生擒。令人費解的是，古巴政府竟然在海岸架設了無線電向全國實況轉播海岸戰況，難道古巴政府早就做好了迎接入侵的準備？更令人失望的是，中情局所謂事先安排的古巴國內反政府大遊行，破壞活動和武裝起義根本沒有出現。

從四月十八日開始，"豬灣計劃"失敗的消息佔據了各大報紙的頭版。"反叛者被卡斯特羅的戰機和坦克粉碎"，"古巴反政府軍全部投降"，"這場叛亂的幕後策劃者束手無策"等等。

資料來源：1961年4月19日《太陽報》

戰況匯總到了白宮，肯尼迪總統痛苦地聽取了中情局和五角大樓的匯報之后，譴散了所有幕僚，陷入沉思；他需要獨處，需要冷靜，需要決策，而這次決策將直接關乎自己的政治藍圖和本屆政府的未來。他凝視著窗外白宮的綠茵，喃喃自語：轟炸機不敵米格戰鬥機，這是常識，爲何事先沒想到？執行轟炸時關鍵的一個小時時差爲何被忽略了？古巴的空軍並沒有如逾期那樣遭到打擊，而是迅速掌握了製空權！早已安排好的古巴國內反政府武裝爲何毫無蹤跡？數以十倍的古巴政府軍在"豬灣"海灘嚴陣以待，迅速擊沉給養艦，切斷後路……這一切都指向一點：古巴政府及軍方早已掌握了中情局的機密計劃！而這一切我和我的幕僚們爲什麼都不知道？我被他們利用了，甚至可以說被他們耍弄，算計了，他們目的是要全面開戰啊！

　　白宮召集緊急會議，中情局局長杜勒斯代表情報部門和五角大樓提出建議：美國海空軍協同陸戰隊對古巴採取軍事行動，占領哈瓦那，推翻卡斯特羅政權。他們懇切地望著肯尼迪總統，下令吧！我們一切都準備就緒，一定可以完成任務！肯尼迪總統的目光在每個人的臉上迅速掠過，沉靜地問道，如果蘇聯接受古巴政府的求援而參戰，如何應對？你們做好了打核大戰的準備了？整個會場鴉雀無聲，肯尼迪總統斬釘截鐵的宣布散會，並在心中暗暗堅定了自己的決定，他相信他的決定是正確的。隨後，他向全國發表了講話，以其特有的語言風格鄭重宣布，作爲總統，自己對中情局插手古巴事件將展開調查，美國軍隊不會介入古巴的動蕩，但美國仍將一如既往的堅決反對共產主義對美洲的擴張……

史萊辛格陷入回憶，仿佛是自言自語：那段時間總統沉默寡言，難得有一絲笑容，唯一能給他安慰的是妻子杰奎琳。"唉，該說話的時候我卻什麼也沒說。" 老人充滿自責道。

記者略帶同情地問道，"事後你和肯尼迪總統談過這次失敗的原因嗎？"

老人直截了當地說沒有。事後肯尼迪總統的反應是他主動公開擔責，然後果斷處理失敗後的遺留問題，包括解雇了中情局長和數位高層官員，這一切都表明肯尼迪總統對一切都明白了，再提失敗原因只會徒增他的痛苦。很顯然，"豬灣計劃" 的慘敗是中情局一手策劃和刻意導演的結果。

"爲什麼這麼說？" 記者追問道。

史萊辛格頗顯激動地說，事後我和其他部門的負責人都談到過整個事件的來龍去脈，所有問題的答案都只能說明一點：中情局有意策劃了這場失敗。我們不妨簡單回顧一下：

首先，登陸當天的海岸地帶氣候惡劣，爲什麼事先沒人通知登陸部隊？如果給養斷送，登陸部隊無法生存，更何談戰鬥。爲什麼不能更改日期？

其次，稍有軍事常識的人都知道古巴政府的空軍主戰機型是米格噴氣式戰機，但中情局爲什麼非得選用二戰淘汰下來的B-26轟炸機去執行摧毀對方空軍的行動？還把時差搞錯了一個小時。核對一下指揮官們的手錶有那麼困難嗎？卡斯特羅爲什麼提前把他的戰機都轉移了？情報是如何洩露的？

再有，計劃中的古巴國內反政府武裝應該響應並配合登陸，但爲什麼沒有絲毫反應？早已在古巴國內建立的情報網爲什麼沒有發揮任何作用？就在登陸計劃實施前，古巴政府逮捕了一千多名社會各界的異議人士，爲什麼中情局和五角大樓竟然毫無警覺？

還有，《紐約時報》等媒體發表了兩篇報導，說美國在策動一場推翻卡斯特羅的計劃。中情局的計劃爲什麼不做相應的變更？

更有甚者，古巴政府和軍方早已準確知道登陸地點並集結了一支兩萬多名戰士的軍隊嚴陣以待，中情局和軍方卻毫不知情？古巴政府提前在海岸架設無線電臺，向全國報告海灘的戰況？這樣的自信，如此的成竹在胸，依據又來自哪裡？

老人的情緒一時間難以平復，記者換了個探訪角度問道，"豬灣失敗"對肯尼迪總統本人以及美國政體而言有什麼影響？

史萊辛格歎了口氣，緩緩說道，影響很多，很大。一方面，肯尼迪本人被愚弄，這很屈辱，他常常自言自語：我怎麼那麼蠢？就沒看出他們的眞實意圖？另一方面，美國政府的形象和信譽都遭受了空前的打擊。事後，美國向古巴支付了五千三百萬的賠款，都是私營公司以嬰兒奶粉，醫藥用品等物品支付的。這可是有史以來美國第一次因戰敗而付出的賠款。奇恥大辱！

剛才提到過中情局局長杜勒斯向肯尼迪總統作的戰前報告中缺失了"爲什麼選在'豬灣'作爲登陸點"，參照下面的示意圖應該不難看出中情局的眞實意圖。選擇南部的"豬灣"登錄可以將古巴的有限作戰力量吸引於此，利用"豬灣"登陸失利迫使肯尼迪總統不得不同意出兵直接干預；從佛羅里達州的邁阿密到古巴只有區區90英里，整裝待發的美軍可以說到就到；古巴北部的武裝力量面對美軍海空聯合進攻肯定是微不足道的，可以在幾個小時內占領哈瓦那，逮捕卡斯特羅，宣布共產黨政權結束。這樣，中情局的眞實意圖就得以實現，也就是推翻建政伊始的古巴共產黨政權，恢復美國大公司對古巴煙草和蔗糖的壟斷，並以此在國際市場上大行其道，謀取暴利。

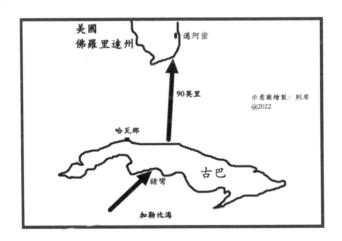

　　"豬灣失敗"打亂了肯尼迪總統的原定計劃：國內打擊黑社會勢力，整理金融壟斷，大幅度提高政府工作效率和透明度；對外降溫越戰，逐步撤軍，等等。

"豬灣計劃"事件之後，古巴完全倒向了蘇聯並開始大批購買蘇聯的石油，與美國的關係全面惡化，不到一年就引發了震驚世界的"古巴導彈危機"。好在肯尼迪總統對形勢作出了正確判斷，最終能夠化險爲夷。

　　訪談快要結束了，記者最後問了一個問題，如果用"豬灣計劃"和"朝鮮戰爭"做個比較，哪個事件對美國的國運影響更大？對此，史萊辛格老人似乎早有了答案。他爽快地說，我在杜魯門總統的內閣也任過職。朝鮮戰爭時，杜魯門總統的指導思想是代表聯合國出兵，戰略目標是維持和平，也就是把入侵的北韓軍隊打回到三八線以北，雙方停戰，並沒有要和中共軍隊作戰的意圖，更沒有要消滅那裡的共產黨的意思。因爲麥克阿瑟將軍堅決主張要打就徹底地打，一直打到中國境內，消滅共產黨軍隊，所以杜魯門總統才把麥克阿瑟將軍免職了。總而言之，"朝鮮戰爭"中，雖然麥克阿瑟將軍在戰役初期因自負而採取的長驅直入戰術給了中共軍隊反攻的機會，但是已經達到了原定的"有限戰爭"的戰略目的。也就是韓戰從一開始就定性爲區域有限戰，不許升級爲全面戰爭。從最後的結果來看，美國在軍事上獲得了勝利，以絕對優勢的武器，幾萬人傷亡的代價使得對手付出了近百萬人的傷亡；但政治上美國確實是失敗的，美國的國際形象，聲譽和影響力都不如僅僅幾年前二戰結束的一九四五年。"朝鮮戰爭"之後，蘇聯共產黨主導的社會主義擴張到整個東南亞和東歐國家。國際政治格局分成兩個完全對立的，以意識

形態劃分的陣營，即資本主義和社會主義陣營。雙方都擁有核武威懾，都知道戰爭失控的毀滅性後果，所以才從此進入幾十年的冷戰期。

"豬灣計劃"的失敗是把遠方的恥辱帶回了家中。古巴革命者切格瓦拉直接寫信給肯尼迪總統，說"豬灣"事件之前，古巴的革命是不徹底的，也是不夠堅強的；但這之後，古巴的社會主義革命受到了全體人民的擁護，民眾的革命熱情和信心都空前高漲。而在美國的後院，其他拉丁美洲國家嘲諷說我們為了幾根甘蔗，幾隻雪茄不惜用偷雞摸狗的陰謀去顛覆別的國家。當然，這也是連帶指責中情局對墨西哥政府和尼加拉瓜政府的成功顛覆。從歷史的演變來看，"豬灣失敗"真是美國命運的重要轉折。沒有這次愚蠢的失敗，或許不會發生肯尼迪總統謀殺案，以及之後逐步升級的美國對越南戰爭。繼而是越戰所導致的一場持續的國內反戰運動以及隨後的各種社會運動，使美國社會產生了許多根本性的文化和政治方面的變化，直到今天。

作為幾次重大事件的親歷者和見證人，我最懊悔的就是"在該說也能說的時刻選擇了沉默"。

訪談之後的二零零七年，阿瑟·史萊辛格離開了人世，享年八十九歲。他留下的那句："該說而能說的時候絕不能沉默"久久縈繞在心中。

雖然歷史充滿了貌似偶然卻實為必然的事件，但稱得上重大節點的事件並不多。這些為數不多的重大節點事件留給後來的社會學或歷史學特別是政治學的課題極為豐富。從不同角度解讀這些事件會爲我們展示常常很容易被忽視的政治結構及運行的背後一面。除了阿瑟‧史萊辛格的回憶總結之外，發生在一個甲子之前的"豬灣事件"對後人而言可以學習的經驗和汲取的教訓還可以從以下幾個不同的層面分析歸納：

1. 肯尼迪總統爲什麼會同意"豬灣計劃"？

   首先，肯尼迪總統新任伊始，對諸多待決事宜的幕後細節不甚了然，這就要依靠身邊的幕僚和情報高層所提供的信息作爲決策依據。"豬灣計劃"恰恰是中情局策劃並操縱的，其內容含有諸多不定因素，而通常制定一個計劃和實施該計劃應該由兩個不同部門操作並共同向總統及內閣專門負責人匯報，但事實卻是相反，也就是說肯尼迪總統的決策缺乏依據。這種通過民主選舉每四年或八年一次的權利和平轉讓使得美國的行政及外交政策缺乏連續性和實際的高效性，這是民主制度天生的缺陷。這種缺陷在重大危機中可能是致命的。其次，"豬灣計劃"是前總統艾森豪威爾同意並已展開的工作，支持該計劃的繼續進行也顯示出新總統對前任總統的起碼尊重。還有，五角大樓的高層認同肯尼迪總統的意見，即美國政府和軍方不能被外界認爲在幕後策劃指揮，這是政治和外交的底線。這個所謂的底線，也是肯尼迪總統簽署"豬灣計劃"的原因之一。

2. "豬灣事件"對美國造成的最大損失是什麼？

事件從實施登陸到徹底失敗只不過一天多一點的時間，鑒於美國的國家形象，與歐洲盟國的關係以及在拉丁美洲的影響，肯尼迪總統拒絕用武力全面入侵古巴推翻卡斯特羅政權，並在事後做出了美國有史以來第一次以贖金的形式，以失敗者的身分向對方支付五千三百萬（3500 million）的巨額賠款。這可不僅僅是錢的事，而是一次巨大的政治失敗，因爲這是自美西戰爭以來第一次所有反美的勢力都可以說：美國眞的沒什麼了不起！

3. 對肯尼迪總統個人及其執政理念有什麼影響？

事件過後，肯尼迪總統的威信，美國的形象及信譽都受到沉重打擊。這种打擊對一個渴望大展宏圖，躊躇滿志的新任總統來說，無異於當頭一棒。所以，肯尼迪總統在懊悔，自責和憤恨的痛苦煎熬中，很快決定開除或勸退情報部門和軍方的高層領導。這次重大人事變動也爲兩年後的肯尼迪謀殺案增添了抹不去的陰影。

4. 中情局在整個事件中的作用和應付的責任是什麼？

整個"豬灣計劃"的提議，策劃和執行都代表著幕後糖業，咖啡及煙草公司的利益。在這三個領域中，古巴產品的產量和質量都在世界同行業中佔有舉足輕重的地位，是大資本財團的"戰略必爭"之地。事件之後，前蘇聯從古巴買走其

80% 的蔗糖就不經意間揭示了這一點。這也是為什麼古巴反政府軍登陸失利後，中情局聯手五角大樓強烈要求肯尼迪總統對古巴進行全面軍事進攻並且已經在近海部署了配有大口徑火炮的海軍陸戰隊艦艇。可見登陸失敗的藉口不過是全盤計劃的苦情劇。中情局為其金主的利益，不顧國家利益，不顧政治風險及可能的美蘇直接熱戰，其陰暗醜惡在"豬灣事件"中表現得十分露骨。從一九七零年以來逐步解密的文件都清晰地指明了這一點。

5. "豬灣計劃"的策劃有什麼缺陷？

首先，它的缺陷是不了解古巴實情的中情局高層人為設計的。設計者為了達到全面軍事入侵古巴的目的而設計了"豬灣計劃"的失敗前提。從卡斯特羅革命成功的一九五九年開始，中情局和五角大樓就知道一個基本事實：小規模的登陸和事後的游擊戰不可能顛覆新生的古巴革命政權，欲達目的就必須實施全面軍事占領。其次，假設要成功施行"豬灣計劃"，在嚴格保密的前提下，中情局的計劃基本是合理的，但欠缺的是登陸兵員不夠。在南部的巴亞洪達島登陸不應該是佯攻而是真正的進攻，或者至少應該與豬灣登陸同時進行，互為佯攻。這樣，任何一點登陸成功都可以挺進縱深，展開游擊戰，以待後援。如果南北都成功，則可兩面夾擊，以原有的國內反政府武裝爲配合，直逼首都哈瓦那。另外製空力度的欠缺也是硬傷。當時美國已經服役的二代戰機，如F-104，F-105不僅裝有先進雷達，而且可以攜帶空對空導彈，可以取得完全的製空權，但事實上使用的是二戰淘汰的B-26轟炸機。歷史確實是無法假設的！假如使用的是F型戰機，結果或許完全不同？當然，事先洩密導致古巴政府將戰機轉移，並迅速發起空中反擊，使得失去空中掩護和支持的登陸失敗成爲必然。因整個計劃的設計目的是爲了金主們對古巴進行全面軍事占領的需要，"豬灣計劃"的失敗是有意爲之，整個事件最終成爲政治軍事上的雙重失敗。

6. 肯尼迪總統的幕僚們有責任嗎？

有，而且有很大的責任，並給後人留下深刻的教訓。這裡所說的責任並不單指史萊辛格先生自責的"該說的時候保持了沉默"的責任，而是總統幕僚們的脫離實際。比如，《紐約時報》及其他小報已經數次刊出美國在資助訓練古巴反政府武裝，卻沒有一個總統幕僚調查這種言論自由保護下的洩密，該如何防範以及如何將計就計；也沒有一個幕僚建議總統推遲該計劃或重新評估新的形勢，而是沿著"他人"設計好的小路，自然而然地沿著一般性的歷史邏輯走到黑了。當然，情報部門和軍方高層主要負責人的背景及利益歸屬也令情況更加複雜，有些人是在肯尼迪總統被謀殺之後才露出本來面目的。這也再次指出一個簡單的政治常識：政治活動的第一要素是識人而後善用。雖然這是一點常識，但真正做到必須經過長期的人際關係磨合及考驗。在以競選從政，勝選後以競選班底為基礎組閣的政治領袖很難達到上述要求，因為總統有任期限制，尚未來得及磨合四年就過去了，如果競選連任不成，那就只能是另謀出路了。在這樣政治生態中，遇到危機或時間緊迫的事件時，出現重大失誤以致遭遇翻船也就不奇怪了。

7. 古巴國內的反政府勢力為什麼沒有發揮作用？

古巴內部確實存在反政府力量，而且遍佈城鄉，特別是首都哈瓦那。由於事先走漏風聲，上千名異議人士在事發前遭到逮捕，這對這個 "豬灣計劃" 是一個沉重的打擊。然而，即使古巴政府沒有大規模逮捕異議人士，不經過一段時間持續的宣傳鼓動也很難形成有效的組織進行反叛和暴動。大多數國家所發生的非和平方式的政權更迭都必須有民眾的參與。內變是導致社會變革的根本因素，捨此，即便是由於外力而發生改變也難以持久。

總之，"豬灣計劃" 及背後沒能展開的更大計劃是現代美國由盛轉衰的節點，此後發生的大小事件都沿著衰落的軌道一路滑行。

災難的開始：北部灣事件

二戰之後的國際政治格局，概括而言，就是冷戰格局。資本主義和社會主義兩大陣營暗自較勁，誰也不敢輕舉妄動，因爲雙方都握有毀滅性的核武器。爲了阻止共產黨北越對資本主義南越的統一，美國在艾森豪威爾總統主政時介入越南內戰，派遣了上萬名軍事教官和技術人員幫助南越反擊北越的進攻。一九六一年，年輕的肯尼迪當選總統，入主白宮後卽公開表示要從越南撤軍（國防安全備忘錄第263號）。然而，因肯尼迪總統被謀殺而使得歷史偏離了旣定的軌道；或者說回歸的"旣定"的軌道。這次嚴重脫軌的標誌就是"北部灣事件"，進一步而言，隨後發生的對越戰爭全面升級改寫了美國以及東南亞現代史。

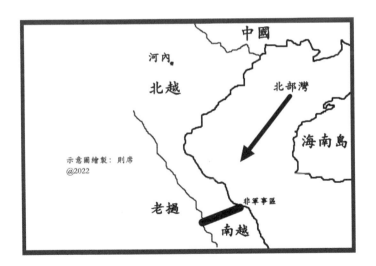

一九六四年八月二日，美國海軍巡洋艦"麥德克斯號"（USS MADDOX）在越南北部灣海域做例行巡視，一切正常，平安無事，開始返航。這時，雷達發現兩隻北越艦船。"麥德克斯號"即刻調頭衝向目標，開了三砲向對方警告，越方發射魚雷卻沒能擊中美艦。美巡洋艦發出空中支援信號，隨即，當時雄霸藍天的四架F-8"十字軍"戰機升空，直撲北越的兩艘魚雷艇。強大的空中火力在北越魚雷艇周圍掀起數米高的水柱，隨後，北越的一艘艦艇被擊沉，另一艘重創，失去戰鬥力，歪歪斜斜的向海岸撤退。隨著夜幕的降臨，這場軍事衝突暫告結束，海面恢復了往日的平靜。陸地卻即刻緊張動員起來，"非軍事區"的南北雙方地面部隊都迅速進入一級戰備狀態，彈藥下發，基層軍官隨時待命，高層作戰處24小時值班，整個越南上空瀰漫著濃烈的大戰火藥味。

　　而在10年前與美軍交手的中國陸軍也接到命令，密切關注事態的發展，收集一切相關信息。與此同時，中國外交部也向駐各國的大使館發出電報，要求他們及時報告所在國政府及民間團體對越南形式發展的態度。

　　由於時差的原因，來自越南的戰報送達白宮的時候正是午飯時間。肯尼迪總統的繼任者林登·約翰遜把他的幕僚、安全顧問、五角大樓負責人等一干人馬召集到白宮，研究分析局勢，並對駐越美軍司令部發送了密電。

　　時隔一天，八月四日，美軍巡洋艦"麥德克斯號"和"特納爾佐約號"（USS TURNER JOY）再次在北部灣遭遇北越艦艇。當時氣候惡劣，烏雲翻滾，在朦朧的海面

上隱約有數艘北越艦艇在向美軍巡洋艦靠近。美軍兩艘戰艦一字排開，艦載火炮發出怒吼，迅速以強大的火力將對方壓制。近三個小時的交戰中，北越艦艇沒有還擊一槍一炮。戰況紀實報告上報五角大樓及白宮。約翰遜總統快速掃了一眼戰報，隨即打斷了正常的電視節目，開始向全國報告北部灣軍事衝突情況。然而，此時的另外一份報告卻靜靜地放在總統辦公桌上，無人問津。這份戰報是〝麥德克斯號〞艦長，實戰指揮官約翰・赫爾利克的修正報告，其主要內容為：審核前幾次報告，有關對方與我方衝突並發射魚雷，有誤；雷達在大霧和惡劣氣候下發出誤判；我方未發現敵艦；建議下步行動前對局勢全面重估。

　　兩天後，約翰遜向國會做了戰況報告，動議對北越進行大規模軍事打擊，以防止艾森豪威爾總統擔憂的紅色〝多米諾效應〞。如果越南徹底落入共產黨之手，隨後就會波及到馬來西亞、泰國和菲律賓等國，從而導致冷戰的天秤嚴重傾向社會主義陣營，這種可能性是美國絕對難以接受的。經過兩天辯論，眾議院全票通過《北部灣事件決議》並立即上交參議院表決。對該決議的成因及後果，只有兩位議員表示擔憂並投出了反對票。這兩位議員也因此而名垂史冊。他們是：維恩・莫西（Wayne Morse）俄勒岡州民主黨人和俄內斯特・格魯寧（Ernest Gruening）阿拉斯加州民主黨人。前者的名言是：投讚成票的議員們，你們將悔恨終生。八月十日，《北部灣事件決議》正式生效。越戰全面升級，北越一片火海，生靈塗炭，而美國自己的命運也從此無可挽回的發生了逆轉。

　　《北部灣事件決議》在很大程度上破壞了美國的三權分立政治體制架構，使得總統不需經過國會的授權，在自己認為正當的情況下無限制地在對外戰爭中使用武力。換句話說，利益集團，特別是軍火集團，可以更容易操控政治機制為自身利益服務。

　　約翰遜下令迅速向越南增兵，從原來的兩萬多人成倍上升，到一九六八年參戰美軍人數增加到了五十萬。戰爭的升級就是武力的升級，美軍向北越投擲了六百一十萬噸炸彈（二戰中炸彈使用總量為兩百一十萬噸），近兩千萬加侖“除草劑炸彈”，也稱為“橘色特工”用以對付北越叢林中的游擊戰法。這種劇毒的化學炸彈毀滅了約五百萬英畝森林和五十萬英畝的農田，時至今日，許多越南鄉村依然深受其害。

　　由於對越作戰升級而產生的費用直線上升，高達一千七百億美元（約合今天的一萬億），其中有兩百八十五億是對南越的直接援助。為了維持高昂的開支及其他更複雜的原因，後來的尼克松總統在（美聯儲後面銀行家們的祝酒聲中）一九七一年斷然宣布廢除“金本位”，從此可以放開手腳，啟動印鈔機向全球舉債，支持“自己”用巧詞包裝的一切意願。二戰後建立的以金本位支撐美元的“布林頓森林體系”從本質是發生了變化，即：美元掛鉤石油並建立石油美元體系。從此美元自身的信譽和外界對它的信心就錨定在變化無常的認知觀念上：美國的國家制度（以其政府為代表）可靠，其強大的國家實力可信。

什麼是實力？

硬實力，最直接的定義，就是一國對他國的征服，或軍事，或經濟或地緣（各類長期或短期條約）。當然，一國向另一國主動稱臣納貢是一種特殊的對"硬實力"認可並揩油的舉動，所以常常被強者所警惕。

軟實力，最直接的定義，就是一國對他國的尊重或敬畏度。再具體一點，某國對他國的價值信仰，政治制度，文化產品的喜愛或懼怕的表現，比如敞開國門大量吸收外國的精神和物質產品，反之亦然。

回到本文的主題，由"北部灣事件"引發的越戰升級是美元帝國轉型的整體戰略的一部分。站在半個多世紀後的今天，我們不得不承認那些"設計者"在總體上是成功的（請注意，這裡說的是美元帝國），雖然美國民眾為此付出了極其慘重的代價。比如，美軍在越戰中傷153303人，亡58269人，失蹤1672人；統治階層（或叫"設計者" "精英階層" "領袖" 等等）的意願從來都是由被統治者付出代價而實現的。這一點，從古希臘和古羅馬到今天沒有發生實質性的任何變化，絲毫沒有。這是大自然（或什麼神靈）造就個體差異的集合例證，用白話講，就是上層花錢，底層賣命。

"北部灣事件"是越戰進行曲的第一樂章。與多數戰爭一樣（為生存而戰另論）其自身的意義之一就是提振民眾對本國政治制度和意識形態及文化價值觀的信心；僅就這個方面而言，美國的精英們所代表的設計者是失敗的。當然，提振民眾信心也許從來就不是他們的初衷。首先，美國以及歐洲的民主國家里愛好和平的普通民眾掀起了全國性的反戰運動（這種樸素的人性，部分的被左傾勢力利用並在運動後期成為主導力量），一九七零年國民警衛隊在肯特大學校園開槍，打死四名大學生的惡性事件標誌著民間反戰運動的高潮，政府的解釋或宣傳變得蒼白無力，只能動用武力強壓；其次，戰後回國的老兵從身體到心裡都經受了雙重打擊，越戰老兵被冷落、謾罵、唾棄，甚至被歧視的例子比比皆是，所以在老兵當中，吸毒和暴力是常態。這一切都更深層地反映了社會的總體價值認同出現裂痕，民眾的信心開始動搖和對政府的極度不信任。這種極度的不信任，只要隨便找兩個好萊塢出品的有關越戰的電影就可以看的明白；這種不信任又反過來從根本上開始撼動美國建國後賴以生存的三權分立政治架構。

　　一個十分有趣的事情是中國政府對 "北部灣事件" 在事前和事後的反應。事件發生的半個月之前，七月十九日，中國政府就發表聲明，譴責美國對越南的侵略行徑。事發的當天，中國政府發表正式聲明，反對美國對越南發動突然襲擊，故意製造事端。隨後，中國政府的媒體連篇累牘密集發聲，政府各個部門以不同方式但是同一個口徑對 "北部灣事件" 進行無死角報導。非常有必要指出： "北部灣事件" 發生的時間正是中國的原子彈研究工作 "596工程" 收尾，準備試爆的關鍵時刻。此時中國政府的強硬表態很難讓人不想到兩個月後成功試爆的第一顆原子彈。在此後持續十年的越南戰爭中，中國方面派出了數量龐大的軍事顧問和炮兵部隊參加"援越抗美"。更有趣的是，當時的越南領導人胡志明到訪中國時，在與毛澤東和周恩來的談話中，還特意介紹了越南人民軍運用游擊戰和叢林戰讓美國人吃盡了苦頭的戰績。毛在他後來的《520聲明》中霸氣地總結為"現在世界上，不是人民怕美帝，而是美帝怕人們。得道多助失道寡助，歷史規律不可抗拒"。

我国在主要国际问题上的发言

印度支那問題

越南問題

中华人民共和国政府关于支持越南人民反对美国侵略的声明

（一九六四年七月十九日）

关于恢复印度支那和平的日内瓦协议，已经签订十年了。十年霸的今天，印度支那地区不但没有和平，而且还笼罩着更加严重的战争乌云。据国际项目内瓦协议概括了。但是，来了一个天网。美帝国主义又对印度文那各国的主权、独立、统一、领土完整和内政，进行了猖獗的侵犯和干涉，并且对越南南方和老挝进行了直接的武装袭扰，这就是十年来印度支那局势不断恶化的根本原因。

請注意該聲明發表於"北部灣事件"之前半個月。

以下是"北部灣事件"後第二天的聲明。

中 华 人 民 共 和 国 政 府 声 明

（一九六四年八月六日）

八月五日，美国海军飞机对越南民主共和国进行了突然袭击。美帝国主义对越南民主共和国采取公开的战争挑衅行动，这是扩大印度支那战争的第一步，事态的发展严重，美帝国主义这一战争挑衅，完全暴露了它的反动面目，中华人民共和国政府对此表示最严重的关注。

八月四日，美国政府借口它的"驱逐舰"在东京湾遭到攻击，而于八月五日派遣大批飞机对越南民主共和国的广大地区进行了肆意的轰炸和扫射。越南民主共和国以反侵略的正义力量给予侵略者以有力的回击，美帝国主义这一侵略行为，激起了全中国人民和全世界人民的愤怒，世界各国人民声援越南人民的斗争，我们坚决支持越南民主共和国。

我们，从一九四八年的第二次世界大战起，把木头在炮火一齐响。在这个夜晚。在我们亲爱的海面上湾有一只船被打得船身倾斜，它又被打的，美帝国主义者的船。

以上資料均來源：《人民手冊》1965年合訂本互聯網影印件

常言道，假的就是假的，紙裡包不住火。越來越多關於 "北部灣事件" 真相的證據被披露。爲了恢復其政治架構的平衡，美國國會於一九七一年推翻了《北部灣事件決議》，承認對北越的軍事行動急劇升級是基於錯誤的信息，但並未深究背後的真實原因及相關人責任。國會的這份糾錯決議並未達到預期效果，而是進一步事與願違的降低了民衆對美國政治領導及制度的信心。這個事實也再次證明，利益集團是從來不會把國家和民衆的利益置於其本集團利益之上的，這是他們的本質，人性之貪婪和狂妄的集體表現。

　　相反，北越民衆基於其共產主義信念及爲生存而戰（在中蘇的合力支持下）信心與日俱增，《紐約時報》在其一九七一年六月十四日發文：轟炸和殺戮都無法削弱越南人的戰鬥意志。

　　以 "北部灣事件" 爲由的越戰升級對平民和國際社會造成直接的災難性的影響，成千上萬的越南難民用一切可能的方法逃離戰火，導致香港、泰國、馬來西亞等國不得不設置大量的難民營，收留那些幸運活下來淒慘的生靈。美、澳、加和英、法等歐洲諸國開始爲美國在越南的軍事升級買單，約兩百萬難民分流到西方各國，而各國本著人道主義精神在住房、教育、醫療等方面付出了相應的成本。令人欣慰的是這批被重新安置於西方社會的難民群體基本上融入了當地社會，可以說正面遠大於負面。比如，因爲越南人的弱宗教及文化層級的離土現象，多數當年的難民對新 "主國" 是貢獻大於索求的，遍地的越南餐廳，倉庫，配送點，美髮美甲店是很好的證明。同時，小族群的天性驅使他們在海外比較團結，這一點促成了他們在海外佔據了足夠的生存和政治空間。幾年前"美聯航"強迫一位美籍越南裔的醫生讓座，改換航班，被他拒絕後，空乘人員強迫他下飛機並對他實施暴力。這件事迅速成了全國的頭條新聞，雙方很快達成和解，"美聯航"支付了巨額賠款。這件事的處理結果就從一個側面反映了當年的難民如今在美國的狀況。總之，任何戰爭的成本都是全社會承擔的，不管主動還是被動，這是人性，人道和文明進步所決定的。

前面提到了"北部灣事件"引發的越南戰爭全面升級所產生的費用，約合今天的一萬億美元。這是把歷史的一個階段的啟始展示出來以便更好的理解為什麼一個政治錯誤會深刻的影響一個族群，乃至世界。換言之，政治活動的結果是影響人類社會其他一切領域的原點；理解了這一點，各種繁紛凌亂全無頭緒的社會現象就清晰的各自歸位，順理成章了。或許有的讀者這時要問，既然美國政客們是代表大財閥的利益，他們的政策應該為他們的金主賺錢才合乎情理和邏輯，否則解釋不通。

對的，確實如此，我們再看一筆賬就會更加清晰。由"北部灣事件"引發的越戰全面升級至今已經快半個世紀了。美國政府每年對越戰老兵及其家屬支付的撫恤金約為兩百二十億美元；任何歸國的老兵，特別是傷殘者都歸聯邦"老兵部"按月發放生活費和補貼金，陣亡將士的家屬享受終生福利，老兵的子女在十八歲之前享受一切福利，老兵的殘疾子女享受終生福利。這筆開支已經超過當年的直接戰爭費用。正如美國出色的外交家喬治·坎農（George Kennan）所言：「這是美國兩百年歷史上最具災難性的事件」。

現在回到剛才的問題：當時的總統約翰遜不顧來自海軍的補充事實報告，煽動國會通過《北部灣事件決議》從而造成巨額的損失（生命喪失不在他們考慮之內），幕後的財閥難道沒有代價嗎？答案十分簡單，戰爭造成的一切經濟費用不是由始作俑者的財閥們承擔，而是有廣大民眾通過被迫納稅來支付的。這也是民眾強烈反戰的主要原因之一，其他因素是輔助性的。例如，同情越南民眾，左派高舉道德大旗，動員其他對社會原本不滿的成分藉助反戰而游離主流社會，有的發展為具有破壞性的反社會力量。

最後，有必要回首審視一個鮮為人知的歷史事實，以便幫助我們從政治架構的實際操作層面更真切的理解美國的民主政治。肯尼迪總統生前簽署過一個重要的文件「國家安全備忘錄263號」，旨在從越南撤軍，當時的國家安全顧問麥克喬治·邦迪經手此事。肯尼迪總統本人也數次在公開演講中表明了對越戰的態度。然而，一九六一年十一月二十一日，即肯尼迪總統被謀殺的前一天，國家安全顧問麥克喬治·邦迪起草了一份與「263號備忘錄」完全相反的文件，「國家安全備忘錄273號」。這就違背了最簡單的邏輯，肯尼迪總統不可能簽署這個新的安全備忘錄，因為它與承載自己期望和平並且早已簽署的「263號備忘錄"南轅北轍。那麼我們不禁要問，麥克喬治·邦迪為何要在肯尼迪出事的前一天準備好一份使越戰全面升級的文件呢？為什麼這個新的備忘錄的宗旨被"自動繼任"的新總統約翰遜立即採用了呢？

這件事還沒完。依照美國憲法，總統不能履行職責時由副總統接任。肯尼迪總統出事後，約翰遜已經是法定的美國總統，有沒有就職儀式根本不重要。那麼，約翰遜為什麼在第一時間急迫的在回首都的途中，在"空軍一號"上面舉行就職儀式？為什麼"要求"肯尼迪總統夫人，傑奎琳·肯尼迪穿著帶有肯尼迪鮮血的衣服參加就職儀式？或者說，傑奎琳·肯尼迪為何堅持穿著血衣參加這場迫不及待舉行的新總統就職儀式？難道新總統的就職儀式在時間安排上緊迫到了沒有換衣服的時間？這也許能夠解釋為什麼許多美國的普通民眾痛恨約翰遜的原因吧。

約翰遜上台的當天就解僱了所有在白宮為肯尼迪總統工作的職員，但保留了起草"國家安全備忘錄273號"的麥克喬治·邦迪先生。難道邦迪先生的能力超群，非他不可嗎？而被公認的能力很強且效率極高的肯尼迪總統祕書愛文琳·林肯女士在肯尼迪總統遇難的第二天一早就被約翰遜掃地出門，勒令她必須在早上九點鐘搬走她的個人用品，清空辦公室；羅伯特·肯尼迪也是那天的一大早到白宮協助處理遇難總統的後事，在原總統辦公室的門前看到艾文琳女士依在門邊哭泣；羅伯特·肯尼迪問清楚緣由後憤怒的去找約翰遜爭辯才得以延時到中午必須搬走的許可（"大西洋月刊"節選的原著 THE DARK SIDE OF

CAMELOT）。

　　馬克西姆‧高爾基在他的《海燕》開篇寫到，"在蒼茫的大海上，風聚集著烏雲……"名氣小一些的許渾那句，"溪雲初起日沉閣，山雨欲來風滿樓"說的都是同一個道理：發生大事之前都有端倪。能夠管中窺豹，見一葉而知秋是觀察社會，做出正確政治判斷的基礎。"北部灣事件"是越南戰爭全面升級的起點，也是理解美國衰落的重要起點之一，因為舞台上吸引目光的政客中大多數只不過是演員而已，他們所代表的利益集團的本質決定了他們不會真正把國家的利益放在首位。

3. 向喬治 · 瓦賴斯開槍

　　一九七二年五月十五日是喬治 · 瓦賴斯（George Wallace）在馬里蘭州的最後一場競選演說。作為民主黨候選人，瓦賴斯從家鄉阿拉巴馬州一路攻城略地，戰績不菲；照此勢頭發展，瓦賴斯有望出線代表民主黨挑戰尼克松，問鼎白宮。演講結束後，瓦賴斯面帶微笑走向支持他的民眾，與擠在前排的人們握手寒暄。突然間從熱情洋溢的人群中發出了一聲清脆的槍擊聲，人群頓時亂作一團，隨後又是幾聲槍響，瓦賴斯倒在血泊中。救護車帶著尖叫，在警車的護送下急速奔向醫院。

　　向瓦賴斯開槍的青年是剛剛失戀的阿瑟 · 佈萊莫爾（Arthur Bremer），他急需引起公眾的關注，希望樹立一個敢想敢說敢作的男子漢形象，以此贏回女友的芳心。而能夠登上《紐約時報》或其他大報頭版的新聞莫過於對政治人物動手。

　　佈萊莫爾首先把目標鎖定在尼克松總統身上，為此他還費了不少周折跟蹤尼克松的競選活動，但他發現尼克松的保衛森嚴，不易得手；隨後佈萊莫爾把目標轉向其他總統競選人。佈萊莫爾開始跟蹤瓦賴斯的競選活動並現場聆聽了兩次瓦賴斯的演講，他發現其競選活動中的安保不慎嚴密。終於在五月十五日的演講之後佈萊莫爾有機會接近瓦賴斯，他提前到達現場，混跡在歡迎的人群中，用事先準備好的.38左輪手槍果斷地連開五槍。瓦賴斯中彈倒地，另外兩名祕密警察也被擊中，不過是輕傷；佈萊莫爾自然如願以償的登上了各大媒體的頭版，成為轟動一時的政治事件新聞人物。

或許是瓦賴斯命不該絕，他被及時送醫搶救，保住了性命，但是落下了終身下肢癱瘓。出院之後瓦賴斯就退出了總統競選。佈萊莫爾被判蓄意謀殺罪，獲刑六十三年，上訴後改判為五十三年。至此，謀殺瓦賴斯一案落錘，但由此引出的相關事件卻十分耐人尋味，後人能夠通過這些事件窺探美國政治生活光怪陸離的幕後。

出事的當天晚上，尼克松總統的助理查爾斯·科森（Charles Colson）找到間諜大師哈維·漢特（Howard Hunt），就是著名的中情局"白宮水管工"。科森請他當夜潛入兇手佈萊莫爾的住所，收集瓦賴斯與另一位競選人交往的物證；但時間過於倉促，漢特晚到一步而未能如願。當天早些時候已經有兩名聯邦調查局的探員進入了兇手住宅，但聯邦調查局的人也晚了一步，他們沮喪地發現，祕密警察頭子詹姆斯·羅雷的手下早已捷足先登把兇手的住所翻了個遍，該拿走的都拿走了。更令人哭笑不得的是聯邦調查局的探員們和祕密警察們折騰過後都揚長而去，連門都懶得關。隨後蜂擁而至的記者們看到大門洞開，一窩蜂似地衝進去把尚存的和能找到的文件，紙片一掃而空。第二天，媒體就曝光了錯字連篇語法不通的所謂"孤僻兇手"日記，但是後來這篇日記被指證出自"白宮水管工"哈維·漢特之手。

從事發後公佈的現場目擊記錄，證人證詞，所使用的槍支及彈藥鑑定，法庭辯護記錄等證明，這位名不見經傳的兇手佈萊莫爾確實是出於個人動機而試圖槍殺民主黨總統候選人瓦賴斯；但蹊蹺的是瓦賴斯出院後，時任總檢察長約翰・米奇爾（John Mitchell）的妻子瑪莎說她丈夫在家裡說，槍擊案發的四天前，尼克松總統的助理查爾斯・科森（Charles Colson）曾經和兇手佈萊莫爾見過面。瑪莎・米奇爾是上層社會和夫人圈裡出了名的大嘴巴，而她的時任總檢察長的丈夫給他提供了豐富的八卦原料。在數不勝數的瑪莎・米希爾的八卦中，有一條竟然引發了震驚世界的“水門事件”。尼克松下台後感慨道，如果沒有瑪莎・米希爾，自己或許就不會狼狽下台了。

那麼，尼克松總統為什麼對小人物佈萊莫爾會有興趣？總檢察長夫人瑪莎・米希爾為什麼要告訴剛剛死裡逃生的瓦賴斯關於尼克松總統的助理在事發前見過兇手？尼克松的動機何在？這其中複雜的人際關係，歷史恩怨，利益交換都非常曲折費解，但梳理一個梗概有助於我們透視美國政治的迷霧。

美國第三十七屆總統尼克松的政治底盤在加利福尼亞州，他歷任國會眾議員、參議員、副總統和總統。縱觀其一生，可以概括為兩成兩敗。兩大成就指的是一九五九年和前蘇共領導人赫魯曉夫的“廚房辯論”及一九七二年與中共前領導人毛澤東、周恩來會見並達成共識，發表《上海公報》。兩大敗績說的是一九六零年角逐白宮敗給約翰・肯尼迪以及一九七四年因《水門事件》辭去總統職位，成為美國歷史上絕無僅有被迫辭職的總統。

尼克松總統的政治生涯和一個底層的兇殺案罪犯發生交際源於他的第一個敗績，一九六零年競選落敗。當競選結果揭曉，肯尼迪發表勝選演講登上歷史舞台時，尼克松表示這場競選黑幕深重，指責對手搞陰謀，動用黑幫勢力助選。肯尼迪團隊以民調和電視辯論分析回擊，說尼克松的失敗在於形象欠佳，口才不濟。雙方各執一詞，但木已成舟，尼克松只能暫時嚥下這口氣，但從此耿耿於懷。八年後，尼克松終於如願以償入主白宮，但隨即便意識到重量級參議員羅伯特・肯尼迪（前總統的胞弟）是他實施自己既定政策的巨大障礙，必須請他讓路。這時，瓦賴斯案的兇手佈萊莫爾進入了他的視線。尼克松授意他的助手赫爾德曼（H.R.Haldeman）和前面提到的另一位助手查爾斯・科森（Charles Colson）炮製一起假新聞，把兇手和肯尼迪參議員連在一起，最好能逼迫這個令人頭疼的參議員辭職。但由於時間太緊，媒體不好協調而作罷，白宮助理約翰・迪恩（John Dean）在一九七三年三月三日的白宮錄音記錄中證實了這件事。另外一件事更能說明尼克松對肯尼迪的真實態度。一九七一年，尼克松要求中情局的頭號間諜霍伍德・漢特"捏造一份外交電報，指責肯尼迪總統要為南越總統李成晚被謀殺負責……並發表在《時代》和《生活》雜誌上"（"紐約時報"1973年9月25日）。不知何人走漏了風聲，事情被曝光，搞得尼克松狼狽至極。似乎小心眼的人搞政治很容易犯這類滑稽而又愚蠢的錯誤。

在政治和軍事博弈中有句至理名言，"嘴上不嚴，災禍必然"（Loose lips sink ships），政壇老手尼克松最終的翻船就是證明。這倒不是尼克松本人嘴上忘了上鎖，而是自己的親信總檢察長的夫人是個天生的話癆。

"水門事件"的起因是尼克松親自授意手下去民主黨競選總部安置竊聽器，目的是什麼？對方已經處於劣勢，所有的策略都是公開的，桌子下面的小動作意義很小，大可不必用這種雞鳴狗盜的伎倆去搞些用處很小的所謂"情報"。再說，為什麼不避諱這種技術層面的小動作？非得親自指揮？是沒有可以完全信賴之人，還是沒意識到如果事情敗露的嚴重後果，至今不得而知。東窗事發伊始，本來尼克松可以將形勢控制在可控範圍之內，因為報導《水門事件》的"華盛頓郵報"兩名記者伍德沃德和伯恩斯坦（Bob Woodward, Carl Bernstein）也停了下腳步。不知何故又突然開始密集報導，使事情快速升級，本來零星的火點很快變成了燎原烈火。事件發酵後，尼克松很快發現自己成了孤家寡人，從四面八方遭到輿論和政敵們的猛烈攻擊，根本沒有還手之力。參議院很不情願的依法舉行了"水門事件"聽證會；負責該聽證會的幾位議員和出庭作證的證人們都通過電視一夜之間成了家喻戶曉的明星。

在重重壓力和突圍無望的困境下，尼克松透過電視向美國人民宣布辭去總統職位，將一切權力依照憲法轉交給副總統福特。在人們的譴責、同情和困惑的噪音中，尼克松長達近三十年的政治生涯落下了帷幕。這是美國歷史上第一位在任總統因並非重大的違法行為失去各方支持而引咎辭職。這裡所說的 "並非重大的違法行為" 的標準是與其同代的政治人物對比，如林登・約翰遜，福特；如果用後來克林頓總統的 "白水門事件" 作比較，尼克松的 "水門事件" 簡直可以忽略不計。當然，從道德角度出發，政治領袖相比的是道德和情操的高度，而不是比爛。但在此也不得不說，此後的美國政治還真的就開始比爛，而且越比越爛。近幾年政治博弈中曝光的種種令人不堪的醜聞，如拜登家族海外不明金錢來源，其子航特的明顯犯罪事實，其整個家族參與犯罪及其對政壇的影響，可以說，已經不是比爛了，而是徹頭徹尾的沒了底線。

正如一場地震過後，人民會感到一些小的餘震，大大小小的碎片合成對整個地震的記憶並被保存，在其後的歲月裡人們會觸景生情開啟關聯記憶的開關。直到今天，許多人還常常迷惑不解的問，為什麼總檢察長約翰・米奇爾（John Mitchell）明知自己的妻子是個大嘴巴，還要告訴她白宮的高級機密？沿著這個思路，有的記者就東刨西挖，似乎越挖的深就可能挖出能獲獎的猛料。還有些人沿著其他思路展開，尼克松多次公開表示要糾正民主黨人不斷在越南升級武力，爭取結束越戰；這種觀點會不會開罪了什麼幕後神仙？外交雜誌的分析人士認為是加利福尼亞州的共和黨勢力輸給了紐約的建制派勢力。經過幾十年的沉澱，有幾個未解之題頗有意義。

首先，揭開 "水門事件" 的兩位著名記者伍德沃德和伯恩斯坦（Bob Woodward, Carl Bernstein）在整個事件過程中不遺餘力，連篇累牘的拋出重磅炸彈，掀起輿論界的狂風巨浪。尼克松總統的政治對手民主黨人無情的利用這場輿論風波，最終達到了逼其退位的政治目的。這兩位記者還因此獲得了"普利策新聞獎"，一時風光無限。但對於民眾更關心的"肯尼迪總統謀殺案"和基辛格出訪亞洲時，借道巴基斯坦祕密進入紅色中國一事卻是既不跟蹤，也不報導，顯得毫無興致，一切都恢復了往日的旋律，單調，平靜。主流媒體對此類疑問也裝聾作啞，遇到較真兒的詢問，就按部就班的顧左右而言他，或乾脆甩出一句"陰謀論"拉倒。

另外，"水門事件"之前始終支持尼克松的各類財團在尼克松被搞得焦頭爛額時集體沉默，只有"福特基金會"出面，不是力挺尼克松，而是勸他辭職。眼看著大勢已去，尼克松本人也只能"借坡下驢，眾望所歸"的離開了白宮，由他的副總統傑拉爾德・福特先生繼任。更有趣的是，新來的白宮主人福特先生立即宣布，特赦前總統尼克松先生在"水門事件"中的一切責任，從此翻篇。這一切都得到了各大媒體的全力配合，做得天衣無縫。

正如剛才用地震做過的比喻一樣，大震小震都會有傷亡。"水門事件"過後，頗具爭議的調研員梅・布魯塞爾出具了一個神祕死亡名單，共計三十人。這些人都與"水門事件"有直接關係，其中最惹人注意的是比華麗・凱葉女士，一九七三年十二月的一天被發現因"痛風"死在白宮的電梯裡。凱葉女士生前的工作是負責總統本人的白宮日常工作的錄音並保存。在參議院的"水門事件"聽證會上放出來的錄音有十八分鐘被神祕抹掉了。凱葉女士死前曾和她的幾位朋友電話聊天，說她知道那十八分鐘的全部內容，但不敢細說。

大家可能還記得那位大嘴巴的總檢察長夫人瑪莎·米奇爾，"水門事件"後被安排體檢，查出身患癌症，入院就醫後不久死亡。大嘴巴畢竟是大嘴巴，就是死也要多說幾句。死前她不斷抱怨她住院治療是被迫的，不斷指責她丈夫和尼克松總統在為人處世方面心口不一，但再也沒人願意聽她絮絮叨叨的抱怨和指控，很快她就閉上了從不上鎖的大嘴巴。

國會議員威廉·米爾斯（William Oswald Mills）被指控在尼克松連任委員會工作時收到兩萬五千元贊助金而未申報，幾天後的五月二十四日（一九七三年），米爾斯議員用三尺長的步槍對自己的左胸部開槍自殺，共兩槍，時年僅僅四十八歲。在他的自殺現場共發現七個自殺留言，後人費解的是為什麼一個即將自殺的人要留下七個類似的字條；更令人費解的是他擔任競選委員會要職時的兩個助手之一早在兩年前（一九七一年）就承認收到了那筆兩萬五千元的贊助金，而這兩位同事在隨後（一九七二年）的一起車禍中同時喪生。最後還有個問題，用一隻三尺長的步槍對自己的胸口開槍不是件容易事，因為開完第一槍後不可能再開第二槍。把以上幾個點聯繫起來看，只能得出四個字的感歎：荒誕無稽。

類似的神祕死亡案件有一連串，每一個案件都無一例外的被宣布為"自殺"，不同的是"自殺"的方式各有千秋，花樣百出。有的是乘遊艇旅遊"失蹤"的（Dr. Gary Morris and his wife）；有的是私人飛機"出事兒"的（Dorothy Hunt）；還有的是吃過午飯就跳樓的（Louise Boyer），不一而足。

佈萊莫爾因爲要博得女友的芳心而向角逐白宮的候選人瓦賴斯開槍，原本是一件個例刑事案件，卻活生生地牽扯出一椿椿貌似毫無關聯卻七溝八連的事件。美國式的民主制度的實際運行模式似乎遠比常人想像的波譎雲詭，或許正是因爲這一點才使我們能夠更深的了解什麼是普選式大衆民主政治。

4. 基金會改造帝國

前面的章節講過美國在林登・約翰遜執政期間對越戰爭急劇升級，反戰運動也同步升級，成為遍及全國，有不同階層參與的規模巨大的社會運動。幾十年後再審視這段歷史，很明顯反戰是口號，而實際上，全美形形色色的基金會是左右美國社會走向的實際航標燈，從政治領袖到各類精英都依照這些基金會實際掌控人的意願扮演各自的角色，發揮各自的作用。了解幾個重要基金會的主旨，觀察他們在美國政治生態演變過程中的作用是讀懂美國政治的必備知識點。我們選幾個關鍵人物作為切入點，可以窺其一隅。

捨爾曼・思戈爾尼克（Sherman Skolnick）是一位來自芝加哥的真正意義上的獨立研究員。為了搞清楚複雜的社會運動的走向，他親身參加各種有組織的活動，結識不同組織的領袖（反戰派、嬉皮士、搖滾明星、宗教領袖），比如當時名震四方的傑瑞・魯賓（Jerry Rubin）、艾貝・霍夫曼（Abbie Hoffman），湯姆・海登（Tom Hayden）和瑞內・戴維斯（Rennie Davis）。通過和他們近距離的交往，思戈爾尼克發現這些運動領袖的後面都有建制派智囊，基金會和政府部門的支持。一場聲勢浩大的反建制派，反政府、反文化、反戰的抵抗運動居然是由建制派和政府支持的?!這一發現使他大開眼界，於是就順藤摸瓜，向世人展示出一幅不同尋常的美國政治畫卷。

傑瑞・魯賓（Jerry Rubin），艾貝・霍夫曼（Abbie Hoffman）的背後是著名的卡納基基金會，政策研究學院和美國政府的"經濟平等辦公室"；支持極端分子的組織甚至包括"羅傑鮑爾德文基金會"，其董事會成員與中情局直接聯繫。剛才提到的另一位激進運動領袖湯姆・海登（Tom Hayden），即著名影星簡・芳達的丈夫，假扮激進革命者卻幹著壓制反抗運動的工作；他的口袋裡揣著最高級別通行證，可以任意進出所有要害部門。上面提及的瑞內・戴維斯（Rennie Davis）是個得力的公關專家，但這位專家的公開身分是"芝加哥市公共事務部"主任，並直接和中情局聯繫。

一九六九年上述幾位社會運動領袖被聯邦政府起訴、定罪、入獄，就是著名的"芝加哥七人案"，後來被改編成多種形式的文藝作品。整個六十年代末以反戰為主旋律的社會運動，從一開始就被不同財團滲透並通過金錢資助而控制。另外，"芝加哥七人案"的辯護律師是大名鼎鼎的左派人物威廉姆・昆斯特爾（William Kunstler）。所有社會活動領袖人物的一舉一動都在各種基金會的高層掌握之中；但從這方面講，有些類似於中國大陸同時代的紅衛兵，不論他們是批鬥國家主席還是打死學校的校長，得用之時非但不予治罪反倒立功授獎，一旦利用價值過期即可棄之如敝屣。如果我們要更深的了解各類基金會是怎樣通過美國政府實現控制並左右美國社會的，研究高層人物的行為軌跡是必不可少的一個環節。

在講述"豬灣事件"的時候，我們提到過麥克喬治・

邦迪（McGeorge Bundy），此人在肯尼迪總統被謀殺的前一天就起草了對越南戰爭升級的"國家安全備忘錄第273號"，與肯尼迪總統早已簽署的促使越戰降溫的"安全備忘錄第263號"完全對立。邦迪先生是如何知道第二天他的文件就會取代肯尼迪總統的指令呢？肯尼迪總統次日在得克薩斯州達拉斯市遇害幾小時後，遠在首都值班的邦迪先生用電話通知去夏威夷開會的內閣成員：肯尼迪總統不是被謀殺的。案發僅僅幾個小時，現場物證尚未收集整理完畢，證人證詞還在收集中，遠在首都的邦迪先生是依據什麼得出總統不是被謀殺的結論？難怪約翰遜繼任總統後把肯尼迪總統的要員都炒了魷魚，唯獨留下邦迪先生繼續效勞。

就是這位邦迪先生，於一九六六年搖身一變，成了"福特基金會"的主席。他公開宣布該基金會的宗旨是，利用自身的強大資源作為槓桿來改造美國社會。"福特基金會"致力於扶持源於拉丁美洲的墨西哥激進組織，如"人民運動"（La Raza），"墨西哥美國青年組織"（Mexican American Youth Organization），他們的共同點是傾向於使用暴力。來自德克薩斯州的眾議員亨利·崗扎勒次看到"福特基金會"的資助額度時說，"這些組織在正常途徑無效時就習慣用恐嚇殺戮"；以伶牙俐齒著稱的羅斯福總統的女兒愛麗絲·羅斯福·蘭沃士在談及"福特基金會"時說，"'福特基金會'對全國的煽動分子和革命者的支持令人瞠目結舌"。著名的"黑豹"（極端黑人組織）領袖休·牛頓的自傳就是"福特基金會"出資出力才得以出版的。

作家大衛‧哈爾博斯坦姆談到邦迪先生時引用了其同事的話，“邦迪是個奇特的人，當然是個精英，是那種一切圍著自己轉，每條線都最終回到自身，而不是國家”。另一位作家蘭德爾‧霍爾卡波（Randall G.Holcombe）寫道，“邦迪先生把福特的錢大量散出去，分給社會活動者，左派進步者和促使社會激變分子。‘福特基金會’還支持全國學生協會（National Student Association NSA），而這個以學生命名的組織根本不是學生組織，而是在校園內專門攻擊教師的利益集團，目的是改變學校的教育政策，更換課本，重排課程。六十年代大學裡的反叛運動就是‘福特基金會’通過支持學生協會而發動的”。作家及文化批評家傑佛瑞‧哈特教授評述“福特基金會”時說道，“他們支持的是那些言語極端，穿著怪異的人，他們是反白人的種族主義基礎”。羅伯特‧肯尼迪議員生前的關注點之一就是調查“福特基金會”的實質作用，以及其他由中情局操控的基金會。有趣的是，“福特基金會”向八位肯尼迪參議員的工作人員支付了總數為十三萬壹仟零六十九元（$131,069）報酬！這件事在一九六八年十一月八日被曝光，也就是羅伯特‧肯尼迪參議員被謀殺的五個月之後。在公開場合，這件事至少說明了“福特基金會”的精密滲透能力；在半公開場合，使人不由得聯想到不斷發生在肯尼迪家族成員中的離奇死亡案件。

對於美國六十年代的各種社會運動，極左和極右的人士通常稱之爲“被操縱的反對運動”，因爲人們清晰的看出一個規律：調控有度的抵抗運動。以勇氣著稱的記者鮑勃·費爾德曼（Bob Feldman）扼要的評論道，“由他們要揭露的統治階級資助的‘異議人士’能爲民衆的利益服務嗎？”比如，極“左”的“太平洋廣播電台”是洛克菲勒基金會辦的；它能“極端”到何種程度呢？再如，法力無邊的“進步慈善家”喬治·索羅斯（George Soros）對軍火商卡萊勒集團投資一百多億美元，同時還擁有其他軍火商的巨額股份，如波音公司，洛克馬丁公司。更值得記住的是，索羅斯是建制派內部組織“外交委員會”的前任主席。

左派的理論刊物《民族》的編輯是卡翠娜·霍沃爾（Katrina Heuvel），其父（William vanden Heuvel）就是索羅斯的同事，也是“外交委員會”的成員之一。再深挖一點，這位索羅斯的同事霍沃爾有個了不起的弟子，此人的綽號是“狂野比爾”；這位狂士的真名叫道喏溫（Donovan），是“戰略服務辦公室”（OSS）的創始人，也就是後來大家熟知的中情局（Central Intelligence Agency CIA），此人還做過“福特基金會”出資的“國際救援委員會”的董事，這些都和中情局掛鉤。在同一時間段，這位“狂士”還做過肯尼迪參議員生前的行政助理。這裡不得不說，撲朔迷離的肯尼迪參議員的謀殺案中又一次隱隱約約出現了中情局的身影。

老牌反戰活動人士查爾斯·蕭後來主辦了《新

烏托邦》雜誌，常常在其刊文中把"狂士"道喏溫（Donovan）與中情局的"反舌鳥計劃"相連，指出這位"狂士"熟悉並參與了該計劃的具體執行。這個被許多人視為邪惡的"反舌鳥計劃"的大概內容是，在各個媒體內部的核心部位安插友好資產；常用手段是行賄或買通，錄用為內線，威脅恐嚇，特殊情況可以綁架或暗殺。該計劃執行順利，極其成功，七十年代的中情局局長威廉·科爾比（William Colby）曾公開承認，"中情局要感謝每一位在主流媒體內有影響力的人"。這裡需要補充的是，中情局的活動經費從來不公開，到底有多少來自"福特基金會"，"卡納基基金會"及明目繁多的各種組織一直是人們關注卻少有人觸及的領域。同樣，數以百計的媒體，報刊雜誌，各類組織及協會，民間團體都是有了幾家財大氣粗的基金會支持才得以生存並發揮既定的作用。

六十年代發生在美國，以反戰為標誌的民眾對建制派的抵抗運動涉及到社會的多個層面。縱觀這段歷史，可以清晰的看出，美國的衰落就是從六十年代開始的。比如，原來徘徊在3%的單親母親，在八十年代末期上升了十倍；低於1%的離婚率到七十年代達到百分之五；一九六一年，就是肯尼迪總統就職那一年，依靠政府"福利"的家庭不到百分之二，而一九七五年翻了三倍；這裡不禁的問一句，是一種什麼力量能夠在短短的十幾年的時間開始改變一個大國的民眾對傳統婚姻和家庭的觀念？或許我們應該認真重審一下常用的觀察美國政治的"左右兩分法"，打破習慣，多觀其行，少聽其言。傳統意義上的

"左"和"右"已經遠遠無法定義當下的意識形態之爭，如果可以下一個初步的定義，今天美國的意識形態之對立是傳統保守主義於激進社會主義之爭，亦或可以說是約翰·洛克式的個人主義於卡爾·施密特的國家主義博弈。

尼克松是公認的"保守主義"政治人物，兩次競選敗北後（因後一次而對肯尼迪記恨在心）終於在一九六八年大獲全勝，執掌白宮。隨即頒布了於其保守主義立場極為矛盾的總統行政令11490號。該法令授權聯邦政府在"緊急情況"（不給任何定義）下實施以下行動：接管媒體，電網，汽油及天然氣，其他燃料或礦物質，控制一切交通，高速公路和海港，動員所有平民聽從政府安排（及驅使），授權郵電總局局長對所有人進行登記，授權"住房與財政部門"重新安置居民區，建立新的民眾聚集區（即集中營），沒收私有財產，廢除《第三修正案》，外國軍隊可以入住民宅，等等。難怪尼克松最喜愛的前總統是民主黨人威爾遜（Woodrow Wilson）。後來人經常批評卡特總統建立的"聯邦緊急狀況管理局"（FEMA），其實那隻是尼克松的11490號行政令的升級版，沒有前者，何來後者。

尼克松的"形右實左"政策成功後，他的另外兩個舉措更能說明：一切政策產生的實際利益最終都會落到實際的掌權者手中，而真正的掌權者是平時很少拋頭露面的。

一九七二年尼克松訪華時，周恩來用鮑魚和北京烤鴨款待尼克松一行，席間，尼克斯向周恩來敬酒時說，"希望我們各自都能建立一個新的世界秩序"；由此打開了一個巨大的而且封閉已久的廉價勞動力市場。甚至在中美正式建交之前，迫不及待的軍火商們就開始和中國的同行做起了生意，大批對美國已經落伍但對中國還很先進的武器裝備開始通過巴基斯坦進入中國，這也是鄧小平決定發動"對越自衛反擊戰"處理一批國產過時武器彈藥的原因之一（中越邊界摩擦和鄧小平需要在黨內樹威是另外的議題）。一九七九年中美兩國正式建交後，美國的大小公司都齊刷刷的把目光投向了東方充滿誘惑的巨大市場；從計算機到可口可樂，各個公司都派出精兵強將，西裝筆挺，皮鞋鋥亮，夾著皮包衝進社會主義中國。同時，尼克松對表面處於"冷戰"中的前蘇聯也是格外慷慨。一九七二年，尼克松同意前蘇聯把二戰遺留的百億美元欠款償還期拖至2001年，而且先還一個零頭即可。此後的整個七十年代，前蘇聯共償還了四千八百萬，然後就沒有然後了。此類關乎整個國家巨大利益的國際關係事件，不經過國會辯論，總統個人就擅自做主，以國家的名義做政治利益交換，也可見三權分立的平衡，監督，問責發生了實質的倒退。

研究美國政治的學者們有一種觀點，認為每一次危機過後，美國的民主制度都經受了考驗，而且變得更加成熟；從三十年代初的大蕭條，二次大戰到古巴導彈危機似乎都證明了學者們的事後判斷。但是，從前面章節講過的"豬灣事件"，後來發生的肯尼迪謀殺案，越戰升級，再到六十年代中後期席捲全美翻天覆地的激進社會運動（反戰，嬉皮士，婦女解放）的結果來看，應該有把握的斷言：美國的巔峰是一九六一年，此後，以馬克思理論為指導的改造美國的社會運動開始顯現其作用及結果，也就是美國衰落的真正開始。

5. 赫胥黎和《美麗新世界》

　　赫胥黎這個名字，只要是識文篆字的人很少沒聽說過，其大著《天演論》就是經嚴復的翻譯走進了華夏的學府廟堂。他的全名是托馬斯·亨利·赫胥黎，天才的生物學家，被時人稱作"達爾文的鬥牛犬"，一生頗具傳奇色彩，他的後人對人類產生的影響，從現實政治層面而言，絕不亞於他本人的思想和研究成果。

　　今天的主角是他的孫子，奧爾德斯·赫胥黎，才華頗高，一生寫了五十本著作，最廣為人知的可能是他的小說《美麗新世界》。稍通英文的人多半會把這本書的書名譯為《勇闖新世界》或《直面新世界》按照習慣，我猜測第一版的譯者是要在書名裡點出該書的主要內容，而且"勇闖"和"新世界"也有點生硬，見仁見智。為了敘事清楚，我們把他爺爺稱作"老赫胥黎"（《天演論》的作者），把孫子稱作"小赫胥黎"（《美麗新世界》的作者）。從今天世界的發展趨勢來看，小赫胥黎的一生也許給我們展示了更加豐富多彩的層面。現在言歸正傳，好好談談這位小赫胥黎先生的另一面。

　　小赫胥黎的大半生在英國度過，在伊頓公學讀過書還在那裡教過書，他的學生中有一位叫埃裡克·布萊爾的才子，後來寫了兩部家喻戶曉的作品：《1984》和《動物莊園》；他的筆名是喬治·奧維爾。師生二人都有強烈的反烏托邦傾向，但表現手法卻恰好相反。一九三二年，小赫胥黎以別開生面的手法完成了《美麗新世界》。他筆下的世界是一個充滿歡愉的，人人甘心為奴的美麗天堂。如果借用一下佛洛依德的"手術刀"，劃開《美麗新世界》的表層描述，就會忽隱忽現的看到其創作的深層動機。假如小赫胥黎在英國終老，可能故事就此打住，沒有下文了。但是，一九三七年，命運的神奇大手輕輕一推，使他離開了古老的英格蘭，飄到了新大陸美利堅；另一個小赫胥黎，或者叫小赫胥黎的另一面，便從此隆重登上了歷史舞台。

小赫胥黎在美國閃亮登場的第一個社會"作品"是公開提倡使用致幻藥物麥角酸二乙醯安胺SLD，一種注射類毒品，屬於強烈的半人工合成致幻劑。當時的嬉皮士鍾愛的"嗨藥"是大麻，真正的毒品是海洛因；這種叫LSD的新藥只是在高層和富人圈裡隱祕的流行，最終把這種人工合成的強烈致幻劑送入尋常百姓家，小赫胥黎發揮了他人無法替代的作用。著名但頗具爭議的政治理論家林登·拉洛奇（Lyndon Larourche）將小赫胥黎稱為"英國鴉片戰爭的高級佈道者"，認為小赫胥黎對美國六十年代的反文化和反傳統運動發揮了奠基的作用。後人不禁要問，這個提倡新型毒品的赫胥黎和寫出《美麗新世界》的赫胥黎是同一個人嗎？難道他真的是喬治·奧維爾的老師嗎？當然，還有諸多此類問題，但是只要簡單看一下小赫胥黎生活中的節點以及他交往的人就能得出真實的答案。

老赫胥黎在二十世紀初建立了一個叫做"羅德圓桌"（Rhodes Round Table）的祕密組織，他的一位長期密友是英國老牌建制派歷史學家阿納德·陶尼比（Arnold

Toynbee），此公在二戰時期擔任過英國軍情六處MI6情報調研部門的主管，同時還是丘吉爾首相的情報檢索官，負責整理和呈上丘吉爾所需要的政治經濟情報。阿納德·陶尼比對晚輩小赫胥黎關懷有加，常常向他推薦有趣的歷史書籍並且時常循循善誘地給小赫胥黎講解書中的故事。小赫胥黎在阿納德·陶尼比（Arnold Toynbee）的諄諄教誨下對情報界有了初步認知，產生了很大興趣；這些都為他日後的藥物研究和開展社會活動奠定了初步的基礎。

小赫胥黎生命中的另一位重要人物是牛津大學的小說家威爾斯（Herbert George Wells），其著名的《時間機器》被譽為科幻小說的開山之作。縱觀他的作品和日常活動都沿著一個主題展開，即提倡一個全球一體化的世界政府。威爾斯先生反對搞陰謀並坦蕩的承認，"我們主張'陽謀'：即世界革命的藍圖"。這一點很像早他半個世紀的共產主義理論奠基人卡爾.馬克思和踐行者列寧：我們共產黨人從不隱瞞自己的觀點。威爾斯說，"我相信'陽謀'首先出現的形式是由心智清醒且高智商的，有時是富人們建立的組織，展開一場有明確社會和政治目標的運動。這些人以各種方式影響並控制華而不實的政府機器"。小赫胥黎酷愛他的小說，被他書中的理想深深的感染。威爾斯先生將小赫胥黎介紹給臭名昭著的撒旦教教主阿羅斯特爾·克羅雷（Aleister Crowley），這位教主把小赫胥黎已經形成的觀念打上了宗教烙印。這樣，小赫胥黎完成了他的思想建設。

小赫胥黎的胞兄朱利安·赫胥黎也對他產生了深遠的

影響。他這位兄長確實是繼承了祖父的遺傳，善於觀察，酷愛實驗，後來成了一位著名的生物學家。他不僅創辦了"世界野生基金會"，而且是聯合國教科文組織的首任總幹事。但令人不齒的是他從一九五九到一九六二年擔任過專門研究種族優劣的"英國基因社會"的董事長。他還在聯合國教科文組織任職時就公開表示對"普通民眾"的厭惡，他多次公開自豪的說，"智商測試表明，能從大學課程獲益的只有百分之十到二十"。言下之意，其餘的百分之八十到九十根本不配進入象牙塔。與他的諸多同類一樣，朱利安‧赫胥黎對"同一世界文化"抱有極大的熱情和由衷的期盼。他和小赫胥黎交往甚密，他的種族詫異和優劣理論再一次加固了小赫胥黎初步形成的政治和文化意識形態。

二次世界大戰前夜，小赫胥黎就是帶著這樣初步完成構建的價值觀踏上了新大陸，美利堅。他到美國後就一頭扎進了好萊塢，開始改寫劇本，有時自己親自動手編劇本，一本正經地當起了劇作家。好萊塢本來就是一群勵志要用電影創造一個理想社會的浪漫主義藝人的殿堂，這些頗具個性，才華四溢的藝術家們經常在週末聚在一起，聽小赫胥黎闡釋他對人類命運的看法。他的鴻篇大論其實就是自己在英國剛剛構建起來的意識形態框架，他的觀點正好契合了好萊塢那些激進浪漫理想主義者的口味，比如，小赫胥黎常常開口就談"人人生而平等的說法不過是一般情況下的一種假設，沒有一個神志清醒的人秉持這種觀點。難道一個棉花田，玉米地裡的紅脖子能管理銀行嗎？"每當這時，聽眾裡就爆發出一陣讚許的歡笑。

二戰後，小赫胥黎短暫回了趟英國，一九五二年再次回到美國。這次他是帶著他的私人家庭醫生哈姆佛里·奧斯蒙德（Dr. Humphrey Osmond）一起回到美國的。與普通醫生不同的是，這位奧斯蒙德先生，通過中情局局長艾倫·杜勒斯（Allen Dulles），參加了惡名昭著的中情局代號為MK-Ultra的腦控工程。小赫胥黎和芝加哥大學的羅伯特·霍勤斯都加入了這個後來瀰漫全美的LSD致幻毒品研究項目；值得注意的是，該項目的全部經費來自"福特基金會"，並在後期變成了由"蘭德公司"資助的四年實驗項目。"蘭德公司"對外宣傳是戰略研究及分析機構，但是世人皆知這個機構是中情局直接管控的下屬機構。

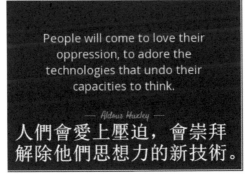

People will come to love their oppression, to adore the technologies that undo their capacities to think.

— Aldous Huxley —

人們會愛上壓迫，會崇拜解除他們思想力的新技術。

圖片製作：則席 @2022/12/27

小赫胥黎一開始只是私下或小範圍內的娛樂性注射LSD，朋友圈子也很小，有著名作家艾倫·瓦茨（Alan Watts）和格里高利·白特森博士（Dr. Gregory Bateson）；前者，艾倫·瓦茨（Alan Watts）後來成了禪宗，在全美各地廣收弟子，還創立了"太平洋基金會"，大力推廣前衛搖滾樂，利用"洛克菲勒基金會"的資金開辦廣播電台，在整個六十年代極力宣傳左傾意識形態；後者，格里高利・白特森博士（Dr. Gregory Bateson）在加利福尼亞的老兵醫院搞科研，利用那裡受過戰火創傷的智障老兵進行LSD致幻藥物實驗。這個期間，白特森博士接納了一個能人，就是"飛越杜鵑窩"（當時的暢銷書，後改變成電影）的作者肯・克瑟（Ken Kesey）。此人以自己的影響力組織了一個"快樂的惡搞者"社團，他們遊遍全美，向毫無戒備的人們發放強烈致幻藥LSD，更有甚者，他還邀請邪惡的"地獄天使幫"開派對，向他們介紹並演示LSD的用途和用法。許多人或處於好奇或出於記錄歷史的需要都想知道這些藥物有多少是中情局局長杜勒斯提供的，但無人找到答案，所以至今還是個謎。從已經解密的文件中可以知道杜勒斯以中情局的名義購進超過一百萬劑量的LSD致幻藥。這位暢銷書作家在一九六五年被捕，被控罪名是非法持有大麻，被判入獄五個月。出獄後，他在俄勒岡州的威廉敏特谷深居簡出，沉寂了一陣子；不久即在俄勒岡大學走上講台教書育人，同時給"滾石"和"探求"（Rolling Stone & Esquire）輯稿，並創造小說《岩洞》（Caverns）。這位小說家肯・克瑟（Ken Kesey）的經歷似乎代表了當時的一種常見現象：左派的文人或社會活動者如果遇到挫折，他們往往都會進入某個大學，既有豐厚的收入，繼續創作，還可以培養下一代。這類人編織了一個堅實可靠的社會網絡，這個網上的每一個人遇到挫折和困難時都會得到幫助，從實際上做到了進退有據。

　　小赫胥黎密切交往的另一位名人是路易斯・韋斯特（Louis West），此人常被人們痛罵的一件事是他公開殺死了一頭大象。當然，他是以腦控專家的身分加入中情局的腦控實驗項目（MK-Ultra），依此爲由對那頭大象注射了過量的LSD-25藥物，致其死亡。這件事在當時引多家媒體的關注，動物保護組織誓言要把他帶上法庭，送進監獄，但不知何故，這次風波很快就變得風平浪靜，像是什麼也沒發生一樣就過去了。韋斯特對小赫胥黎的提問是有問必答，耐心備至；在具體使用LSD的環節上指導他如何在使用致幻藥之前對目標受體使用催眠術，以期達到預設的效果。韋斯特先生的能量和背景在肯尼迪總統遇難後受到廣泛關注，美國政府主辦的肯尼迪遇刺調查委員會請韋斯特先生從醫學和心理學方面鑑定傑克・盧比（Jack Ruby，夜總會老闆，當衆槍殺奧斯瓦爾德Lee Oswald，刺殺肯尼迪總統的的罪犯，其本人事後不久死於獄中）。韋斯特先生長期在腦控領域工作，據說他培訓過許多“異教”領袖，其中包括大衛・考利釋（David Koresh），就是一九九三年震驚世界的得克薩斯州維克鎮“大衛教血案”的教主。此案導致了兩年後的鐵木辛・麥克威（Timothy McVeigh）用“自製的炸藥”造成俄克拉荷馬聯邦大樓爆炸案，當場死亡168人；麥克威在等待判決以及獲判死刑後的監禁期間，多次拒絕其他人員提出的探訪要求，卻意外接受了韋斯特先生的拜訪，此事至今令人費解。與中情局腦控項目相連的還有一個外圍組織，"異教覺醒聯盟"，其負責人就是韋斯特先生本人。說到此，許多人可能會認爲韋斯特先生很了不起，其實不然；他的背後才是眞正的編導：額文‧凱末瑞醫生。在"冷戰"高峰時期，凱末瑞醫生用中情局的資金以被俘虜的活人爲樣本做了無數令人髮指的"洗腦"實驗。這種公然違反《日內瓦公約》的罪行從來無人過問，更談不上追責，起訴。這位高深莫測的醫生後來做了美加兩國的"心理咨詢協會"主席，然後還行情見長，做了"世界心理咨詢協會"的主席；了解一點來龍去脈的人都不得不對心理咨詢這個行業打上一個大大的問號。

在美國的加利福尼亞州有個不對外公開的心理咨詢組織"泰威斯多克群體療法"（Tavistock Group Therapy），該機構專門從事人類行爲矯正和腦控研究。一九六一年，美國國務院爲該組織舉辦了一次演講會（美國政府爲這樣的機構出資還站台頗有蘊意），小赫胥黎應邀到會發表了他的著名演講，其中談到了他對這個世界的灰暗看法，"在未來一代到兩代人的時間會出現一種藥理方法，它不僅可以輕而易舉的導致獨裁統治，而且可以使民衆接受並熱愛被奴役的狀態。會有一種全社會的集中營，生活在集中營裡的大衆被徹底剝奪自由卻又歡天喜地享受這種生活，因爲宣傳和洗腦，或者說是藉助藥理方法的升級版洗腦使得人們被帶入一種境界而沒有任何反抗意識。這似乎就是最後的革命。"這個"最後的革命"理論使得整個知識階層為之震撼，但仔細閱讀他的《美麗新世界》後，許多人似乎找到了部分答案。小赫胥黎的演講至今正好過了一個甲子，很難想像今天的讀者對他的預言式觀點有何感受；也許我們不了解那些跨國的壟斷製藥財團在研發什麼靈丹妙藥幫助我們免除肉體上的痛苦，同時也忘記精神上虛無；也許我們早已身為賤奴而不知，因為不是藥物作用，而是高科技把五彩繽紛的精神磺胺通過一個叫做手機的玩具送到我們手中；我們就如小赫胥黎說的那樣，歡天喜地的接受了早已安排好的一切。

上面說的加州這家心理咨詢機構在英國有個分號，名稱是"泰威斯多克學院"（Tavistock Institute），其業務涵蓋範圍很多，除了藥物、藥理和行為矯正之外，還包括培訓極端左翼團體的領袖。二戰結束後不久，一堵柏林墙把德國一分為二，從此該機構的活動便日趨頻繁。一九六七年，該組織召開了一次專題座談會，主題是"關於解放的辯證法"，參加會議的有兩位著名人物，司鐸克雷·卡麥克（Stokely Carmichael）和安吉拉·戴維斯（Angela Davis），都是美國黑人極端力量的領軍人物。由此可見，六十年代席捲美國的各類社會運動具備兩個特征，一是有明確政治意圖，有資金支持並且不僅限於美國，而是世界性的；二是從底層，從校園裡的激進青年發起，然後蔓延全國的"改造人類"工程的具體實踐。

小赫胥黎最後的日子是在喉癌（一種在西方很少見的癌症）的折磨中走向終點的，他與家人和朋友們的交流只能通過寫紙條進行。臨終前他寫的最後一個紙條是給他的妻子的，內容很簡潔，"幫我注射100毫升的LSD。要快！"藥物進入他的靜脈之後，小赫胥黎進入昏迷狀態。幾小時後他又疲憊地睜開雙眼，彌留之際，他的嘴唇微微張開，似乎要說什麼，但終於沒能發出聲音，他想要說的話也隨著他的靈魂飄向了他一生構建的《美麗新世界》。這一天是一九六三年十一月二十二日，就在小赫胥黎寫最後一個紙條時，遠在千里之外的達拉斯市響起了槍聲，美國歷史上最年輕的總統約翰·肯尼迪倒在血泊中。美利堅，這個美麗的新大陸，也隨著那幾聲槍響而從此偏離了航程，駛向了小赫胥黎預言的《美麗新世界》。

6. 肯尼迪家族的政治謝幕

　　肯尼迪家族在美國政壇的地位以及產生的影響是盡人皆知的；但由於約翰·肯尼迪總統和羅伯特·肯尼迪議員相繼死於非命，這個家族問鼎白宮的希望落在了三兄弟的僅存者愛德華·肯尼迪身上。歷史的慣性和政治氣候在一九六九年末也的確向肯尼迪家族展現出一條通往白宮的路徑。

　　這個路徑圖是這樣的。首先，愛德華·肯尼迪需要在民主黨內提高自己的威望和地位，實現這一點並不難，一要在黨內擴大朋友圈，對異見者要化解前嫌；二要捨得一些利益，讓那些有對立情緒的議員覺得有實惠可圖；說句白話就是要靠前台的宣傳造勢和後台的利益交換雙管齊下；這個目的是完全可以達到的，因為這是普通政客都會的入門本領，即大量的金錢和一個高效運轉的競選團隊。第二步要有效的利用民眾對兩位兄長遇刺身亡的記憶和同情爭取選票，但必須掌握好分寸，達到讓大眾認為自己不是打悲情牌而是有自己的政治理念和貫徹思想的能力，是為了大眾的利益而競選。第三，需要確認各類財團的訴求，把他們的利益與自己的政治綱領最大限度的糅合，讓那些大州的財團出力，影響人口密集的地區，這是最重要的也是難度最大的環節。當然還有一項任務，愛德華·肯尼迪無法言明又會偶爾在無意間對最核心可信的人稍有流露的願望，那就是首先要入主白宮然後才有可能解密肯尼迪總統遇刺的全部細節，還原真相，給民眾一個透明滿意的答復，也還兄長一個公道。

在即將來到的一九七零年，民主黨要召開競選年的全國代表大會。獲得這次大會的認可並贏得初選才能出線，代表民主黨挑戰現任的尼克松總統是成功的第一步。愛德華・肯尼迪聚集了兄長們的助手，形成了一個團結高效的競選團隊。內部的準備和對外的宣傳造勢都進行的十分順利，民調和輿論都對自己非常有利。從各種民調組織的數據來看，肯尼迪先生佔有微弱優勢。爲了感謝競選團隊的共同努力和長時間不懈的辛苦工作，七月十八日晚愛德華・肯尼迪在麻省的裁魄奎德克島（Chappaquiddick Island）舉辦了一次小範圍派對。受邀參加派對的五位女性中，瑪麗・考湃科內（Mary Jo Kopechne）十分出眾。大學畢業後，她在阿拉巴馬州做過議員辦公室助理，當年的同事們回憶她的時候，都認爲瑪麗手腳勤快，頭腦靈活。瑪麗後來加入羅伯特・肯尼迪競選團隊，她年輕、貌美、能幹，很快就贏得了周圍同事的認同。這次慶祝階段性勝利的晚會自然少不了瑪麗。派對開的輕鬆熱鬧，玩笑和幽默一個接一個，香檳、威士忌和紅白葡萄酒輪替著滿上，大家對拿下白宮信心十足。派對接近尾聲時，愛德華・肯尼迪主動開車送瑪麗女士去渡口，然後再乘渡輪過海灣回到她下榻的酒店。夜黑路窄，肯尼迪的轎車突然失控墜入水中，愛德華・肯尼迪議員受了點傷，自己爬上岸生還，瑪麗女士卻溺水而亡。

這次意外事故使得本來希望滿滿的肯尼迪議員競選總統計劃戛然而止；此後，肯尼迪家族再也無人無力在政治舞台上發揮實質的影響。現存的歷史只顯示兩點，一是迷霧重重的約翰・肯尼迪和羅伯特・肯尼迪謀殺案，二是人們常常提起的"肯尼迪家族魔咒"。

這次事件改變了肯尼迪家族命運，甚至影響了美國政治歷史。駕車事故表面十分簡單，可以用一句話來概括，那天是伸手不見五指，肯尼迪在轉彎時走錯了路，汽車失控落水，自己受傷爬上岸邊，瑪麗女士不幸溺水身亡。但大凡蹊蹺的事都怕查細節講邏輯，這裡不妨看看當時對事故的公開報導，有如下幾個版本。

愛德華・肯尼迪議員本人：我當時邊開車邊和瑪麗聊天兒，突然發現我是在土路上行駛著，是我在無意中轉錯了彎。我想減速時車子就失控了，我們掉進了水裡。我奮力爬上岸邊，想回頭去救瑪麗，就趕快回到開派對的房子裡，找到XXX，我們又一起回到水邊，卻無能為力。我回到渡口，但那是已經沒有渡輪了，我只能游泳到對岸才回到酒店。那時我感到頭痛欲裂，便昏昏睡去，第二天早上醒來才想到報警。事情的經過就是這樣的。

官方版本：出事的原因是肯尼迪議員駕駛不當，離開了柏油路面，在土路上汽車失控而落水導致瑪麗・考洴科內女士被安全帶困車內而溺水身亡。依法判處肯尼迪議員有期徒刑兩個月，監外執行；吊銷其駕駛執照六個月。（簡潔清晰，結案，翻篇兒）。

主流媒體：關注旁枝末節，如汽車的剎車系統是否失靈、當時的行駛速度、瑪麗是不是喝了酒等等，總之，限制報導，避開要害，也就是通常所說的"冷處理"。

小衆媒體：民衆有知情權，應該還原眞相。官方的解釋疑點重重，難以服衆。各類猜測，傳聞，"祕聞""內部透露"鋪天蓋地。這類報導都頂著冠冕堂皇的帽子，但爲了生計，主要是滿足底層大衆"看熱鬧不嫌事大"的八卦。

調查記者群體：已經公開的各類人證言證物證都說明這次事故絕非偶然，諸多細節經不起分析和推敲，相互矛盾的地方比比皆是。旣然官方有"難言之隱"，我們來查出眞相，給公衆一個交代。這個群體中，持保守觀點的人們多數認爲愛德華·肯尼迪對瑪麗·考湃科內的死亡負有直接責任，但議員先生撒了謊，司法制度沒能秉公執法，所以才做出了象徵性的判決。與此同時，"自由派"或者叫"中立客觀"的媒體只關注報導某一個側面，片面解讀，起到了實質上掩蓋事實眞相的作用。

在沒有權力機構介入，也沒有資源雄厚的主流媒體配合的情況下，鬆散的調查記者們四處挖掘卻無法完全還原整個事件的眞相。但經過記者們無私無畏的不懈努力，越來越多被官方和主流媒體忽視的細節都漸漸浮出水面，這些細節從不同角度和層面揭示了事件的眞相。

第一，愛德華·肯尼迪爲什麼在派對接近尾聲但是還沒有散伙的時候單獨和瑪麗·考湃科內駕車離開？肯尼迪自己的解釋是瑪麗有點不舒服，想要回飯店；但瑪麗又爲什麼將飯店的鑰匙、自己的錢包和化妝品留在派對現場？很顯然，我們的議員先生在撒謊。但他為什麼要撒這種低級的謊言呢？為什麼肯尼迪先生要親自駕車送瑪麗女士回飯店？難道在場的十幾個人中沒有會開車的了？事後從圈內流露出一些"悄悄話"，傳言肯尼迪先生和瑪麗女士保持著一種若即若離的曖昧關係，但是從公開的信息找不到任何證據，其競選團隊解散後也沒有傳出肯尼迪先生與瑪麗女士的緋聞。

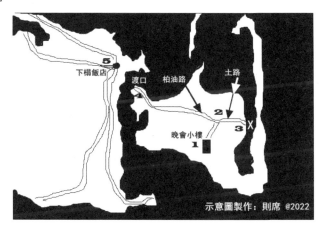

第二、請看上圖，這是按照肯尼迪議員的口述以及各方調查取證後的總和復原的事件過程；依次為：1. 派對場所，大約晚上十一點派對開始；2. 汽車轉錯方向上了土路，本應該左轉去渡口，然後乘坐渡輪過海灣回酒店；但肯尼迪先生右轉上了土路；3. 瑪麗溺水處有一個小橋，汽車開上了小橋，然後失控墜入水中；4. 肯尼迪先生爬上岸後沒有即刻設法救瑪麗女士，而是獨自一人回到派對場所，

然後又帶人回到出事地點，但為時已晚，瑪麗女士已經死亡；5. 肯尼迪先生說他到達渡口時已經沒有渡輪服務，他是游過海灣才回到酒店的；6. 肯尼迪先生回到酒店的時間是大約凌晨兩點，他感到頭痛欲裂，就躺倒昏睡到第二天。

這個試圖自圓其說的口述充滿了矛盾和悖論。對當地了如指掌的肯尼迪議員為什麼那天夜裡卻轉錯了彎兒，導致落水？就算肯尼迪本人逃生後無力救出瑪麗，但回到派對屋子後為什麼不報警？電話就在桌子上，正常的反應是報警求助；假設出於救人心切，怕警察來得慢，所以帶人急忙返回出事地點，那又為什麼找不到落水的汽車就各自回家，跟沒事兒一樣？事後獨自游過海灣回到酒店還倒頭大睡？而能在冰冷的海水中游過海灣是遠超常人的能力。凌晨兩點，帶著傷痛，既不報警也不就醫，昏昏睡去，也有悖常理。

第三，肯尼迪議員身高一米八八，體重九十一公斤，膀大腰圓，在哈佛大學讀書時是橄欖球隊員。這樣一個頭部受傷而又體碩的人落水後從迅速充水的汽車裡自我解脫而逃生是難以想像的。同時，沒有受傷，且身材苗條的瑪麗卻未能自我解脫，爬出車外，游回岸邊同樣難以解釋。很明顯，肯尼迪參議員關於落水前後的回憶和逃生經過都是編造的謊言。

第四，有位天生喜歡刨根問底兒的記者卡特勒

（R.B.Cutler）後來出版了一部很有影響力和說服力的著作《調查：裁魄奎德克》。書中講述了幾個細節頗能說明事故的脈絡。首先，出事前，肯尼迪議員的汽車在小橋上停下來，然後突然加速衝進水中。橋面是留有明顯的車輪突然加速後留下的輪胎痕跡；這與肯尼迪議員的口述汽車失控後從土路一直衝入水中大相徑庭。再有，打撈上來的汽車車身有幾處損傷，被鑑定為事故前所致，與事故本身毫無關係。還有，所有知情者和證人都作證瑪麗女士從不飲酒，但事後在她的血液裡發現有酒精，以致有的人懷疑瑪麗女士被下了毒。

第五，肯尼迪議員頭部受傷，有腫塊，後診斷為輕微腦震盪；他本人後來解釋為：車子失控時他被甩出車外而受的傷，因夜黑無法斷定汽車落水處，所以回到派對屋去帶人回來救瑪麗女士。這個說法不無道理，所以被官方結論採用。

第六，肯尼迪議員的兩位好友諾斯·理查茨（Ross Richards）和斯坦·摩爾（Stan Moore）第二天早上在酒店的大廳裡見到議員先生時，肯尼迪顯得格外平靜；緊跟著，議員先生的外甥喬·噶爾幹（Joe Gargan）和政府檢察官保羅·馬克漢姆（Paul Markham）渾身滴著水跑進酒店來見議員先生的時候，肯尼迪議員變得有些激動，態度開始粗魯，對兩位落湯雞出言不遜。這兩位在現場親自參加車輛打撈的親信直接來見，明顯成了日後的證人，而保羅雖然是自己多年的朋友，但他畢竟是政府方面的檢察官。

第七，當地的副警長克里斯多夫・盧克（Christopher Look）的證詞是，事發前他見過肯尼迪議員的車子，裡面有三個人，不是兩個。如果能找到那位"第三者"整個事件就會瞬間變得簡明清晰起來，但肯尼迪議員否認這位副警長的證詞。

第八，至於瑪麗女士是否被下毒，為什麼血液裡有酒精，至今還是個謎，因為從來沒有做屍檢，托詞是瑪麗在水下泡了九個多小時，沒有必要。瑪麗女士的親屬至今還在苦苦地尋找真相；其母親在多次接受不同媒體的採訪中始終重複一句話：瑪麗是被人害死的。

第九，另一位作家理查德・思博力格（Richard Sprague）在其力作《力克美國123》一書中指出，白宮情報官托尼・烏拉威茨（Anthony Ulasewicz）證詞說他接到指令飛往肯尼迪議員出事的地點"挖掘材料"，但巨大的漏洞是：托尼是事發的第二天一早，在事故尚未對外公布之前，他就到了現場！這就間接證明了整個事件是有預謀的，有些人早就知道在什麼地點，什麼時間將要發生什麼。

第十，對於"逃離現場"的指控，肯尼迪議員供認不諱。在記者問到即將開始的政治選舉有何變更的問題時，肯尼迪先生表示不會辭去議員職位，將繼續

為馬薩諸塞州的選民服務。也確實如他所說的繼續為選民服務，愛德華・肯尼迪連續八次成功連任，雖然沒能圓了他的總統大夢，但直到二零零九年去世，肯尼迪先生帶著層層陰影和不再閃亮的家族光環為其所在州的選民服務了近半個世紀。

這次意外的駕車事故中斷了肯尼迪家族通往白宮之路，同時開啟了世人皆知的"肯尼迪家族魔咒"。在之後的二十年中，與肯尼迪家族有關係的人一個接著一個非正常死亡。喬・小肯尼迪交往的女友愛舍里・林斯麗（Althalia Lindsley）在佛州被人用砍刀殺害（1974年1月23日）；林斯麗的好友佛蘭西斯・伯尼斯（Francis Bemis），一個專業記者，介入調查，結果自己在停車場被人用利器擊碎頭骨而亡；（"聖・奧古斯丁紀實"2007年1月30日）。羅伯特・肯尼迪的岳父岳母乘坐小型飛機墜毀身亡（1955年）。其內弟也死於飛機墜毀（1966年）；羅伯特・肯尼迪的長子死於吸毒過量；麥克・肯尼迪死於滑雪事故；傑奎琳・肯尼迪改嫁後，其繼子死於飛機失事，繼女死於安眠藥副作用等等。

這個有關"魔咒"的說法始於愛德華・肯尼迪本人。他在事件結束後的電視聲明中說到，"不知是不是真的有什麼可怕的'魔咒'罩著肯尼迪家族"。隨著時間的推移，"魔咒"的含義也愈來愈多；他死後不久發表的傳記裡有這樣的記載，"那天夜裡我的行為是不可原諒的"，

"我做的決定糟糕之極"。一個行將就木的人表達的是內心的深切懊悔卻又無可奈何。從這個角度來理解"肯尼迪家族魔咒"似乎可以是這樣的：肯尼迪家族的根本價值觀在某個層面與另一種價值觀相抵觸，而代表那個對立價值觀的政治勢力及財富力量遠遠大過肯尼迪家族的一切。所以，某些事件的發生和結局是早已註定的，是肯尼迪家族無力控制的。對方實在太強大了。

"一個真正的民主自由社會不能允許祕密組織的左右……"肯尼迪總統在"豬灣事件"之後的媒體協會代表大會上如此表態。也許肯尼迪家族和那個強大力量的深層矛盾就是那個時候產生的，這種矛盾的發展就成了後人口中無奈的"肯尼迪家族魔咒"。解開這個"魔咒"的關鍵之一就是解密約翰·肯尼迪謀殺案的全部案宗。塵封了近一個甲子的八千多個文件很可能就是"魔咒"的藏身洞穴，也就是那個強大的對手極力保護的"國家機密"。

歷史的車輪滾滾向前，在麻省的裁魄奎德克島發生的這起駕車事故很快被另一個更大的新聞淹沒了。美國宇航員登月成功，所有人的目光都被磁鐵般地固定在電視屏幕上，阿姆斯特朗（Neil Armstrong）和他的同事愛德林（Buzz Aldrin）走出登月艙，將星條旗插上月球。人類開始了新的征程：太空。

7. 總統的光環（一）

一九八零年美國總統大選以羅納德・雷根對卡特總統的壓倒性優勢收場。雷根帶著好萊塢影星般的燦爛笑容和詼諧的幽默登上政治舞台，奉獻給大眾的不再是工作之餘的娛樂，而是實實在在影響千家萬戶的內外政策。

歷史的潮流或者叫冥冥中的天意總會把某些看似不應該的人推到前台，正如歷史在重大轉折時會把某些平時少有人知的平凡人物推上風口浪尖一樣，這些人似乎不需要拼命，只要順勢而為，就自然名垂後世；也可以說這些人只要不是逆歷史潮流而動，就可以光照後人，羅納德・雷根總統就是如此。對內，雷根總統高舉的是"反對大政府，還權於民"的旗幟，方法是減稅，減稅，再減稅；對外，他的政策是"反共，反社會主義，自由民主新時代"，方法是強硬，軍備，更強硬。雖然雷根在第一個任期內政績平平，競選連任時卻獲得五十個州中四十九個州的支持和擁護，整個競選完全是摧枯拉朽，使得他的競選對手蒙代爾（Walter Mondale）顏面盡失，落荒而走。這就是時勢造英雄，當事人只需順勢而為。

雷根總統的光環很多而且很耀眼，比如，後人常常把前蘇聯解體，東歐諸國擺脫蘇聯老大哥的控制，冷戰終結等重大歷史事件的結局基本歸功於雷根總統。如果我們撇開媒體的宣傳，不管左傾還是右傾，也不論正面或是反面，盡量客觀的看看雷根總統任內發生的一些節點事件，或許我們可以更加全面的看待雷根總統本人，同時也更加深刻了解美國民主政治的運行規則和實質。

雷根總統是典型的保守派共和黨人，他所倡導的 "小政府和民眾自治" 是大眾期盼已久的政治方向。然而，雷根總統就職剛過兩個月就遭到槍擊，險些喪命；似乎原始印第安人部落的咒語在他身上應驗了。土著印第安人認為凡是在大選年尾數為零的年份獲勝的總統競選人都會死於總統任內。遭他人暗算或暗殺只是死在任上的一種死法。

比如：1840年，William Henry Harrison；哈里森總統

1860年，Abraham Lincoln；林肯總統

1880年，James Garfield；加菲爾德總統

1900年，William McKinley；麥金來總統

1920年，Warren Harding；哈丁總統

1940年，FDR；羅斯福總統

1960年，JFK；肯尼迪總統

1980年，Ronald Reagan；雷根總統

但雷根似乎命很硬，被兇手擊中卻能死裡逃生，似乎打破了流傳已久的土族印第安人的咒語。康復出院後的雷根一改初衷，推行了一套與其競選綱領大相徑庭的內政和外交策略。

有一張很著名的照片，是雷根和尼克松參加波西尼亞樹林俱樂部的晚餐。照片中的雷根和尼克松分別坐在講話者的兩邊。《華盛頓郵報》的專欄記者刊登了這樣一篇報導："波西尼亞樹林：權貴們胡鬧的地方"。該報導開

篇就是那張著名的照片，而且是彩色的。該俱樂部與"共濟會"和"光明會"都是重重迷霧後面的，平時不顯山不露水的組織；搞民間傳聞（官方默認）他們掌控著巨大的能量，控制著許多西方社會的要害機關。這些組織時隱時現，絕大多數政客都是他們的會員。所以，每當媒體披露一點他們的動向時都會在社會中勾起人們的記憶，填補一點記憶中的空白。

上個世紀八十年代末期，雷根總統的施政方式發生了微妙的變化。嗅覺靈敏的記者和政情觀察者就抓住這些報導，開始從此入手來解讀雷根總統的變化以及對美國內外政策的影響。

對內，雷根執政後的聯邦政府開支從卡特時期的22.5%增加到64%；非軍事部門聯邦僱員增加了二十三萬八千人，與之相比，卡特時期倒是減少了八千人；聯邦政府的多數部門臃腫低效，如教育部和能源部，雷根總統不僅沒有為這類機構減肥，反而新設立了"老兵事務部"，結果是：雷根總統主導下的聯邦政府開銷超過其所有前任的總和！為了削減開支，雷根成立了"自律委員會"（THE GRACE COMMISSION），但事與願違，該委員會1984呈交的報告：稅金浪費高達三分之一，原因，重複低效。該報告遞交國會後，沒人追究，石沉大海。當年聖誕節前，《紐約客》登了一則諷刺短文，說世界上唯一永不破產的公司是政府集團公司。

雷根政府與財團的關係是無法迴避的亮點。希爾樂製藥公司（The Searle Drug Company；後被"孟山都"併購）在六十年代研發了一種增甜劑，愛思吧甜（Aspartame）。一九八零年十月，"藥品與食品安全局"FDA的"公共查詢委員會"（Public Board of Inquiry）在評估這個產品時發現：這種增甜化學物在動物實驗中導致超標的腦部腫瘤。該委員會建議禁止公眾消費這個產品。一個月後的大選結果，雷根獲勝。希爾樂製藥公司的老闆羅姆斯菲爾德被任命爲雷根總統過渡團隊成員。雷根總統正式就職後，對"藥品與食品安全局"FDA進行了大換班，由國防部研究員阿瑟·哈耶斯博士任局長。哈耶斯博士力排衆議，於當年七月通過"愛思吧甜"（Aspartame）在食品中應用許可；兩年後又准許這種危險的化學品在軟飲料中使用。哈耶斯博士因此遭到民間團體和獨立媒體的猛烈批評，落得個聲名狼藉；但這並不影響他的個人前途，哈耶斯博士辭掉了"藥品與食品安全局"FDA的局長職務，轉身以高級醫學顧問的身分加入希爾樂製藥公司（The Searle Drug Company）的公關部門。

"藥品與食品安全局"FDA在允許危險品"愛思吧甜"（Aspartame）用於日常食品的同時，卻嚴格禁止"苦杏仁苷"Laetrile進入醫療市場。苦杏仁苷是七十年代的一些獨立研究員們從桃仁杏核裡提取的物質，多種實驗證明它對預防和治療癌症有特效。這個獨立研究領域的領軍人物是約翰·理查德森醫生（Dr. John Richardson）；一九七五年他把自己的治療案例公開出版了，書名是《Laetrile案例跟蹤：理查德森癌症診所紀實》（Laetrile Case Histories: The Richardson Cancer Clinic Experience）。隨即，這位醫生在加利福尼亞州遭到權力部門起訴，不得不應付三場費用昂貴的官司，好在三場官司都是一個結果：政府部門自行撤訴。事情並未就此結束，一九八一年反對他的同行再次起訴理查德森醫生，繁瑣的司法程序，昂貴的律師費用開始纏繞著理查德森醫生；這場官司從縣法院到州法院，從上訴法庭一直打到聯邦法院。在理查德森醫生被搞得人困財空後，聯邦法院做出判決如下：理查德森醫生必須繳納罰款三萬美元並吊銷其行醫執照。此案以聯邦政府的大獲全勝而告結束。

一九八零年夏，一個叫"國家癌症研究院"的組織做了兩次"可控"的"研究"後，苦杏仁苷被明令禁止在美國使用；但是，蹊蹺的事情隨後就展現在世人面前。一九八五年雷根總統因患結腸癌住院手術（《紐約時報》, JULY 16,1985），參議員馬克·哈特菲爾德（Mark Hatfield）說雷根總統每天靜脈注射昂貴的高純苦杏仁苷針劑，三個月後，雷根總統戰勝了可怕的癌症，重返白宮執掌美利堅這艘迷航的巨輪。

其實苦杏仁苷提取物在墨西哥的醫院里早已經廣泛使用，但在美國，只有身居高位的人才可以享用。所以，每年都有大批美國癌症患者自費去墨西哥醫院尋求醫治。國會眾議院裡有一位眾議員叫萊瑞·麥克唐納（Larry McDonald），他來自喬治亞州，是一名資深的泌尿科專家，他也大力提倡苦杏仁苷的應用，但很令人惋惜的是

1983年他"不幸"在韓航007空難中喪生（後面章節有關於他的更多內容）。

雷根總統對內有兩個政策產生了長久且深遠影響。第一個是"稅改法（1986）"，該法的目的是解決"聯邦稅務局"早已存在的堆積如山的問題，包括許多荒謬的稅收條款；但結果是雪上加霜。除了按揭貸款之外，取消了所有貸款利息的減稅，同時還取消了各地方銷售稅的減稅。該法產生的負面效應都不同程度落在了底層和中產階層身上。比如，稅改後最高稅率從70%降到28%；而最底稅率則從11%升到15%；由此直接拉開了貧富差距。這裡有一組數據，從二戰後到八十年代初，10%的上層人收入佔全社會收入的33.5%；1%的富人收入佔全社會收入的9%；雷根的稅改後這兩個比例分別上升為50%和23.5%；這組數據正好吻合了三十年代"大蕭條"爆發之前的數據。雷根總統為了增加對外援助不斷從各個方面增稅，汽油稅，社會保險稅，所得稅，等等；當時知名的保守派共和黨議員艾倫·森普森（Alan Simpson）在"國家廣播電台"的受訪節目裡說，"雷根共計增稅十一次，我是親身經歷的"。這位以"減稅，減稅，再減稅"為綱領上台的雷根總統，為何最後反其道行之？是刺殺他的辛克利的槍聲驚醒了他，還是雷根從來就是心腦都清醒的人？不同的人所得出的答案或許會不盡相同，這是見仁見智的問題，但數字都是公開的，是不會說謊的。

第二個是"移民改革法（1986）"，當時美國面臨的移民難題是大量來自墨西哥的非法移民，而這個新的"移民法"非但沒有緩解日趨嚴重的問題，反而使非法移民是數量爆炸式的增長。推動這項移民法得以通過的有兩股力量，一股是自由主義團體，因爲他們需要大量選票從政，而拉丁裔勞工是他們的票倉；另一股力量是無節制的保守派企業團體，他們需要大批低價勞動力；兩股勢力合流，輕易就通過了這項法律。這項法案通過後，非法移民的數量達到空前程度。這兩項法案的起草和通過向大衆明白無誤地闡明了這樣一個事實："左派"或"右派"的標籤是人爲的，是虛幻的，在現實中，只要關乎到利益，表面上的兩派隨時可以合流；什麼時候合流，以什麼方式合流則完全取決於在背後控制各個派別的強大遊說集團所代表的巨無霸跨國公司和金融巨頭。

如果說肯尼迪時代是美國偏離既定航線的時代，那麼，雷根時代就是偏航後的加速時代，標誌就是美國的去工業化，去製造業。這就是所謂的進入"信息化時代"。

一九八零年總統競選時雷根的對手蒙代爾（Walter Mondale）就發出過悲哀的疾呼："鏽碗"只是冰山一角！（"鏽碗"指的是工廠遷移海外，製造業流失現象。）左翼作家和好萊塢的藝人們共通塑造了一個全新的社會心態：以"我"爲中心，一切爲"我"；企業界開始僱用一批以利潤爲至高目標的管理者，頭銜是當今受了高等教育的年輕人羨慕的CEO；效果很快顯現，從一九八二年開始，大批的勞動者失業，工會解散，工會人數降到13%，是百年來的最低點，過去能掙到高工資的人們不得不屈就低收入的工作，傳統的家庭婦女開始走出家門打工貼補家用，人們越來越忙，但收入和生活水平卻不斷下降。美國賴以生存的基石——傳統社區慢慢解體，從黑人區到白人區離婚率急速上升，貧富分化日益擴大，惡性犯罪四處蔓延。一些政治傾向不定但爲美國前途擔憂的文人政客（Pat Buchanan, Ralph Nader）也不斷大聲疾呼：從工業化轉型到服務型經濟是利益驅使的短視；一個沒有製造業的國家是無法不依賴他國而生存的。而仰仗外國製造業，就是國將不國，沒有未來。

在審視雷根總統的對外方針策略之前，要更深地理解雷根總統的內政方針，我們不妨回顧一下開篇提到的雷根被槍擊一事，因爲這起槍擊案有幾個至今未解的謎團。

首先是那顆"神奇"的子彈。據NBC記者朱蒂·伍德洛夫（Judy Woodruff）報導，至少有一槍是從上方射出的，但當時擠在人群中的兇手辛克利並不在任何高處。對雷根總統幾乎致命的那顆子彈是從防彈車上彈回來擊中雷根的，更"神奇"的是這顆子彈是通過不到一英吋的防彈車門縫擊中雷根的。

另外，著名電視主持人巴伯拉·華爾茲（Barbara Walters）要求採訪兇手辛克利，辛克利本人也請求法庭允許他接受記者採訪，（《洛杉磯時報》，October 1, 1989）卻被法院駁回。人們至今還在追問：爲什麼連環殺手都可以上電視，如查爾斯·曼森（Charles Manson）和約翰·維恩·加錫（John Wayne

Gacy），但辛克利不能接受探訪？再次申請，再次駁回。法院的解釋是，不論你是否同意法院的法令，不管對錯，你必須守法。結果是辛克利被鑑定爲精神病患者，成了歷史上罕有的不能接受記者探訪的犯人。

還有，雷根總統對肯尼迪謀殺案有著濃厚的興趣，直到他離開白宮回到加州的莊園後，他的床頭總是堆著高高的一摞有關肯尼迪謀殺案的書籍。其中一本非常值得關注的著作出自韋伯・哈布爾（Webb Hubbell，後來克林頓政府的總檢察長助理）於1997年出版的《身居高位的朋友》（"Friends In High Places"）紀實體回憶錄，其中披露，克林頓總統交給他兩項特別任務，收集整理關於肯尼迪謀殺案和不明飛行物的細節。奇怪的是，這兩位總統都對肯尼迪謀殺案極度關注，卻沒有在解密歷史檔案方面做任何工作。一個十分有趣的事實是，凡是與克林頓家族關係密切的"位高權重好友們"都在日後走了霉運，比如吉姆和蘇灑・麥克道格爾夫婦（Jim McDougal），文森・福斯特（Vincent Foster）等等，所不同的是有些人三緘其口，對往事"失憶"，安享天年；還有些人口頭表現慾比較強，但多數沒來得及張口即離開人世，第三類是嘴很嚴，但因知道的太多只有一條路：把牢底坐穿，韋伯・哈布爾被"命運安排"成爲最後的一類。

最後，一切都是女友的錯！辛克利之所以向雷根開槍是爲了"取悅"女演員嬌岱・福斯特（Jodie Foster）；前篇我們講過的阿瑟・佈萊莫爾（Arthur Bremer）向瓦賴斯議員開槍是因爲"失戀"，是爲了挽回前女友的芳心；再早的奧斯瓦爾德（Lee Harvey Oswald）刺殺肯尼迪也是爲了修復與女友的關係；至此，可以看出官方似乎有一個不成文的標準格式，凡是以暴力對政客攻擊者都與背後的“女友”有關係，而這些“女友們”也都無一例外的予以否認。

上述例舉的三次槍擊案都在很大程度上改變了美國政治的既定軌跡，肯尼迪總統遇刺後，人亡政息，越戰大規模升級，美聯儲和美元發行權的事再無人過問，後面事態的演變與他的既定主張南轅北轍；瓦賴斯議員雖然撿了條命，卻落得終身殘疾，不得不退出競選，所以他的政治主張根本沒能展開；雷根總統也大難不死，出院後所推行的一系列政策也與他的競選主張大相徑庭。

文明的秩序往往要靠不文明的手段來維繫。這一條適用於所有政治博弈的參與者，取決於各自對“文明”的定義。

8. 總統的光環（二）

雷根總統最耀眼的光環是其對外強硬政策，也就是對前蘇聯的軍備較量。所以主流媒體把"結束冷戰"的美譽送給雷根總統。這種媒體製造的結論有一個最有力的依據：前蘇聯因為耗費巨額開支應對雷根的軍備升級，以致經濟疲憊，政權崩潰。但簡單的歷史事實卻是：前蘇聯在既無外部干涉，又無嚴重經濟危機的情況下悄然解體了。如果我們尊重這個基本的事實，那麼就應該客觀的說：雷根總統的強硬對蘇政策自然發揮了應有的作用，但絕非是全部的，更不是根本性的作用。前蘇聯解體的主要因素是其內部多種力量共同作用的總和結果，是其領導階層的主要人物對共產主義觀念從懷疑到失望再到放棄的結果，在其傳統宗教的存在，在其軍方高層的人性沒有完全泯滅，在其關鍵的時刻政治領袖敢於登上坦克車站在莫斯科抗議民眾的一邊，在於當時沒有外部勢力的直接干預。

那麼雷根總統對蘇的強硬政策有多麼強硬呢？一九八三年八月三十一日，大韓民航007號在前蘇聯上空被導彈擊落，機上269名乘客和機組人員悉數罹難；死難者當中有位萊瑞・麥克唐納（Larry McDonald），一位堅定反共的美國民主黨保守派眾議員，生前提倡用非主流植物提取"苦杏仁苷"製藥法治療癌症，公開反對"美聯儲"的祕密運作程序以及銀行不受監督的特權。空難發生後，雷根總統對死難者表示沉痛的哀悼，然後，就沒有然後了！這件事就這麼翻篇兒了！從頭到尾，雷根總統沒有展示出一絲一毫的對蘇強硬態度，更何談具體的強硬政策或措施。主流媒體迅速把視聽焦點轉移到橄欖球賽事和好萊塢的明星新聞上，同時，普通民眾也習慣了聽其言，卻忘了觀其行，特別是在重大災難發生後。一位主流媒體的記者指出，已故的議員是個"陰謀論者"；不錯，麥克唐納生前從不隱瞞自己的觀點，他的公開言論是這樣的，

"洛克菲勒家族及其同夥是要建立一個世界政府，將超級資本主義和共產主義納入麾下。這是陰謀論嗎？是的！我堅信他們已經在全球策劃了幾十年，其目的是極其邪惡的"。共和黨議員阮・鮑爾（Ron Paul）回憶麥克唐納先生時說，"他是整個國會裡最有原則的人"。

大韓民航007號空難事故本身也是疑點重重。飛機從阿拉斯加起飛後，既定的航線是向西南飛經日本上空，目的地韓國首爾。但是007號起飛三十分鐘後就開始向北偏離了航線，此後越飛越偏，進入前蘇聯領空。前蘇聯公開的記錄顯示蘇方共發出兩次警告，要求該機離開前蘇聯領空，但沒有收到回應。最終導致007號民航班機在東日本海上空被蘇軍的空對空導彈擊落。這裡出現了幾個最基本的問題。

1. 為什麼007號班機自始至終沒有意識到自己偏離了航線？還是故意而為？駕駛艙的坐標儀表明確顯示著自己飛行線路和既定航線的偏差。

2. 為什麼收到警告後卻悄然無聲，繼續在偏航線上飛行？跟蹤飛行的地面雷達沒有收到任何來自007

號的信息，難道是機內的通訊設備出了故障？

3. 007號機翼和機尾不斷閃亮的航行燈表示這是一架民航客機，那麼蘇軍發射導彈的依據是什麼？

災難發生一年後解密的記錄回答了部分上述問題，也留下一些至今沒有解開的謎團。007號偏離既定航線很可能是因爲飛行員將導航器設定爲自動導航，而自動導航器並沒有把風力作用計算在內；007號班機收到了日本地面雷達的信息，要求其提升飛行高度，但爲什麼蘇軍發出的警告卻沒有收到？最後，蘇軍的戰機知道其跟蹤的飛機是一架民航機，但還是發射了導彈！四十年過去了，這些問題依然是沒有答案的問題。

雷根總統的對外政策導致了許多重大事件，影響最大的當屬"伊朗人質危機"。美國總統大選是每隔四年的十一月舉行投票，在這之前的十月份常常報出各式各樣的"冷門""驚悚""爆炸"之類的消息，領先的競選人希望利用這類消息鞏固勝算，而落後的則寄希望出一匹黑馬扭轉頹勢，反敗爲勝；從上個世紀初開始，這類消息就被統稱爲"十月驚魂"（October Surprise）。一九八零年共和黨候選人雷根對壘在任總統吉米·卡特。競選前的"十月驚魂"不再是傳統的媒體"炒冷飯"或者非主流媒體乾脆自己炮製一個"驚悚"新聞。這一年的"十月驚魂"是伊朗扣押美國人質，而雷根勢力集團爲了自己的政治利益動用國家力量推遲了"伊朗人質危機"的解決時間。

"人質危機"的起因是這樣的，一九七九年十一月一批激進的伊朗武裝革命青年衝進美國駐德黑蘭大使館，扣押了五十二名美國人作爲人質，製造了轟動一時的"伊朗人質危機"事件。經卡特總統授權，國家安全顧問佈熱津斯基（Zbigniew Brzezinski）策劃了一次代號"鷹爪行動"的武裝營救計劃。實施計劃的八架武裝直升機爲了不被雷達發現，關閉了通訊設備，卻疏忽了大自然的因素，他們完全不知道等待他們的將是一場可怕的沙塵暴。八架直升機按計劃超低空向德黑蘭飛去，但人算不如天算，他們起飛後僅僅三十分鐘就遇上了昏天暗地的沙塵暴。處在沙塵中心的三架直升機因徹底無法抗拒強大的風力而掉隊墜毀，帶隊的指揮官請求取消計劃，美軍地面指揮部無可奈何的批准；機隊返航途中又有兩架失事。此次行動折戟沉沙，無功而返。事後，卡特總統爲了競選連任馬上展開了頻繁的外交努力，伊朗方面抓住機會，獅子大開口，要吃要喝要美金，還附加了一籮筐的技術轉讓要求，卡特總統的代表一口答應，雙方基本達成了協議，有望在次年夏末釋放人質。這場人質危機在美國國內掀起了一次愛國主義的狂濤巨浪，人們走上街頭譴責伊朗的無恥行徑，要求政府不惜代價盡快解救人質；如果人質能早些回家，卡特總統將獲得巨大的民意支持，那就意味著雷根先生與總統寶座擦肩而過。就在這個節骨眼兒上，"十月驚魂"出現了。

　　曾經八次參加過總統競選的老牌政治人物林登·拉洛奇（Lyndon LaRouche）首先披露競選人雷根和伊朗領

導人祕密交易將釋放人質日期推遲到大選投票之後，以此打擊支持卡特總統的民意（《行政情報周刊》1980年12月2日）。但這篇報導並沒引起多少注意，因爲主流媒體照例對此“冷處理”。但隨後的事態進展逼得民主黨人一籌莫展。隨著秋天的到來，被扣押的美國人質並沒能如期回家，已經很明顯伊朗背信棄義，是故意拖延放人；但一切已經晚了，卡特總統已經沒有時間和伊朗進行再次談判，重新交易，因爲他的對手雷根先生給伊朗開出的交易條件明顯很優厚。這次“十月驚魂”使得卡特總統的聲望掃地，被譏諷爲沒用的鄉巴佬，被視爲無才無能。最終，這位來自“田間的鄉巴佬”只好告別白宮，回到了屬於他的山水相間的賓夕法尼亞州平原鎮。

後來在宮“政策發展辦公室”工作的芭芭拉·霍內格爾女士（Barbara Honegger）出於自身的良知壓力而辭職，幾年後出版了她的暢銷書，書名就叫《十月驚魂》。“十月驚魂”這個詞彙正式進入美國政治文化就是源於她的這本書。她在書中指控雷根的副總統，前中情局局長喬治·布什利用他在情報機構長年經營的關係網幫助雷根先生祕密執行了與伊朗領導人之間的談判和交易。因爲中情局詳細掌握著卡特總統的代表和伊朗政府談判的每一個環節和開出的條件，所以雷根團隊的代表可以準確地向伊朗開出更優厚的條件，足以使伊朗政府放棄與卡特總統的交易。另外，卡特總統在職期間曾經幾次試圖裁減中情局的人數和權限，爲此，中情局的高層對卡特總統早已是一肚子怨氣，懷恨在心。芭芭拉·霍內格爾的書中這樣寫道，

"作為一個記者，我深深地相信公衆有知情權，像雷根和布什與伊朗的交易這樣嚴肅重大的事件"。這裡必須指出，芭芭拉·霍內格爾書中的斷論基本來自她本人在白宮工作期間的聽聞以及個人的觀察，她的觀察和判斷是否準確屬實，在事後越來越多的事件記錄，法庭取證過程中得以曝光和印證。

Napa Sentinel周刊的主編亨利·馬丁刊登了岡瑟·諾斯貝切爾的法庭證詞，揭示了雷根和布什與伊朗領導人的祕密交易。岡瑟·諾斯貝切爾是一位海軍上尉，一九八零年十月十九日曾經駕駛BAC-111型飛機飛到巴黎，機上的乘客是中情局局長威廉·凱瑟（William Casey）及其助理喬治·布什，也就是日後雷根的副總統並繼雷根後入主白宮的老布什。在接受記者採訪時，岡瑟·諾斯貝切爾上尉說他的日常工作是和海軍情報部及中情局配合協調；一九八零年他曾經多次為布什和中情局領導駕機輾轉歐洲的不同地點和伊朗領導人祕密會談，直到他們達成協議，把釋放人質的日期推遲到大選之後。證詞披露後，面對記者的追問，布什說他本人當天在安德魯空軍基地；但空軍基地的記錄證實布什的回答是謊言。幾個月後，岡瑟·諾斯貝切爾上尉被控"濫用政府資源"，被祕密軍事法庭判決入獄，送到"終結島"聯邦監獄（Terminal Island）服刑。這個模糊而且莫須有的"濫用政府資源"指控本身就已經說明了事件的本質。

前中情局官員理查德·伯恩尼克（Richard Brenneke）在聯邦法院出庭，以當事人的身分證實岡瑟・諾斯貝切爾上尉的證詞屬實。他在中情局的職責是負責內務和國際軍火買賣，多次陪同中情局局長和布什先生前往巴黎與伊朗官員會談。他的工作計劃、備忘錄、電文、飛行記錄都證明了多次飛往歐洲各地，可以說證據充足。公開聽證會後，國會開始介入調查。負責領導這項調查的是著名建制派代表，印第安納州民主黨議員李・漢密爾頓（Lee Hamilton）先生。如眾人所料，這項調查一拖再拖，一直推遲了十二年！最終調查報告的結論是：對雷根和布什先生的調查有損國家利益，不宜繼續，結案。歷史就這樣按照權利的意志輕鬆的翻過了一頁，但是在權利的天平上處於劣勢的人們拒絕如此輕率的翻過這一頁。曾服役於空軍及中情局的特瑞・里德（Terry Reed）出版了一部很有史料價值的著作《妥協：克林頓，布什和中情局》。雖然證據確鑿，案情重大，但是雷根先生已經做了八年總統，離任後回到了豪華的加州莊園，去寫他的回憶錄，講述他的輝煌人生和充滿幽默的個人故事了。

　　特瑞・里德在書中以親身經歷講述了許多重大事件具體過程，其中很有意義的應該是美國政府要員、中情局、聯邦調查局，緝毒局多方聯手與拉丁美洲毒梟販毒的證據。例如他在書中詳細談了政府和軍方高層是如何聯手做"生意"的。各部門領導人都有自己的心腹做代表，出面從事交易的是軍方"保守派"高官奧利弗・諾斯（Oliver North）上校，化名"約翰・凱瑟"。和他共事的是與他意識形態"對立"的阿肯色州州長比爾・克林頓以及中情局毒品運輸機飛行員貝利・希爾（Berry Seal），交易的對方是巴拿馬總統諾瑞雅閣（Noriega）將軍。

世上哪兒有不透風的牆？而且風聲越來越大，聯邦調查局的探員理查德‧陶斯（Richard Taus，本書後面索引中列出的名著很值得一讀）開始獨立調查此案。調查一開始進展順利，得到的證據也日益增多，他的調查也引起幾個大媒體的關注。但三個月後的一天，理查德‧陶斯（Richard Taus）突然被捕，罪名是貪汙腐化，庭審匆匆結束，理查德‧陶斯被判有罪，鋃鐺入獄；對政府和軍方高層參與販毒案的偵破戛然而止。與此同時，聯邦緝毒局開始對飛行員貝利‧希爾（Berry Seal）展開跟蹤調查。雷根總統第二個任期內，一九八六年二月的一天，貝利‧希爾（Berry Seal）突然死亡，公開報導是哥倫比亞職業殺手所為。雷根總統向媒體出示了一張貝利‧希爾（Berry Seal）老舊的照片，表明他生前與哥倫比亞毒梟在進行毒品交易。特瑞‧里德（Terry Reed）在書中披露的交易活動多數發生在阿肯色州的彌納機場（Mena Airport是克林頓主政阿肯色州的主要機場，是八十年代官方販毒的代名詞），正是這個機場日後被證實與眾多克林頓醜聞緊密相關。克林頓執掌白宮後，早年貝利‧希爾的會計師佛羅倫斯‧馬丁女士（Florence Martin）遇害，時間是一九九四年十月。兇手用枕頭壓住她的頭部，然後對著枕頭連開三槍；案發的室內沒有任何搶劫或偷竊跡象，馬丁女士的錢包，首飾等物品完好無損。

為了不玷汙總統的光環和美國政府的形象，只是抹去國內的痕跡還遠遠不夠；所以對巴拿馬總統諾瑞雅閣（Noriega）將軍也必須做出相應的處理。一九八九年聖誕節的前四天，雷根的繼任者布什總統動用兵力兩萬六千多人，戰機三百架，突襲巴拿馬，經過五天的搜索圍堵，美國特種部隊生擒巴拿馬前總統（也是生意夥伴）諾瑞雅閣（Noriega）將軍。美方付出的代價是，傷三百二十四人，陣亡二十三人；給巴拿馬造成的傷亡是八百多人，其中約三百人是平民。諾瑞雅閣（Noriega）將軍被押解回美國接受審判，被控犯有"恐怖行為"和"販賣毒品"罪，美國聯邦法院認定指控成立，判處諾瑞雅閣將軍四十年徒刑。至此，國內國外的火苗都已撲滅，此案落幕。

"總統的光環"到此告一段落，光環也許不那麼光鮮了。這就有必要補充一個內容：政治的犧牲品。

任何政治家，首先是人，因從政有術（道次之）而居高位，對眾生掌握操控甚至決定其命運之權柄，所以對政治家的評價很難做到"客觀公正"。史學界有句名言：歷史由勝利者編寫。但既然還是人，那麼退去光環後就有可能接近其本真。

人性的構成雖然極其複雜，但大體可分為善和惡，或光明和陰暗；政治人物由其本性中善的部分占主導做出的言行，就是政績，結果就是光環；反之，就是醜聞，結果就是相關的對立者的監禁或死亡。觀察政治歷史的人不難注意到，每一個政治領袖都有醜聞，或對手炮製或自作聰明，與其相關的人物，或是知道太多或是立場不堅，都做了政治的犧牲品。雷根總統任內的光環很多，但醜聞的犧牲品也同樣載入了史冊。

一九八二年十月二十六日，前中情局特工凱文·馬爾科（Kevin Mulcahy）離奇死亡，引起了一陣輿論嘩然。凱文的屍體是在佛傑尼亞郊區的一家小旅館被發現的，死者下體裸露，捲縮在門邊；佛傑尼亞北區的醫檢官詹姆斯·拜爾認定凱文·馬爾科是死於急性肺炎，但拒絕解釋肺炎與死者狀態的關係（請記住這位醫檢官，因為以後的類似案件還有他參與鑑定）。依據事後調查記者的收集整理，凱文·馬爾科死前正在等候聽證，內容是一起涉外案件的調查。凱文·馬爾科發現同事艾德文·威爾遜（Edwin Wilson）參與了和利比亞獨裁者卡扎菲的交往，其中有許多形跡可疑，他們的一些工作記錄可能對最終能否定罪很有分量；作為中情局內部知情者，凱文·馬爾科同意出庭作證。但是就在開庭之前，他被突如其來的"急性肺炎"永遠封口。後來的聽證會揭示艾德文·威爾遜（Edwin Wilson）與利比亞領導人的交易是通過中情局的櫥窗機構，一個叫做"紐港漢德銀行"進行的，而在事發的兩年前，該銀行的創始人之一，佛蘭克·紐港先生（Frank Nugan）在自己的奔馳車內中槍身亡。他的車內有一本《聖經》，裡面夾著一張紙條，寫著"鮑比·威爾森；比爾·科比"（Bob Wilson and Bill Colby）；前者是資深眾議員，後者是中情局前任局長，後來轉身做了該銀行的律師。該銀行的另一位創始人麥克·漢德

（Michael Hand）在案發後人間蒸發，至今杳無音信。這些人的離奇死亡，他們生活中的怪異事件，還有他們恰到好處的死亡時間，諸多層面共同鑄就了每一位政治勝利者頭頂上的光環。

我們講述"光環"之外的故事，不是要詆毀或抹黑任何政治人物，而是秉持一個簡單的常識：只要有陽光就必定有陰影。雷根總統也不例外，但是，站在今天的角度回首雷根總統的光環，可能還需要加一點，就是他的幽默。

上任之初即遭槍擊，雷根總統被緊急送往醫院搶救。進手術室之前，他用微弱的聲音對醫生們說，"我希望你們是共和黨人"。他的幽默很成功地化解了他上任伊始與媒體的尖銳對抗，緩和了許多尷尬的場面，贏得了更多的支持，就連他的許多政治死敵也常常被他的幽默感染而忍俊不禁，捧腹大笑。也許這是雷根總統獨有的光環。

(9.) 第一滴血

　　史泰龍主演的影片《第一滴血》在八十年代可謂風靡全球，雖然影片誇大了個人英雄主義，但故事是從一個眞實事件改編的。現實中的老兵史泰龍名叫詹姆斯‧格里茨（James Bo Gritz）上校，隸屬於美國陸軍特種兵第五特種旅，越戰後他的個人經歷就是《第一滴血》電影劇本的基本素材，但眞實的故事遠比電影裡的情節更加精彩。

　　大多數捲入戰爭的國家都會面對戰爭留下的多種後遺症：一是要耗時費財去尋找戰俘（POW）和戰鬥中失蹤人員（MIA）並接他們回家；這一點做的好壞會影響到一個民族的凝聚力，所以儘管耗時費財，多數國家都會通過各類國際組織以及外交途徑進行努力；二是要花費巨額的財政稅收用以安置回國的老兵，爲他們提供心裡和醫療服務，陣亡將士的親屬要給予常年的撫恤，老兵重新融入社會需要各種培訓項目，等等。而這些戰後遺留問題恰恰是政客們獲取政治資本的有效工具，高舉 "爲老兵說話" 的牌子既可以表白自己的愛國情懷，還可以得到一定程度的軍火財團的認可，這個 "認可" 就會轉換爲競選經費。這就是大家看到的一個戲劇性的表演：每到選舉年，有關老兵的種種問題都會成爲政客們競選活動的一部分，大小媒體也跟風炒作，大選一過，風平浪靜，似乎老兵的問題隨著選舉結果的產生就得到了解決。在這個問題上，美國是個典型的代表。

　　越戰結束後，這個問題始終困擾著美國政府。雖然經費逐年增加，但戰時失蹤人員的問題並沒有解決。距離大選年一九八八還有不到兩年的時間，各派政治人物再一次把這類問題變成了爲自己加分的政治活動內容——爭取財團資金支持和普通選民投票。一九八六年，時任副總統的（前中情局局長）喬治・布什祕密召見了兩位越戰老兵，詹姆斯・格里茨上校和他的戰友斯戈特・維克利，綽號"死亡博士"（Scott Weekly, nicked "Dr. Death"），再次赴東南亞尋找美國在越戰期間戰俘和失聯的軍人；具體行動方案由兩位老兵擬定，經費由國防部老兵服務處提供，目的只有一個，找到失蹤老兵，給媒體和全國一個選前驚喜。

兩位昔日的戰友立即投入行動，他們首先在泰國設立了交通站——旣是落腳點，也是補給處；他們裝扮成文職高官的隨從，跟著國務院外交官出訪東南亞，在美國駐泰國大使館的協助下，很快就在一個僻靜的山區安頓下來。所需的裝備、武器彈藥、偵探器材、食品和藥品都陸續在夜深人靜後悄悄運抵。之後，兩人背著攝影器材，脖子上掛著望遠鏡，徒步深入緬甸的叢林和山寨，一路上邊走邊到處打探當地有沒有美國人。他們偶爾會得到一些線索，但每次見面時才發現對方或者是普通商人，或者是和自己"一樣"來自西方到緬甸體驗部落生活和大自然的攝影愛好者。兩個月過去了，尋找戰俘的事情還是一無所獲。但是，在與當地人的交往中，他們像獵犬一樣明確嗅到美國人出沒無常，四處活動的味道。

東南亞的夏天很難熬，炎熱，潮濕。一天，詹姆斯・

格里茨上校和斯戈特‧維克利一大早就上路了，為的是早上涼爽。上午還不到十一點，兩人就已經是大汗淋漓，氣喘吁吁。找了個樹蔭，兩人坐下喝水休息，遠處的山路上，一輛卡車像蝸牛一樣緩慢的開著，車後揚起一團塵土。格里茨上校提議攔下這輛車，看看能不能搭個便車。卡車終於開過來了，司機是個三十歲上下的當地漢子，他帶著疑惑的表情聽著這兩個滿口美式英語的"觀光客"嘰哩哇啦的說著。哎，明白，你們是想搭個便車呀。好說，有錢嗎？簡單直接的討價還價，大約十五英里的山路，每人三美元，兩個人打個折，一共是五個美元。兩人痛快地交錢上了車。卡車行駛在坑窪不平的土路上，司機用夾雜著濃重口音的蹩腳英語和搭便車的"觀光客"聊天。從這次偶遇中，格里茨上校和維克利得知大毒梟昆沙經常和美國人往來。

昆沙就是名震天下的金三角大哥大張奇夫，七十年代後期，他率領的原國民黨軍從大陸撤到緬甸。經過十幾年的發展，他的軍隊控制了金三角地區的一大半海洛因生意。詹姆斯‧格里茨上校知道做毒品生意的組織一般都有武裝實力，接觸面很廣，外部信息靈通，要找到戰俘和失蹤美軍就有必要認識一下這位令人生畏的毒梟。第二天，兩人討論了行動方案，應急策略，實地考察了撤退路線後，就向金三角進發了。他們在悶熱茂密的叢林裡沿著蜿蜒的小路接近昆沙的大本營。大約距離目的地一英里時，他們被隱蔽在樹叢裡警戒的武裝人員攔下。盤查他們的士兵都手持衝鋒槍，動作都顯得很老道，上前盤查搜身的只有一個精瘦矮小的士兵，其餘十幾個都持槍站在幾米之外，可見這些士兵在如何對待"入侵者"這方面很有經驗。問明他們的來由之後，荷槍實彈的士兵把他們帶到了一片開闊的營地，持槍的武裝人員隨處可見。他們在一個小草棚裡稍事休息，等待昆沙接見。

昆沙和他們想像中的毒梟全然不同，有點溫文爾雅，英語應用也比路上曾經遇到的卡車司機好的多，談話中常常表露出他的機警和判斷力。通過詢問美國高層的人際關係，昆沙斷定面前的這兩個美國人可以直通白宮。於是他就明確提出了早已深思熟慮的建議：作為交易的準備工作，先用錄像機記錄他開出的條件和他的價碼，請詹姆斯·格里茨上校和斯戈特·維克利回去直接交給雷根總統。昆沙對著錄像機說道，"第一，我可以停止對美國銷售海洛因，包括現在已經裝箱待發的貨有幾噸重，價值超過千萬美元，而且都收到了定金；第二，我可以把二十多年來和我做生意的美國高官列出一個名單，交給雷根總統。我需要的是美國政府承認我的政治組織和經濟架構的合法性"。整個錄像帶還不到三分鐘，簡單，明確。次日黎明之前，詹姆斯·格里茨上校和斯戈特·維克利帶著錄像帶，在哨兵的護送下悄悄離開了金三角，轉道曼谷回國。

十天后，詹姆斯·格里茨上校和斯戈特·維克利回到美國，當天卽申請面見雷根總統，得到的答復是總統的時間近期無法安排，但副總統布什已經排出時間，當晚在白宮的西大廳會見。布什副總統詳細詢問了他們在緬甸的經歷，特別是昆沙錄製其訴求和條件的具體環境和在場的人員，說他會在第一時間把錄像帶交給雷根總統。會見結束時，布什副總統告訴他們好好休息一下，還有新的任務要他們執行。

時間轉眼到了一九八七年，白宮對昆沙的錄像帶不置可否，斯戈特‧維克利開始有點不耐煩了，詹姆斯‧格里茨上校認為要繼續下去，或者是尋找戰俘，或者是揭露政府高官販毒，都是極有意義的工作。做了一番準備後，他們自費重返緬甸，輕車熟路直奔金三角。一回生二回熟，再次見到昆沙就免去了初次見面時的試探和繁瑣的討價還價。詹姆斯‧格里茨上校簡述了向白宮匯報的經過，省略了錄像帶石沉大海的事實，重點放在美國上層對整體情況的分析和政策。白宮需要一定的時間取得確鑿證據，清除高層的阻力，從根本上切斷金三角和美國之間的毒品貿易。昆沙履行上一次做出的承諾，以協助美國政府打擊毒品生意做為交換，實現他要洗白自己的政治和軍事地位的目的。他把一份二十多年的生意往來記錄交給了詹姆斯‧格里茨上校，上面詳細記錄了美國幾個敏感部門二十三位高級官員的名字，體貌特徵，以及他們參與毒品買賣具體金額和運送時間。臨別時，昆沙坦誠的說，生意還要做，因為他的軍隊需要糧餉；一旦美國政府承認了他的合法地位，就可以停止對美國的毒品交易。詹姆斯‧格里茨上校和斯戈特‧維克利帶著這份可能決定許多人命運的祕密名單離開了緬甸。

祕密名單上交白宮後，各個部門表面是一如既往，波瀾不驚，但私底下人們開始交頭接耳，對個別人刻意迴避。不久，小道消息傳出，一個大面積的調查正在展開，有些權高位重的人可能要翻船，名列問題高官榜首的是理查德・阿米特奇（Richard Lee Armitage）。幾個月過去了，首都華盛頓一切如舊，似乎什麼也沒發生；但遠在千里之外的聖地亞哥卻爆出意外，前特種部隊老兵，號稱"死亡博士"的爆破奇才斯戈特・維克利被捕，被指控的罪名是非法製造炸藥，參與走私和拉丁美洲國家的毒品買賣。法庭在聽取了官方指派的"證人"證詞之後，認定對老兵斯戈特・維克利的指控成立，判處五年徒刑。入獄後，斯戈特・維克利更換了律師，提起上訴，重新開庭審理，新的法官宣判其無罪釋放。出獄後斯戈特・維克利接受採訪時難掩心中的憤怒，但從此拒絕提及任何涉及敏感部門的問題。

　　原本浮出水面的高官理查德・阿米特奇（Richard Armitage）並未受到任何起訴，相反，他被雷根的繼任者，後來的布什總統任命為副國務卿。此事在高層引起眾多議論，各種傳聞不脛而走。這些消息正好被當時積極備戰，要參加總統選舉的億萬富豪諾斯・普瑞（Ross Perot，死後被稱為川普之父的成功巨賈）知道了。他立刻組織了一個小組，動手調查白宮和金三角的關係，如果能核實那兩位老兵帶回來的信息，他就等於掐住了對手布什總統的死穴，可以一舉將整個布什的勢力趕出政壇。普瑞直接找到了聯邦調查局局長威廉・韋伯斯特（William

Webster），請求他協助調查，同時他還向中情局提交了咨詢報告，但沒有回復。幾個星期的努力後，他還真的搞到了一大摞案宗。這位直脾氣的億萬富翁就拎著大包的文件直接進了白宮。雷根總統照例是時間表早已排滿，臨時出現的非緊急情況一應交給副總統布什處理。普瑞則堅持要和雷根總統直接談，一是他不信任作過中情局局長的這位副總統先生，二是幾個月後他將和這位副總統爭奪白宮。這樣反反復復折騰了幾個月，毫無進展。諾斯·普瑞垂頭喪氣的對《時代周刊》說，"雷根政府袖手旁觀"（*Time,* May 4, 1988），明擺著是故意迴避這項調查。事後，國防部部長弗蘭克·卡諾奇將軍找到諾斯·普瑞先生，請求他停止對理查德·阿米特奇（Richard Armitage）的調查，並保證說，司法部會聯合國防部從其他角度調查。從白宮官方的態度而言，美國政府與金三角的毒品交易到此爲止，沒必要，也不允許再追查下去。昆沙的錄像帶和祕密名單都作爲高級國家機密封存，封存期是三十年。歷時二十年的金三角毒梟與某些美國高層官員的交易，隨著一紙封存令統統成了歷史遺產，留給後人。

此後，美國政府一方面爲了維護自身形象而極力掩蓋高官參與金三角毒品生意的蹤跡，另一方面加大了打擊毒品力度。遠在緬甸的昆沙還在夢中希望美國政府能夠給與他畢生期盼的合法地位，因爲他深深懂得沒有美國的認可就不會有合法的地位，因爲他起家之初就是得到中情局的大力扶持才得以在群雄逐鹿的金三角站穩腳跟。但隨著美國的施壓，緬甸政府軍開始對金三角地區進行圍剿，並懸賞兩百萬美元捉拿昆沙。其實，昆沙心裡清楚，真正導致雷根政府翻臉要剿滅他的原因是那份美國高層販毒名單。而且也只有到了不得不面對政府軍的圍剿時，昆沙才真正意識到這份名單只能在美國人的眼前晃一下，卻絕不能真正交出去，因為這份名單才是貨真價實的契約和隨時可以兌換的美金支票。

面對政府軍的圍剿，昆沙利用他早已建立的遍佈東南亞的情報網避其鋒芒，攻其軟肋，展開了游擊戰；憑藉優良的武器裝備和訓練有素的國軍班底，昆沙的部隊數次擊敗了政府軍。緬甸政府面對尷尬的局面，提議與昆沙和解，幾經談判，雙方最終達成協議。昆沙同意停止其金三角毒品生產和交易，將武裝部隊交給政府改編，換取自身安全隱退。一九九六年，昆沙告別風雲莫測的江湖，離開金三角帶著四位夫人和十幾名忠實親信隱居林泉，祥和度日，他選的地點距離昂山素季的住處只有一箭之遙。二零零七年十月，昆沙・張奇夫因高血壓、心臟病和糖尿病併發症離世。消息傳到仰光、曼谷、永珍（大陸稱“萬象”），當地的大批官員和民眾為他舉行悼念活動，因為昆沙生前為多地的民眾建立了許多醫院和學校，但他夢寐以求的合法地位卻始終是水中月，或許昆沙當年並沒有意識到，當他交出那份美國高官們參與毒品交易的祕密名單後，他的政治前程就已經結束了，而且他的身家性命全部變成了賭注；幸運的是，他還有一支能征善戰的部隊，有一大批忠貞勇武的將士，最終才得以全身而退。

"第一滴血"的眞正主角詹姆斯·格里茨上校歷經挫折後認識到，團結同道，掌握必要情報及武力，而後參與政治活動才是眞正的實力。他組建了民兵訓練營，發展了自己的政治組織"平民黨"。一九八八年他以該黨派身分聯手大衛·杜克（David Duke）競選美國副總統資格。因發現大衛·杜克是前3K黨領袖而主動退選（這是經常受人詬病的把柄）。四年後，詹姆斯·格里茨正式參加美國總統競選，其綱領是"上帝，槍支，權力"。他大力宣傳"美國是基督教國家，應該在法律上接受萬能的上帝和神的法律"；同時他強烈反對"全球政府"，"新世界秩序"，對外援助，聯邦徵收所得稅和美聯儲體系。他的號召在各地引起不同反響，但得票遠遠沒達到參選的最低要求。此後他的大部分時間用在民團的武裝訓練上，其民團的名稱是"思百克"，意思是平民應對緊急突發事件（SPIKE: Specially Prepared Individuals for Key Events）。

　　除了參加總統競選外，詹姆斯·格里茨上校的奮力一搏是利用自己的影響力在洛杉磯召開了一次大型新聞記者發布會，到會的有不同組織的代表和記者，全國性的有線電視網，加州各地市的地方電視台，《洛杉磯時報》，《每日新聞》和"美聯社"。整個發布會上，除了不提具體人名之外，詹姆斯·格里茨詳述了十年來多次赴東南亞地區尋找戰俘和失蹤美軍的經過，與大毒梟昆沙的交往並指控美國政府高層有人利用情報和軍事資源參與毒品交易，金三角向美國運送海洛因的數量和金額，白宮的不作為等等。他一口氣講了一個多小時，全場鴉雀無聲，直到他講完，記者們的問題才井噴般爆發，"有沒有金三角做交易的記錄？" "你有當時的照片給我們刊登嗎？" "你說的政府高官是誰？" "既然你說有證據，為什麼不起訴聯邦政府？" "昆沙現在還和你有聯繫嗎？" ……

令人不解的是，如此大型的記者發布會卻沒能在事後引起任何關注。所有的主流媒體都默不作聲，一片沉寂。只有一家小報《探照燈》（*The Spotlight*）在其內頁（pp.13-20）登載的相關內容。此外，這個世界似乎什麼也沒發生。

新聞從業人員也許不懂，詹姆斯・格里茨上校之所以能夠召開記者發布會，還能參加政治選舉，是因為他上交了從緬甸帶回來的所有記錄和證據，而且讓高層相信自己沒留副本。作為一個優秀的特種兵指揮員，如何保存自己是最基本的常識。除此之外，他能做的也許就是在滿篇問號的美國政治史上再為後人添加一個堵心的問號。

10. 最無理性的理性反抗

一九八七年一月二十二日，賓夕法尼亞州財政部長佈德·多爾（Budd Dwyer）召開了一場特別記者發布會。十幾家電視台和報紙的記者來到現場，人們以為部長先生會宣布辭職，因為他被控行賄受賄。出乎所有人的意料，佈德·多爾為自己的清白做了三十分鐘的辯護後，把事先打印好的聲明分發給在場的人，然後，從一個黃色的紙袋裡拿出一隻.357左輪手槍，放進嘴裡，扣動了扳機。

現場的人們先是被突如其來的槍聲驚恐得毫無反應，隨即便是一片混亂。女人的尖叫聲夾雜著報警和叫救護車的電話呼喊，人們在混亂中衝向門口逃生。消息迅速飛遍全國，幾家反應快的電視台中斷了正常的節目播出，開始插播這條爆炸新聞："史上第一次高官在記者會現場開槍自殺"，"口含槍筒，腦漿四濺"，"高官畏罪自殺""被控有罪，開槍了斷"等等令人駐足，詫異困惑的新聞標題當天就爬上了媒體的頭條。

佈德·多爾是土生土長的賓夕法尼亞人，大學本科讀的是政治學，畢業後還讀了研究生，專業是財務管理；這位身材高大，性情爽朗的年輕人還當過一陣子橄欖球教練。六十年代初期，他的本科所學勾起他從政的慾望，他開始參加社區活動，了解大眾最關心的社會問題並探尋解決辦法。漸漸的，他有了一些聲望。一些基層社區的領導鼓勵他參加競選。一九六四年佈德·多爾以共和黨人身分被選為賓夕法尼亞州眾議院議員，正式步入仕途。六年後，他的眾議院任職尚未到期便決定競選州參議院席位，居然一舉成功；這裡可能有運氣的成分，但更多的是選民及同僚對其人品和工作能力的認可。在國會兩院工作期間，佈德·多爾工作努力，為人耿直，口碑很好。一九八零年他再上一個台階，成功登上州財政部長高位，四年後當選連任。佈德·多爾從踏上政途到身居高位花費了十六年時間，對大多數從政的人而言，應該說是成績斐然。但是就在順風順水的時候，他的政治生涯和個人命運開始發生了微妙的變化。或許是命運的安排，這一年有另外一位從政的人也如願以償成功上位，他獲取的職位是美國總統。

當時賓州的州長是理查德·索納賓格（Richard Thornburgh，後來雷根總統任命的總檢察長），此人是個政壇老手，從費城到華盛頓關係通天，但他更為人熟知的身分是金融和投資領域的行家，從瑞士信用波士頓分行的董事到標普500高級經理，再到多家風投基金的CEO，到處都有索納賓格州長的足跡。佈德·多爾作為財政部長本來與州長是平行的工作關係，因為依照法律，州財政部是獨立運作的。州長和財政部長本應是合作多於摩擦，相互幫助中也有互相制約的關係，但是這一年發生的兩件"小事"使得二人的關係漸漸變得僵化，幾年後公開敵對起來，雖然兩人的政治標籤都是共和黨人。

一九八四年，佈德·多爾成功連任財政部長後的一個下午，州長夫人索納賓格太太拿著一堆票據來財政部報銷，原來是州長一家人剛從歐洲旅遊歸來；如果按照公務出差報銷費用，那就必須有財政部長的簽字，所以州長夫人找到他的辦公室來。多爾認為這是要納稅人給她家私人海外觀光買單，做了一番解釋後多爾攤開雙手，搖著頭說了聲，"對不起"，拒絕簽字。看著州長夫人帶著慍怒離去的背影，多爾無可奈何的搖了搖頭，也沒太當回事。幾天後，風言風語就飄到了財政部，索納賓格州長在許多人面前半開玩笑的說，要好好收拾收拾那個"肥豬"（多爾因身材發胖而得的綽號）。在場的人都是當玩笑聽過即了，多爾本人也沒當真，以為此事就這麼過去了。可時隔不久，一波未平一波又起，多爾在和一家老字號報紙《費城調查》（*Philadelphia Inquirer, 1832*年創刊）的記者談話時得知州長先生利用本州警察局的安保人員接送他的兩個兒子上下學。這既是損公肥私，也是濫用職權。多爾認為應該追繳這筆費用，他指令財政部稽核人員調查這項濫用職權產生的費用。這兩件連續發生的"小事"把多爾和索納賓格州長的關係降到了冰點，而掀翻小船的風暴也隨後就出現了。

八十年代初的一次審計中，審計人員發現州政府因計算錯誤，多收了上百萬名納稅人的稅金，數額巨大，需要查清退款。這項總金額達數千萬美元的退款工作需要一家專業機構完成，多爾提議，推動並通過了特別法案（眾院法案　第1397號），該法條授權財政部長指定一家公司承擔這個項目，也就是說這是個不公開招標的項目。本市的幾家會計師事務所都找到多爾，陳述自己公司的實力，拿出報價，都留個活口：最終報價還可以商量。忙前忙後的一個多月，大家都是乘興而來敗興而歸。佈德‧多爾幾經權衡，於一九八四年五月十日把該項目交給了一個加利福尼亞的小公司（COMPUTER TECHNOLOGY ASSOCIATES, CTA），費用四百六十萬。還真是應了那句老話，隔墻有耳。沒幾天，本市的同行都知道了"四百六十萬"這個天價項目。這不是明擺著的腐敗嘛？本市的同類公司只需三分之一的費用即可完成，為什麼肥水要流到外人田？人們懷著複雜的心境更加複雜的動機，以不同的方式，從不同的角度開始曝光，舉報這起財政部長"吃回扣"的醜聞。隨著對此事的議論越演越烈，佈德‧多爾於七月上旬取消了與加州電腦公司CTA的合約，但為時已晚；總審計員把事件報告了聯邦調查局，而聯邦調查局也一反以往請示、報備、協調等慢條斯理的工作作風，立即啟動當地聯邦局分支機構的功能介入此案。就這樣，一場全面調查開始了。

　　同時被調查的還有另外三人威廉‧史密斯、艾倫‧斯通曼、大衛‧赫伯特（William T. Smith; Alan Stoneman; David Herbert），為了減刑，他們同意出庭指證多爾接受賄賂。聯邦調查局探員沒收了CTA公司的財務賬日及辦公用品。功夫不負有心人，探員們在CTA的電腦常用的膠片存儲裡找到了證據，多爾同意收受三十萬美元的賄賂金。多爾得知後，義憤填膺的指出，他在一次電話談話裡同意接受對方在以後的競選中給他贊助，與這個項目無關；在於聯邦調查局的探員對質中，多爾主動提出接受測謊儀測謊，如果測謊儀證實他的誠實和清白，聯邦調查局就取消對他的調查，但他的提議被拒。一周後，多爾的律師提出讓多爾主動辭職以換取檢方律師韋斯特先生（James West）取消指控，同樣被拒；相反，指控方主打律師韋斯特先生反復建議多爾先生只需承認一項收受賄賂的指控，最高刑期是五年，到底執行幾年還可以商量；如果答應這個要求，他就會把其他指控撤訴。多爾斷然拒絕這筆司法交易，他寧願走上法庭證實自己的清白。

民主制度內的司法程序通常是漫長的，也是煎熬的。多爾受賄案經過幾個月繁瑣的庭審，反復的取證，吵架式的答辯，終於到了最後的庭審判決，時間是一九八六年十二月十八日。依據陪審團的裁定，法庭宣布：檢方對佈德‧多爾先生的十一項指控全部成立，其中主要罪名是受賄、做假證、跨州犯罪、違法郵寄物證等，判處罰款三十萬美元，監禁五十五年，入獄時間定在一九八七年一月二十三日。這就回到了本文開頭的那一幕場景，在執行監禁的前一天，佈德‧多爾面對眾多記者和自己的同事，開槍自盡，時年四十七歲。

紀錄片《誠實的人：佈德‧多爾的一生》（HONEST MAN:THE LIFE OF R.BUDD DWYER）於二零一零年搬上銀幕，首映式上，多爾的後人及生前好友多人出席。影片再現了十幾個當年多爾案的當事人，其中包括當年的同事（William Smith）出庭作偽證，配合聯邦政府對多爾進行指控定罪。親朋好友自然都認爲影片眞實再現了多爾的一生，宣示了他的清白；但外界也有不少人持反對觀點，認為對多爾生前的判決有充分依據，多爾先生當眾自殺的根本原因是為了身後的保險金和退休金可以留給家人。不論持什麼觀點，做什麼解讀，有幾個問題很值得探討。

1. 當政府作為檢控一方起訴某個人時，雙方可用的資源完全不對等；比如，多爾一家為了應付聯邦政府的調查和起訴，一年多的時間裡，已經負債三十多萬美元（當時是一筆巨款，約合今天的三百多萬），而政府一方根本沒有資金壓力。實際情況是，聯邦政府的檢察官和律師是拿著高薪，喝著咖啡起訴不得不借債的多爾。每到週末，多爾一家人必須四處借債，而作為起訴方的政府律師和負責調查取證的聯邦調查局探員們可以悠閒去購物或打高爾夫球。被告的多爾一家的壓力可想而知。

2. 庭辯時，多爾的律師沒有提供任何證人證詞，理由是他認為聯邦政府的證據不足，無法定罪。即便有如此信心，己方的證人和證詞難道會是多餘？更蹊蹺的是，多爾本人也沒做任何辯護，理由是不願意牽涉家人（十六年前他太太的一樁官司中，多爾也是被告之一）。難道多年前的民事案件與此案有關聯？實際上，被告基本處於聽之任之的狀態，或者說，多爾一方在賭陪審團的成員會用常識和良知壓倒聯邦政府出示的一面之詞。

3. 多爾強烈要求媒體公開州長理查德・索納賓格（Richard Thornburgh）和檢控方律師詹姆斯・韋斯特的親密關係。多爾認為這起案件是賓州州長利用其在金融界的強大影響力和高層政界的廣泛人脈製造的一起政治迫害。但所有主流媒體都對他的呼喊置若罔聞，媒體資源歷來不在政治弱者一方。這一點在非政治人物的案例中卻是恰恰相反，因為民間的弱者可以被政客利用來實現其個人或黨派的政治意圖，如"水門事件"相較於"佛洛依德案"。

4. 檢控方律師韋斯特先生告訴多爾，只要承認十一項指控中的一項就可以免去其他指控，獲得最輕刑期（這是聯邦政府對付有組織犯罪團夥的常規操作，依據是1970年通過的法律RECKTEERING ACT，多爾一案顯然不屬於此類）。這意味著罪行和量刑都可以拿來做交易，只要能達到目的就行。這是否涉嫌濫用司法權力？算不算司法腐敗？為什麼多爾的律師沒有以此反控？更直白的講，多爾的律師到底是誰的律師？

5. 多爾為什麼用決絕的方式來表達他的最終願望：希望能以血濺發布會來證明自己清白？難道他真的走投無路了嗎？還是他的自尊心和過去的榮譽值得用自殺來捍衛？或許有什麼力量使他相信他真的是萬劫不復了？但後來的事實證明，他的以死抗爭並沒有達到他所希望的目的。聯邦政府法院至今堅持，多爾一案證據充分，定罪有據，量刑適當。

6. 在陪審員的選擇地區問題上，多爾堅決反對檢控方挑選陪審員的地區，因為那裡的人們對白人充滿敵意，很難做到客觀公正；但是，胳膊擰不過大腿，法官支持檢控方的動議，多爾的律師表示接受。事後，他的律師解釋說，那些底層來的百姓做陪審員更好，因為他們對政府的不信任遠遠超過他們對白人的歧視。庭審過程證明恰恰相反。

7. 後來的事實證明，多爾生前簽約的那個加州電腦小公司CTA的解決方案（四百六十萬）確實是費用高昂，後來費城的一家會計公司只用了其報價的三分之一（一百三十萬）就完成了計算和退稅工作。許多相信多爾有罪的人就是以此為主要依據的。

8. 多爾死後，他的家人獲得了一百二十八萬美元補償，這個數字即便拿到今天也是一筆財富。這也使人們對多爾自殺動機產生了多種分析，除了道德和刑事方面，又多了一個層面：避債和獲利的可能性。為應付聯邦政府的起訴，多爾生前舉債高達三十萬美元，法院定罪後，多爾面臨三十萬美元的罰款和五十五年的牢獄之災。這可能是把他推上絕路的潛在原因。一個人在絕望的時候，自殺或許是最不理性的理性選擇。

任何一個非正常逝去的生命都會最終指向人性的善惡，佈德·多爾（Budd Dwyer）案的結局正是如此。

　　人類從古至今就生活在兩個卽相通又相隔的世界，一個是我們能夠感知和認知的世界，就是我們能夠感應的和他人呈現給我們的現實世界；另一個是我們無法完全感知和認知，他人也無力平衡呈現卻是最眞實的世界。前者每人都習以爲常，或主動或被動的早已接受爲 "現實" 的世界；而後者只存在於我們內心的最深處，是與我們的生命本爲一體的最眞實的世界：人性。

　　之所以發了一點上述的議論，是因爲我們認識的美國通常被概括爲：自由天堂，民主制度，司法公正，程序正義等等，但這一切無非是我們有限的認知和他人無限構造的混合體現實。而眞正的現實都存乎於每個健全心靈的深處：自私，貪婪，同情，嫉妒，仇恨，報復，恐懼，希望，等等。如果我們經常把人性的成分輔之以歷史和政治常識，就很可能對美國乃至世界的政治格局有一個更加全面，更加深刻的認識。

　　從 "世俗智慧" 遞進到 "超然智慧" 是一個艱難而又是本質的升華。

11. 兩場風暴

一九八九年一月，老布什接替雷根總統入主白宮。他是迄今爲止唯一的一位曾任中情局局長而後成爲美國總統的政客。僅此一點就給他的政治圖譜增添了不少其他政客所沒有的或斑斕或灰暗的色彩。這裡重新審視一下老布什在兩個不同職位的任內發生的兩場風暴，雖然主流媒體早已不惜筆墨的做過渲染，卻似乎有意疏漏了風暴之外的景色。這些遺漏之處才正是解讀這兩場風暴根本的關鍵。

第一場風暴是七十年代中期發生的 "瞭望塔行動" （*Operation Watch Tower此代稱是借用二戰時同名的軍事行動代號*），老布什當時擔任中情局局長。一九七六年，在國防情報局（Defense Intelligence Agency）的領導下，美國空軍高層設計了一個代號 "雄鷹任務" 的行動計劃，建立一系列強力無線電信號傳送塔，塔尖都按裝信號燈，覆蓋哥倫比亞諸島和美國駐扎巴拿馬空軍基地之間的廣闊空域。這些信號塔建好後，塔尖發出的燈光形成一個 "安全走廊"，發出的信號可以指導空軍避開他國的雷達監視，如此一來，空軍的行蹤就可以做到無人知曉地往返與這條安全航線，從哥倫比亞的柏卡達（Bogata, Columbia）到設在巴拿馬的艾爾布魯克美國空軍基地（Albrook Air Station）。美國負責這項計劃二期工程的指揮官是艾德沃德·卡特羅（Edward P. Cutolo）上校。

往返在這條"安全通道"的美國空軍運輸機從不走空，往南去哥倫比亞時滿載武器和軍用物資，回程裝滿大麻和加工好的毒品。在巴拿馬的艾爾布魯克美國空軍基地（Albrook Air Station）接機都是高層軍政人員，其中就有巴拿馬的諾瑞雅閣將軍（Tony Noriega，後來的巴拿馬總統）。這一來一往的暴利流向何方卻無人知曉，也沒人敢問。一九七五年十二月，中情局的艾德文·威爾森（Edwin Wilson）邀請卡特羅上校短期參與"瞭望塔行動"，歷時兩到三個月。負責全盤指揮的艾德沃德·卡特羅（Edward P. Cutolo）上校並不了解具體運送的貨物，貨單只註明"軍用物品"，但是他意外發現有些同事和下屬開始莫名其妙的人間蒸發。

　　一九七七年，與他共事的另一位上校羅伯特·貝雅德（Robert Bayard）在一次聚會時，當著許多人的面說他從總部的一張照片中認出了一位參加該計劃的以色列高官大衛·凱穆奇（David Kimche，綽號：拎皮箱的人）。一個月後羅伯特·貝雅德上校在亞特蘭大被謀殺；而這起謀殺發生後的三個月只是在內部有所耳聞，沒有媒體的任何報導。一九七八年十月的一天，約翰·紐貝（Sergeant John Newby）中士說他收到恐嚇，警告他不許再提"瞭望塔"；幾天後這位中士死於跳傘事故。一九八零年三月五日艾德沃德·卡特羅（Edward P. Cutolo）上校咨詢了曾經負責戰俘工作的詹姆斯·羅威上校（James Nick Rowe），後者的答復是這個計劃應該是美國政府認可的合法行動，但同時透露，該計劃有以色列特工參加，如聲名狼藉的以色列職業殺手麥克·哈拉瑞（Michael Harari）。這次會面後，艾德沃德·卡特羅（Edward P. Cutolo）上校意識到了危險，但無法確定危險程度或何時到來，爲此，他做了一份長達十五頁的宣誓證詞（Colonel Edward P. Cutolo's Affidavit of CIA Drug Smuggling, LIBERTARIAN NEWS），他開宗明義的說：中情局利用軍方把毒品販賣入美國本土，他之所以宣誓作證是擔憂自己身遭不測而留下證詞。

這份宣誓證詞共計八十六條，可以說每一條陳述都斑斑可考。其中有一段寫道，"我在五角大樓，不許記錄的情況下得知：中情局局長斯坦菲爾德·特內爾和前中情局局長喬治·布什代表高層阻止對職業殺手麥克·哈拉瑞（Michael Harari）曝光"。做完這份證詞後，同年的五月二十六日，他在一起車禍中喪生，年僅四十七歲。當時邀請他加入"瞭望塔行動"的中情局官員艾德文·威爾森（Edwin Wilson），可能出於自責，公開證明卡特羅上校生前的證詞屬實。

時隔六年後，詹姆斯·羅威上校（James Rowe）因健康日益下降，自知來日無多，試圖上電視揭露"瞭望塔行動"的眞相，他聯繫了CBS的《60分鐘》節目，直接被拒。一家小報《探照燈》（*The Spotlight*）同意採訪他，隨後披露了部分訪談內容。此事傳到了國會議員們的耳朵裡，在一些正直議員們的動議下，國會眾議院開始聽證。一九八八年，參議院也舉行聽證，空軍飛行員麥克·托里沃爾宣誓後提供的證詞是，"從佛羅里達去洪都拉斯的飛機上是大約28,000磅軍用品，主要是槍支和彈藥之類的，回來時是大約25,000磅大麻，中途不用換飛機，全程直飛。"

在國會展開調查和更多的公衆輿論譴責的壓力下，"瞭望塔行動"偃旗息鼓；但策劃該行動的中情局高層卻毫髮無損，沒有一個人受到調查，更沒有任何起訴。究其根本，是因爲老布什先生帶著濃重的中情局色彩登上了總統寶座。

上任伊始，老布什小試身手，於一九八九年末發動了"正義事業行動"（*Operation Just Cause*），動用特種部隊，武裝入侵巴拿馬，將昔日中情局的生意夥伴巴拿馬總統諾瑞雅閣將軍（Tony Noriega）逮捕，送上美國法庭定罪。該行動造成美軍特種兵二十六人犧牲，巴拿馬平民兩千多人喪命。國內外輿論一片嘩然，抨擊老布什政府無視國際法，公然入侵一個主權國家，用武力推翻其政府。不錯，諾瑞雅閣將軍參與販毒，應該接受法律審判和定罪；但是不是用國際法更合理？更容易被其他國家接受？自然，媒體說歸說，法院判歸判。巴拿馬總統諾瑞雅閣被判入獄四十年。只有將參與毒品販賣的高層知情人，不論外國的還是內部的，送進監獄才能使美國政府挽回破損的德行，也許可以在某種程度上消除高層政要和策劃者的難堪。在反毒品和揭露政府腐敗的過程中，言論自由監督和輿論導向方面發揮了不可替代的作用。

安靜了一年，一九九一年初，老布什刮起了更大的風暴《沙漠風暴行動》，這回是"師出有名"，旗號是"維持國際正義與和平，爲了解放被伊拉克占領的科威特，解救被戰火塗炭的科威特人民"。這就是被千人讚美和萬人詬病的"海灣戰爭"。

伊拉克的獨裁統治者薩達姆・侯賽因是美國高層的老盟友，爲了制衡革命後轉而反美的伊朗，伊拉克秉持美國政客們的意願和伊朗進行了長達八年的"兩伊戰爭"。美國向薩達姆・侯賽因輸送了上百億美元的軍火及戰爭物資。但時過境遷，當伊拉克和科威特的領土爭端導致軍事行動後，美國高層在老布什的主導下，把伊拉克騙進了事先布好的口袋。

如果只看主流媒體的報導，人們很容易得出兩個認知，一是伊拉克是侵略者，不僅該打，而且應該狠狠的打；二是美軍雄壯威武，摧枯拉朽打得漂亮過癮，卽揚了軍威同時還匡扶了正義。

第一部分，該不該打？後來的事實證明主流媒體編造了許多"應該打"的故事，比如最著名的那位十五歲小女孩在國會聽證會上聲淚俱下，講述她在科威特醫院里的見聞以及逃亡的過程，"伊拉克軍隊衝進醫院，把呼吸機上的嬰兒拋在冰冷的地上，眼看著可憐的孩子被棄之死去……等等"；事後證明這位女孩是經過培訓的科威特駐美大使的女兒，因爲她在鏡頭前成功的表演導致美國的民意一夜之間反轉，從反戰到支持老布什出兵。媒體的動員力就這麼可怕。

第二部分，打得乾脆漂亮，這一點可以說屬實。美軍出動最現代化裝備的五十萬大軍打擊十一萬落後的伊拉克軍隊，正如一個重量級拳擊冠軍打一個十歲的孩子。整個戰鬥變成了一場美軍隨意揉虐對手的實戰遊戲。開戰後僅僅幾十個小時，伊拉克就要求停火，開始全線潰退。這對老布什來講很尷尬，因為他事先大肆渲染伊拉克軍隊如何強大，美軍要準備打一場硬仗，哪知道對方完全是一觸即潰，戰事進展如湯澆蟻穴，突然失去了對手，原來準備好要大打出手的方案落空了，準備了上千噸的軍火沒地方打了。明眼人很快就看出了政客們戰前渲染的蹊蹺所在。

游離於主流媒體之外和習慣比較或反證的人們提出幾個令老布什政府無言以對的事實。

第一，伊拉克入侵科威特之前，美國駐伊拉克大使愛頗爾‧格萊斯佩（April Glaspie）當面暗示侯賽因"科威特和美國利益沒有關係，美國不想介入該地區的爭端"。言外之意，你侯賽因儘管放下顧慮，可以大打出手，美國不會趟這個渾水。九月二日，英國記者堵在美國駐伊拉克大使館門前，要求核實愛頗爾‧格萊斯佩大使對侯賽因談話的確切含義，該大使不置可否，乘車離去。英國記者公布了他們從伊拉克高層得到的談話內容拷貝，或許是薩達姆政府故意防風，希望藉助西方媒體再次核實美國的立場。美國高層一直保持沉默，而伊拉克已經做好了動手的準備，薩達姆‧侯賽因認為美國大使所傳遞的信息是準確的，美國打開了綠燈。一九九零年八月二日，伊拉克軍隊攻入科威特，實行全面軍事占領。

第二，占領科威特之後，伊拉克政府一頭霧水的發現美軍開始了《沙漠風暴行動》。面對可能的滅頂之災，伊拉克政府公開提出停火並開始全線撤軍。對於老布什政府而言，已經鑽進口袋的獵物決不許再逃走。美國陸軍和空軍聯袂演出，對毫無抵抗的伊拉克潰敗之軍發起猛烈攻擊，被屠殺的伊拉克士兵屍體被掩埋在公路兩側的溝塹裡，綿延七十英里。美軍的暴行引起國際輿論的強烈譴責，就連主流媒體的"今日新聞"也公開報導"被俘的伊拉克士兵舉著雙手哀求放他們回家"，該報的記者湃崔克·斯諾彥因其戰事報導"榮獲"普利策新聞獎（*NEWSDAY,* Patrick Sloyan）。軍事行動很快停止了，美軍，除了個別自己人誤傷外，零傷亡；從前線回來的美國大兵接受採訪時，常用的描述是"打仗就如同去公園裡散步一樣愉快"。

第三，更有趣的，也是更發人深省的是採訪白宮的薩諾·麥克藍登女士（Sarah McClendon）是一位主流媒體內罕見的獨立新聞記者。她的採訪記錄裡，老布什總統留下這麼一段話，"如果有朝一日老百姓知道我們都幹了些什麼，他們會在大街上把我們吊死"。當然，老布什和他的跟班們一口否認說過這樣的話。

第四，戰爭非但沒有解決問題，反而造成更大的問題。前中情局局長斯坦菲爾德·特內爾在"有線新聞網"CNN的節目裡自豪的說，"這只是個開始……是個好的開端……以後可以推廣到其他國家"。這並非虛言，幾年後，美國發動了對伊拉克的戰爭，絞死了當年的朋友薩達姆·侯賽因，造成一百萬平民死亡，經濟損失難以估計，伊拉克至今還是一個泥潭。

如果說一個邪惡的人沒有長久的朋友，那麼由人形成的組織也適用於這條定義。邪惡的組織必然會經常清理內部，只有如此才能不斷去除覺醒的人，從而保守最高機密。有人把二戰後成立的中情局比作"潘多拉"盒子，蓋子一旦打開，就只能祈求上帝的憐憫了。

杜魯門總統是最早意識到問題嚴重性的政客，他公開批評中情局時說，設立該機構是為了監控敵對國家，保衛美國的安全和選民的利益，而不是對美國人民和民選官員進行監控的。在他之後，凡是批評中情局的美國政客，或者自己知趣主動離開權力中心，或者天降橫禍，人間蒸發，別無他路；外國的政客，敢於挑戰中情局的幾乎沒有一個得到善終，從南美洲的薩爾瓦多，洪都拉斯，巴拿馬和墨西哥的動亂，政變，到非洲，海地，前南斯拉夫聯盟和中東的利比亞，伊拉克戰爭，隨處可見中情局的大小手筆。特別是毒品種植和加工地區，如哥倫比亞，玻利維亞和東南亞的金三角，中情局從不缺席。二零一五年，大衛‧泰爾波特（David Talbot）出版了他的力作《魔鬼的棋盤》，該書立刻登上了《紐約時報》的全年暢銷書榜單；書中引用了大量的歷史事實，向讀者展示了一個令人恐懼也同時令人髮指的中情局內幕（The Devil's Chessboard, by David Talbot）。

或許正是因為總有一些不顧個人安危的調查記者和各行各業的正直人士敢於講真話，才使得那隻邪惡的黑手不得不有所收斂，也使得一般民眾不太關注那個始終在陰暗處活動的獨立王國，因為在普通人眼中，中情局玩的是高層遊戲，與升斗小民沒什麼關係。直到這個帝國開始出現崩潰的跡象時，越來越多的人們才意識到：我們生活中的點點滴滴都是政治，一切黑暗組織（不論其名號有多麼響亮，過去如何輝煌）的陰謀和惡行都在把這個超級帝國推向萬劫不復的深淵。覺醒人數在急速增加，這就是為什麼一部近千頁的巨著，講述黑暗籠罩美國的作品出版伊始就贏得數百萬人的關注，這部書是《被威脅勒索的民族》。作者（Whitney Webb）是一位年輕的母親，出道不久，專注於揭露政府腐敗和越權，軍工集團的違法行徑和主流媒體刻意迴避的社會問題。

美國中情局的喜怒無常和出爾反爾的作風只能說明一點，這個機構唯一效忠的是能夠維護其政治地位並開出令其滿意的支票的幕後老闆。

12. 自立門戶

　　美國有幾個政黨？多數人會說，美國兩大政黨，民主黨和共和黨，就是常說的驢黨和象黨。其實不然，美國有五十多個政黨，包括美國共產黨，不過他們總是得不到足夠的選票參加"決賽"，所以鮮為人知。過去的半個世紀裡，有三十二個小黨派參加過總統競選，試圖打破每隔四年兩大黨的"二人轉"政治表演，只是他們的演技不叫座，每次都是"跑龍套"或者當"群眾演員"罷了。

　　近年來隨著意識形態的對立日益尖銳，導致民意嚴重的兩極分化，只看立場而不顧事實，許多人舊話重提，呼籲第三黨出來競選。蓋樂普公司做了一個近二十年的民意變化調研，其2022年最新的民調顯示，超過60%的受訪者希望看到第三黨出現，而這個比例在二十年前是40%；而認為兩黨足以代表民意的降到了區區的33%，而二十年前這個比例是56%；由此可以窺探一點美國兩大政黨目前在民眾心中的分量。

　　美國政治是否將進入多黨輪替的時代？這是許多人經常很嚴肅認真討論的話題，只需檢索一下短暫的美國歷史就應該找到一些答案。

　　其實，美國歷史上早就有一位無黨派人士做了總統，那就是美國的開國之父華盛頓將軍。之後，歷史老人把時鐘一下子撥到一九九二年的二月。來自得克薩斯州的億萬富豪諾斯・普瑞（Ross Perot）宣布以獨立競選人身分角逐總統職位，他的對手是在任總統老布什和民主黨候選人比爾‧克林頓。來自權力圈外的政治素人諾斯‧佩羅先生挑戰兩大黨的候選人引起了媒體和廣大選民的極大關注，他敢講真話，不迴避問題，心繫勞動群體，反對戰爭，抨擊全球化，等等。這位政治素人口無遮攔，不論場合，只要是關乎大眾的問題他都敢直擊要害，根本不管什麼建制派的感受，"政府的稅收就是用法律搶劫大眾"，"警察隊伍裡有好人，但也有很多仗勢欺人的瘋狗"，"美國可以自己活得很好，為什麼要和專制國家做生意？""全球主義就是美國的墳墓"等等。他的犀利見解，加之濃重的南部"紅脖子"英語，得到民眾一次又一次的喝彩叫好。他在競選演說中提出了一系列令人耳目一新的政治綱領，他的聲望迅速飆升，有望壓過他的兩位大黨競選人。由於普瑞的出現，使得那一年的總統大選成了美國現代史上令人難忘的一次政治佳話和認知上的洗禮。

　　諾斯‧普瑞先生的支持者們成立了一個叫做"團結共存"的組織（United We Stand），他們呼籲營救越戰戰俘，調查"海灣戰爭"，倡議選舉透明等政治訴求，一時贏得廣泛的認同，民調迅速升高，進入夏季後，普瑞的民調結果已經遙遙領先於他的兩位強勁對手，在任總統老布什和阿肯色州的州長克林頓。許多百姓早已厭倦了翻來覆去只說不做的兩黨輪替，有的地方選民投票率不足四成；但是這一年的三人電視辯論吸引了數以千萬計的觀眾，人們興高采烈地議論：看來諾斯‧普瑞先生有可能開啟一個全新的時代了，他的公司做的那麼大，賺了金山銀山的，一定有辦法搞好經濟，再說，現在各項民調都顯示他比驢黨和象黨的兩個傢伙高出一大截……選民的熱情漫延到社會各個基層，多年不投票的選民都摩拳擦掌，準備行使自己的民主權力了。

普瑞先生最得意的競選照片是在自己的辦公室裡，站在華盛頓畫像前，倒背著雙手的照片。那張照片成了他的政治招牌，他想告訴民眾：是恢復傳統價值觀，捍衛立國精神的時刻了。

諾斯·普瑞先生也不負眾望，越戰越勇。五月中旬的一次電視訪談中，諾斯·佩羅先生猛烈地抨擊"北美自由貿易協定"（NAFTA），認為在全球化"巨大的吸吮聲中"（其著名語錄"that giant sucking sound"）美國工人將失去工作，政府預算會加大赤字，出口受挫。他的觀點與兩大黨的競選人直接對立，與建制派主將亨利·基辛格更是針鋒相對。為了回擊諾斯·普瑞先生關於"北美自貿協定"的觀點，建制派主帥基辛格在《洛杉磯時報》上刊文說，"這不僅是一個傳統的貿易協定，而是一個新的國際體系的框架，是邁向新世界秩序的第一步"（*Los Angeles Times,* July 18, 1993）。諾斯·普瑞先生預言道，二十年之內，美國將失去自己的製造業，大量工人會失業，貿易逆差也會達到新高……等等。諾斯·普瑞先生的觀點和對美國未來的種種預判，主流媒體也"多層解讀"，爭執不下，但多數認為諾斯·普瑞先生的言論頗有點危言聳聽，不必當真；有的媒體甚至用"陰謀論"暗指他的見解。但那些負面報導並沒有阻止諾斯·普瑞先生前進的腳步，他繼續全國到處演講，和選民互動，聽取他們的建議，一路高歌猛進，大有不進白宮決不罷休的勢頭。

七月二日，NBC和CBS等主流電視在早間新聞報導當天的爆炸新聞：諾斯·普瑞先生突然宣布退出總統競選。消息傳開，人們無法相信遙遙領先的諾斯·普瑞先生怎麼會說不幹就不幹了。一定是他的政敵們出於嫉妒而造謠，故意破壞他的競選活動。當晚，諾斯·普瑞先生出現在電視畫面裡，核實了早間的新聞報導。人們在惋惜之於，開始猜測到底發生了什麼使他突然退場。幾個月來高漲的民情，滿懷的希望瞬間化作了不解，抱怨，甚至謾罵。

無處不在的記者們只用了幾天時間便揭開了諾斯·普瑞先生退選的謎底。在一次答記者問時，諾斯·普瑞先生說老布什的競選團隊揚言要破壞他寶貝女兒的婚禮。在場的記者們以為他在開玩笑，但他說是真的。聯邦調查局已經做了初步調查，認為查無實據。這種明擺著滑稽可笑的藉口還有人相信？破壞婚禮？怎麼破壞？不讓放音樂？還是不許獻花兒？亦或是綁架新郎？還是人工降雨？諾斯·普瑞先生用如此明顯的"藉口"退選是在曲折地向民眾傳達他難言的苦衷，真正的原因是不能說出口的。"天機"一旦洩露，被破壞的可能就不僅僅是他女兒的婚禮了。值得注意的是，為什麼諾斯·普瑞先生說是老布什的競選團隊以其女兒的婚禮為要挾（雖然荒唐）卻不說是克林頓的團隊呢？這一點或許可以成為喜歡"鑽研"的人打開"天機"的鑰匙吧。

諾斯・普瑞先生退選後，原本熱熱鬧鬧的“三人快板兒”又回到了往日沉悶作秀式的“二人轉”。隨後的幾個星期，人們還在猜測著諾斯・普瑞退選的背後原因，因為他畢竟給大家帶來過短暫的歡樂和希望；但更多的人恢復了往日的節奏，朝九晚五，三飽一倒，老婆孩子“二鍋頭”。

十月一日這天，距離投票日還有一個月，競選活動進入了衝刺階段，也是美國政治生活中著名的“十月驚魂”開始。“有線網新聞”CNN率先引爆了“十月驚魂”：諾斯・普瑞先生宣布重返戰場，進軍白宮！忙於生計人們並沒注意到這則新聞，晚上下班回家後，人們習慣地打開電視，邊看邊準備晚飯，結果看到的是那張熟悉的面孔，諾斯・普瑞先生正在侃侃而談，繼續為美國描述著一個美好的未來。晚飯也忘了，南部的“紅脖子”大漢們開一瓶冰鎮“百威”，一屁股坐在沙發裡，一天的疲勞消失得無影無蹤。

電視上，廣播裡又恢復了熱鬧的“三人快板兒”的表演。代表兩大黨的政治演員也格外賣力，老布什因為背著“海灣戰爭”醜聞的包袱處處顯得被動，窮於應付；來自阿肯色州的原州長克林頓年輕倜儻，口才不錯，但是他早年的逃兵役和吸大麻記錄被人詬病，只能大談他是如何反戰才逃的兵役，是為了愛好和平才嘗試了一點大麻；引得人們哄堂大笑。唯有幾個月前因故退選而差點被人們忘記的諾斯・普瑞先生的觀點觸及到一些實質性社會問題，也是媒體和民眾討論最多的話題。

這位口無遮攔的億萬富翁認為基礎製造業是美國的根本，那些眼睛只看到自由貿易協定能帶來便宜貨的人是短視的。這個說法立即遭到全球主義者的口誅筆伐，攻擊他在鼓吹貿易壁壘，反對自由貿易，是極左社會主義計劃經濟的變種，不一而足。諾斯·普瑞先生不得不對這類攻擊做了大量的解釋和反擊。他所反對的"自由貿易"是目前的大財團只圖廉價勞動力，把設備和技術連根拔起，搬到第三世界，然後再把產品按低稅率進口到美國，從中賺取巨額利潤。如此一來，獲利的是大財團的股東，因為只有他們才有能力去海外投資設廠，建立生產線，利用當地的廉價勞動力；而倒霉的必定是美國的中產階層和下層打工族。如果沿著全球主義者的道路走下去，用不了一代人的時間，美國將從根本上被削弱。他的觀點除了被全球主義的狂熱分子抹黑汙衊，主流媒體還使出了傳統的兩招兒，斷章取義和嘲諷戲弄，可謂上下其手，使其雁過無聲。

　　在嘈雜的疑惑和反對聲中，諾斯·普瑞先生告誡支持他的選民們，正如沒有免費的午餐一樣，不會有免費的"自由貿易"。五花八門的"自由貿易"旗幟的下面是不公平的關稅，不平等的交易和見不得人的利益壟斷；如果不能制止正在橫行的"自由貿易"浪潮，二十年後美國必將面臨種種困境。後來二十多年的事實都一一驗證了諾斯·普瑞先生的預見。今天的許多真正關心美國前途的愛國者，一方面驚歎普瑞先生二十多年前的準確預言，同時也不由得左右審視，問出這樣一個問題：對於美國這樣一艘自由的航母而言，還來得及糾正航線嗎？

美國的非法移民上升了300%，大多數是"自由貿易"地區第三世界國家的福利逐夢者，他們的"美國夢"就是免費牛奶和食物，政府提供廉價補貼住房，還能不花錢去社區大學讀書。他們所到之處，各個州縣市的政府不得不急速擴大福利支出，這反過來又吸引了更多的非法移民，雪球越滾越大。與此同時，各地的稅收入不敷出，失業和犯罪率比翼攀升，美國的工業基礎瀕臨毀滅，幾乎40%的製造業倒閉，流失海外；從日常生活用品到製藥材料，從汽車配件到電腦及通訊類科技產品全部依賴海外市場。天真的城市居民盡情消費著來自萬里之外的便宜物品，看著大屏幕彩電，很少有人意識到美元在貶值，自主能力在下降；傳統的農業也未能倖免，自然有機的農場漸漸被大財團壟斷，過去人人習以為常的天然有機食品成了少見而又奇貴的奢侈品。二十年間大約三十萬個中小農場破產倒閉，儘從2011年到2018年就有超過十萬個農場破產，昔日的中小農場主們不得已進城謀生，加入早已被邊緣化的人群。就連主流媒體的門戶雜誌《時代周刊》也登載了一篇長文，哀歎形勢嚴峻，急需應對之策，題目是："他們在試圖把我們從地圖上抹去"(They're Trying To Wipe Us Off the Map. *Time*, November 27,2019)。

大選結果揭曉了，新一任總統登上舞台，但不是諾斯·普瑞先生，因為他只想為這個國家盡一份責任，卻不懂政治遊戲的規則。他的得票率僅僅是19%，這是繼華盛頓總統之後第一個獨立參選人取得的傲人成績。許多獨立媒體紛紛刊文，指出諾斯·普瑞先生本來可以得到更多的選票，是被迫中途退選打亂了節奏和步驟，所以才壞了事。也許在當時這種看法不無道理，但是，這並不重要。重要的是諾斯·普瑞先生在美國歷史上深深地篆刻了自己的見解，爲後人留下了寶貴的遺產，正如他在一場辯論中向觀衆展示的紙牌上寫的內容：

歷史會重複；

預算要平衡；

財政要充盈；

公債要降低；

公務員的傲慢應該得到控制！

這幾句來自西塞羅的忠告基本表達了諾斯·普瑞先生的政治訴求。雖然他的競選沒有成功，但是他爲企業界有遠見的領袖們指出了問題所在，爲精英集團內有良知和擔當的智識代表指明了方向，爲後人鋪就了一塊通往白宮的踏腳石。此後，爆發了1999年的西雅圖抗議"世界貿易組織"年會的大規模騷亂；民衆對主流媒體的不信任在加深，對壟斷集團的不滿在加劇，對金融寡頭貪婪的憤恨在加強，終於在2011年"占領華爾街運動"開始席捲大地。這一切都在預示著一個深刻的歷史變局：2016年11月，諾斯·普瑞先生的後繼，同樣也是億萬富翁的唐納德·川普，以同樣的訴求，贏得了大多數中產階層和下層勞動者的擁護，擊敗了不可一世的克林頓集團和兩黨建制派的代言人希拉里·克林頓，當選爲美國第45任總統。

三十年前，諾斯・普瑞先生很明確地看出了美國的走向，但他沒能預見的是，今天的國際局勢比當年更加複雜，更加不穩定；殘酷的現實擺在眼前，美國在最需要拿出實力時卻正處在製造業衰竭極度虛弱的時期。2020的總統大選，把早已存在的制度缺陷赤裸裸的展現在世人面前。代議製民主能否經得起考驗，還能走多遠？對這個問題的回答可能還需要一段時間，但是當年諾斯・佩羅先生的參選和川普先生的四年執掌白宮都似乎明確了美國政治制度的一個不成文規矩：想加入，可以；要"自立門戶"，絕對沒門兒。

　　在當下平民運動方興未艾的趨勢下，人們回首往昔都免不了提一句那位三十年前的平民領袖，川普之父——諾斯・普瑞先生。

13. 三起大案

序曲

上個世紀最後八年白宮的主人是來自阿肯色州的比爾・克林頓。憑著新科技的長足猛進和全球化的推波助瀾，美國的經濟呈現出空前的表面繁榮，人們樂在其中，也就自然不太關注政界的明爭暗鬥。克林頓上任伊始就爆出"白水門事件"（克林頓夫婦投資房地產失敗的內幕），但關注的人不多；直到幾年後的"路溫斯基案"（也叫"拉鏈門事件"）洩密走光，媒體沸騰，一直鬧到國會，啟動克林頓彈劾議案，民眾才意識到：這位出身平民的"小岩石人"總統故事很多呀。

比爾・克林頓出身平凡，但背景卻相當複雜。在大學讀書期間，克林頓申請到了"羅德獎學金"，得以赴牛津大學讀研深造。靠獎學金讀書的人通常經濟都不寬裕，但克林頓似乎是個例外，他除了修課和日常開銷，還參加當地的各種學生活動和每個週末的各種派對，此外，還有經濟能力去斯德哥爾摩和奧斯陸參加"世界反戰和平大會"；更令人費解的是每逢假期克林頓還自費去莫斯科、列寧格勒、布拉格等敵對地區旅遊。不知是成績欠佳，還是另有隱情，克林頓沒有完成牛津大學的學業，中途他成功轉學回到美國進入耶魯大學。只是這段經歷就不是一般平民子弟可以奢望的。小圈子內部有的人嘴巴不嚴傳出克林頓在歐洲求學期間加入了中情局，去各地旅遊是帶著任務的，自然有人買單。九十年代初，克林頓角逐白宮，許多人去查他的過往，發現那一段是早已被打上"機密"字樣的保密卷宗，封面上只註明"在牛津讀書"的字樣。

耶魯大學的別名是"美國政治精英學院"，在校期間編織的人際關係網對於日後渴望從政的人來說，就如同一個能量儲存罐，需要的時候就可以汲取能量，繼續逐夢。克林頓的逐夢步伐比其他人更快，更堅定。他在耶魯大學的兩大收穫，一是結識了希拉里，二是找到了通往政壇的捷徑。從七十年代初，青年克林頓就給民主黨大佬議員們做兼職實習生，負責日常打雜，台前幕後跑腿兒。克林頓終日忙碌的雜事中，有一件看似"跑腿兒"的活兒卻格外引人注意，必須是"內線"才能解開的困惑。這裡我們可以詳細一點展開。

一九七二年十月十六日，眾議院多數黨領袖黑爾·格斯（Hale Goggs）和議員尼克·伯基茨（Nick Begich）在阿拉斯加乘小型飛機Cessna 310去參加競選公募活動，提前到達阿拉斯加為這兩位議員駕車去機場的居然是當時初出茅廬的比爾·克林頓。哪知這次飛行居然是兩位議員的亡命斷魂之旅。飛機預定早上九點三十分從阿拉斯加首府安卡洛奇市（Anchorage）飛往目的地修諾（Huneau），飛行時間為三個半小時，起飛前加的油量足夠飛行六個小時；飛機上共有四人，兩位議員，一個助理和飛行員。值得注意的是，飛行員端·瓊茨（Don Jonz）是個退役老兵，在阿拉斯加飛行了十五年，安全飛行記錄一萬七千小時。午後一點鐘，飛機沒能如期降落，地面也沒收到任何信號；當地航管部門立即上報：飛機失蹤。美國空軍出動四十架次軍用飛機，聯邦和當地政府共派出五十架次大小民用飛機，在三十二萬五千平方英里的範圍內進行地毯式搜索。結果，一無所獲。搜救工作持續了三十九天，失事的飛機蹤跡全無，機上四人的遺骸至今毫無下落。

更加蹊蹺的是，兩位議員是在遠離美國大陸的阿拉斯加州參加當地的活動，是誰安排克林頓提前去了阿拉斯加爲兩位議員提供服務的？或許年輕的克林頓並不知曉高層的博弈內幕，但可以斷言：從那時起，克林頓正式獲得了某種強大勢力的信任。十幾年後，克林頓在阿肯色州逆流崛起，而且還平步青雲，作了兩任州長外加總檢察長，在州裡的政壇走了一圈之後，可以說，他對美國的政治遊戲規則已然熟爛於心。眞正讓人開眼的是"米娜環節"（Mena Connection），指的是阿肯色州的米娜機場毒品交易，來自南美的毒品多半是先進入阿肯色州再流向其他地方。規矩是：只許買賣，不能問貨源。外圍人士，如果未經許可或無意間撞上貨源的人，後果自負。影片《阻止司法：米娜環節》（Obstruction of Justice: Mena Connection）描述的就是在克林頓任內阿肯色州這段不堪回首同時充滿暴力和謎團的歷史。

一九八七年八月二十三日，一列火車壓死了兩位少年，十七歲的凱文・艾維斯（Kevin Ives）和十六歲的端・亨利（Don Henry）。官方最初的結論是自殺，隨即改口爲：事故死亡。儘管官方給出的結論遭到各方面的質疑，政府官員及參加屍檢的醫生只有四個字：無可奉告。

但這只不過是一系列反常死亡的開始。

火車司機的證詞是，他看到兩個孩子時，他們躺在軌道上，身上半遮蓋著苫布，但是火車的速度太快，刹車來不及。負責屍檢的是法麥‧馬拉克（Fahmy Malak），他的結論：自殺；後來出事地賽楠郡的警官吉米‧思迪德（Jim Steed）勸他改為 "事故死亡"，馬拉克才做出改變。孩子們的父母爭得法院同意更換驗屍官，但是馬拉克居然拒絕執行法院命令。這時州長克林頓出面公開支持馬拉克的驗屍結果。原來這位驗屍官和州長大人關係非同尋常。甚至於著名的左派主流大報《洛杉磯時報》也在其頭版刊載長文揭露馬拉克與克林頓家族的關係以及更多不為人知的克林頓集團的醜聞。曾經有這麼一個案件是馬拉克先生主持的驗屍並出具了官方驗收報告。一個無頭屍體被馬拉克先生驗證是死於胃炎；那麼人頭去哪兒了？他猜測是被自家的狗吃了，因為他從狗的嘔吐物中發現了人骨碎渣和人腦成分；可是隨後打臉的奇蹟就出現了，受害者的頭顱完好無缺的找到了！在公眾的憤怒和媒體的討伐聲中，馬拉克先生從公眾視野中消失了。時任州長的克林頓先生一路暗地公關，略施小計，多方交易把事情壓了下去，然後又悄悄的給馬拉克先生加薪一萬四千美元做為獎賞。

聯邦調查局的人建議那兩個遇害的孩子父母親接受 "事故死亡" 的結論，但事情很快就變得更加複雜可怕了。一九八八年五月十七號，十九歲的凱斯‧考蕾（Keith Coney）騎摩托車時被一輛貨車撞死；同年十一月十號，凱斯‧麥克卡斯柯（Keith McCaskle）被刺殺；次年四月，傑夫‧羅德（Jeff Rhodes）遭槍擊，被肢解後部分已經焚燒過的屍骸被丟進街邊的垃圾箱；同年七月，理查德‧溫特爾（Richard Winters）在一次搶劫中被殺；十二月二號，格尼‧考林思（Greg Collins）在樹林中死於槍擊；半年後，喬丹‧凱特爾森（Jordan Ketelson）頭部中槍而死。死者中，年齡最大的二十一歲，他們生前都有一個共同點：認識並可能知道兩個死於火車事故夥伴的死亡真相或者更多。傑夫‧羅德（Jeff Rhodes）生前給他父親打電話，說很害怕被殺，想要點錢遠走他鄉，因為他知道那次火車造成 "事故死亡" 的細節，可是他沒能逃脫。格尼‧考林思（Greg Collins）是法庭指定的證人，他將要向調查 "火車事故" 的陪審團提供他的證詞，但他沒能活到開庭那一天。理查德‧溫特爾（Richard Winters）被設套做局才死於 "搶劫"；喬丹‧凱特爾森（Jordan Ketelson）被認定是自殺，但不允許驗屍，直接火化了。

琳達‧艾維斯（Linda Ives），兩個 "火車事故" 死亡的孩子之一凱文‧艾維斯（Kevin Ives）的媽媽，在接受採訪時悲傷的說，"沒人能理解孩子的死亡對我們是多大的傷痛；人人享有的自由和正義不過是寫在紙上的空話，只是個玩笑而已"。以上不過是九十年代的 "序曲"，以下是更具有代表性的大案。

大案（一）

隨著克林頓先生的權力不斷增加，各種離奇的"事故"越來越多；當他於一九九三年一月二十一日把手放在《聖經》上宣誓成為第42任美國總統時，他口袋裡的"事故名單"上的普通人已經超過了百名。但是，到目前為止，這些都只是序曲，真正轟動全國的大案之一是"文思·福斯特案"。此案的影響正在與日俱增，因為克林頓基金會在政治、經濟、文化、外交等領域發揮著愈來愈大的影響。研究美國政治的人們在不同程度上都認為了解此案是走出美國政治迷宮的路徑之一。如果把克林頓在阿肯色州的政治作為及其任內發生的各類離奇事件和他入主白宮後的政策及影響做一個梳理，那就可以肯定地斷言，解讀克林頓夫婦及其基金會可以清晰地看到這樣一個事實：一，冷戰時期蘇共集團是如何從文化、教育、宣傳及金融層面利用美國政治和司法體制的漏洞進行了基本顛覆美國民主體制的前期工作；二，與蘇共的冷戰結束後，激進左傾勢力大舉滲透進入美國各級權力機構，為貪得無厭的國際財閥的利益與中共聯手；三，美國政治和社會生態明顯瘋狂左轉，共產主義集權勢力在美國肆意蔓延，已經從根本上危及到了美國的立國之本，並在全世界造成了令人恐怖的反自由反民主的政治現實。以上三個事實匯聚成一個無法否認的趨勢，而且來勢洶洶。

現在我們具體看一下文思·福斯特案件。

克林頓夫婦入主白宮的半年後，一九九三年七月二十日，白宮高級律師文思·福斯特（Vince Foster）橫死在佛傑尼亞北區的福特摩西公園。一個叫佩崔克‧諾爾頓（Patrick Knowlton）的過路行人，當時內急，就想進公園解手，路邊停著一輛掛著阿肯色州車牌的轎車，匆忙間他和坐在車內的人打了個照面，而就在四目相對的一瞬間，對方的充滿威脅的眼神讓他感到了恐懼。諾爾頓走進公園就看到了橫在草坪上的死屍，恐懼使得他忘記了解手就慌忙逃離；但當他跑出公園找路邊的付費電話報警時，幾分鐘之前還停在路邊的那輛車不見了。市公園警察到達現場後即刻封鎖了現場，諾爾頓配合警方做了簡短的口供，當天的事情就這樣過去了。警方再也沒找過他。反倒是聯邦調查局的人不斷找到他，反復核實他的口頭證詞。這種情況持續了幾年時間，聯邦調查局的人不斷找他，不斷核實那幾句已經核實了至少十次的證詞，有時探員們在凌晨三點登門找他談話，有時跟蹤他，更有的探員威脅他。諾爾頓向特別檢察官肯尼‧斯戴爾（Kenneth Starr）提供的證詞被記錄在官方的最後結論中，但與他的原始證詞完全相反。也正是因為官方的結論邏輯紊亂，前後矛盾，導致案件迷霧重重，各界人士紛紛猜測，匯總成了又一個所謂的"陰謀論"。

一、官方的結論說福斯特先生自殺用的是自己的1913柯爾特左輪手槍，但第一個到達現場的急救人員理查德‧阿瑟（Richard Arthur）證詞顯示現場是一支不同的手槍，那是一支半自動手槍；官方說他是把槍放進嘴裡開槍的，但急救人員看到的是脖子上的傷口，市警察在現場的拍下的照片轉交給聯邦調查局之後就不翼而飛了。

二、檢察官麥克‧羅敦谷茨（Michael Rodriguez）負責領導陪審團對案件的調查進行合議，但聯邦調查局的兩個不同探員告誡他"少管閒事，注意你的言辭"。受到公開的威脅後，他憤然辭職，對幾個小媒體公開說，"所謂的誠實調查簡直太可笑了，從頭到尾都是聯邦調查局在操控"。他寫給國會議員的信沒有回音，大多數主流媒體的記者們對他的話根本沒興趣，沒人願意報導他的證詞。

三、一個例外的主流媒體記者是倫敦"星期日電報"的阿姆佈羅斯‧伊溫－頗瑞查德（Ambrose Evans-Rritchard）。他們的採訪記錄日後被寫入了一部爆炸性的著作《比爾‧克林頓的隱祕生活：沒公開的故事》（The Secret Life Of Bill Clinton: The Unreported Stories）。這部書中還引用了許多官方文件，其中有這麼一段，"特勤局文件第2551號：93年7月20日晚，時間不詳，公園警察在福斯特的車裡發現他的屍體。車子停在佛傑尼亞的福特摩西區域……"一個死人是如何從草坪又回到自己的車內？如此這樣與現場完全不符的記錄卻沒有被任何媒體報導。

四、最早發現屍體的目擊者之一因擔憂自家性命

溫－頗瑞查德（Ambrose Evans-Rritchard）
的運氣就差多了。他在華盛頓的公寓被人破門
而入，電腦被盜；他的汽車被破窗而入，公文
箱被偷。此後，他再也沒能鼓起勇氣談及這椿
詭異的"自殺"案了。

總檢察長助理韋伯·哈波爾事後坦言，"大家聽
到的全是謊言。根本就不是自殺，也不可能是自殺"
（*Esquire,* November 1993）。一椿公案有諸多疑點，權
力機構的職責是提供足以服眾的結論，而不是貼個標籤了
結。因為這樣草率結案只能激發公眾更大的好奇心或猜忌
心，而好奇心的根本是人類追求真相的慾望。這是人性的
組成部分，是任何權力也無法抹去的。

大案（二）

第二個大案是一九九三年發生在得克薩斯州，卻轟動
世界的"韋科慘案"。小鎮韋科位於達拉斯和首府奧斯丁
之間，人口只有十萬多點，之所以名震寰宇是因為聯邦政
府發現當地有個"大衛教"的組織與政府對抗，其領導人
是大衛·考石（David Koresh）。一九九三年二月聯邦
政府調動武裝力量將該組織的住地包圍，雙方僵持了五十
天。最後聯邦調查局動用了坦克車和重火器進行圍剿，用
了不到一天的時間，造成八十六個平民死亡，其中二十六
個是孩子。因為整個過程在政府的嚴密控制下發生，外界
所知甚少，猜測很多；簡單做個梳理，大致是兩個版本。

官方版本：接到舉報，"大衛教"在其營地囤積重型武器和彈藥，虐待兒童。ATF（"煙酒武器管控局"）攜帶法院搜查令前往韋科查證。營地人員拒絕接受搜查並以武力對抗，導致四名執法人員受傷。ATF聯手FBI（聯邦調查局）和當地警力包圍了其營地，封鎖了周邊地區，對峙開始。

各個執法部門都調用了大量的調解專家，在現場勸說，談條件。談判一度有所進展，一批兒童走出了營地，獲救。隨後的談判跌宕起伏，大衛本人曾經幾次答應放棄抵抗，和平解決，但隨即矢口否認；三月中旬曾經談好一應條件，以政府一方播放音樂為信號，營地內人員放下武器，舉手離開營地；但是大衛及其信眾臨時變卦，並將門窗用家具堵住。當執法人員試圖強行進入其營地時，遭到猛烈的火力壓制，談判及和解再度破裂。此時，對峙夾雜著談判已經持續了四十八天。執法部門發出了最後通牒。

四月十九日，FBI使用武裝坦克，狙擊手和催淚彈向基地中心建築發起攻擊。突然間，樓房內冒出濃烈的黑煙，十幾分鐘後就燃起了熊熊大火。大衛和他的信徒們近百人被烈火吞噬，其中有二十六個孩子。整個事件持續了五十一天，最終以慘烈的悲劇收場。所有記錄都顯示，聯邦政府及執法部門進行了最大的努力，結果卻是所有人都不願意看到的，也是難以接受的，但願這是最後一次。

民間版本：（因聯邦政府實施新聞管控，獨立記者難以接近現場，所以，不同於主流媒體的報導基本是側面的，殘缺的和碎片化的。如果將以下不同層次的報導和不同角度的推論綜合起來，或許可以得出部分眞相。）

1. 官方的指控"囤積武器"和"虐待兒童"不成立。事後公布的照片顯示了許多自動步槍，但對峙期間，執法人員從未能進入"大衛營地"，而事後整個營地化爲灰燼，照片從何而來？"虐待兒童"的指控來自主流媒體，克林頓做了背書，但被主流媒體尙有良知的記者戳穿。亞歷山大·庫克伯恩（Alexander Cockburn）在《洛杉磯時報》的專欄里寫道，"克林頓的發言人說有充足的證據證實營地裡的兒童被虐待……但事實上，FBI已經承認：這些令人戰慄的指控毫無依據"（*Big Sister Is Watching You,* Texe Marrs, pp.149-168）。

2. 兩個爭議的焦點是聯邦政府是否在最後的圍剿中使用了被《日內瓦公約》禁止的CS毒氣彈，以及哪一方開的第一槍。衆議院"政府改革委員會"聘用了一家名爲"紅外線科技"（INFRARED TECHNOLOGY）的公司分析現場的攝像記錄。這家公司的實驗室在馬里蘭州的羅麗市，該公司掌握當時很先進的技術手段（FLIR, Forward Looking Infrared Technology），老闆叫卡洛斯·吉格里奧迪（Carlos Ghigliotti）。他們的技術研究和分析得出的實證與聯邦政府的官方劇本矛盾重重。吉格里奧迪對自己的好友律師大衛・哈代（David Hardy）說，"我們找到的事實比所有人的想像糟糕的多"，之後的幾個星期沒有人見到過卡洛斯・吉格里奧迪先生。2000年4月28日他被發現死在自己的辦公椅上，屍體面目全非，亂刀砍死。哈代律師對《世界網絡日報》說，"他知道的太多了"。

3. 影片"韋科：交往規則"（WACO: THE RULES OF ENGAGEMENT）裡引用了FBI於1999年承認在最後圍剿中使用了"燃燒器具"（Flammable Devices）；原始的執法調查記錄支持影片中的陳述。也就是說，最後的幾個小時營地建築突然起火到底是何原因，聯邦政府的說辭很難成立。對峙五十天本身就說明營地成員對政府的不信任態度和反抗決心，也就是說，在尚有反抗能力的時候他們不會突然縱火自殺。合理的推論應該是：政府一方因談判和調解失敗，為了迅速結束對峙，減少執法人員的傷亡，採取了決絕的手段。

韋科的營地領導人大衛・考石（David Koresh）在當地是個公眾人物，頻繁參加各種社區活動，執法人員完全可以在公開場合與之對話，或者對其個人實施逮捕。為什麼非要動用坦克車和全副武裝的衝鋒隊包圍然後攻擊其營地？為什麼一開始就把矛盾衝突的起點定在完全對立之上？

正如美國歷史上所有著名的重大事件，太多的"國家機密"無法披露，"韋科慘案"也不例外。直到今天，有關"韋科慘案"的案宗都是無法接近的絕密資料。也許直到"國家機密"能夠被解密的那一天，眞相才能全部水落石出。儘管如此，那些有良知和擔當的記者和政府職員所做的不懈努力已經爲我們勾勒出了一個基本的輪廓。眞相可能就在普通民衆的心中。

大案（三）

一九九五年四月十九日，"韋科慘案"兩週年紀念日，俄克拉荷馬市的艾爾佛里德繆瑞聯邦大樓發生大爆炸，當場死亡一百六十八人，包括樓內幼兒園的兒童十九人。涉案嫌疑人是鐵木西・邁克威（Timothy McVeigh），作案動機是因"韋科慘案"對聯邦政府實施報復，尋求正義。

驚天動地的爆炸，慘不忍睹的現場；嫌疑人迅速被捕，作案動機十分明確；既然是開放、自由、民主、法制的社會，只要按照法定程序、起訴、庭審、陪審團定罪，法院宣判，然後執法，還受害人公道，給社會一個服衆的交代。這是法治社會早已成熟的流程。結案之後，相關執法和情報部門總結經驗教訓，以後防微杜漸，使無辜的民衆免於無妄之災，就這麼簡單，照單抓藥即可。所謂"知易行難"就是看似簡單的事，眞作起來就不簡單了。這裡節選幾個片段，看看這個二十六年前的大案留給後人的困擾，許多問題至今沒有答案。

聯邦政府起訴犯罪嫌疑人鐵木西・邁克威（Timothy

McVeigh）策劃並實施了這場駭人聽聞的大爆炸，出示的證據、證人都是經過官方認真審核批准的，來自民間的一律不予理睬；要做到這一點需要兩個人心照不宣的配合，一個是當庭法官理查德·麥茨（Richard Matsch），另一個是被告的辯護律師斯蒂芬·瓊斯（Stephen Jones）。但這種完全一邊倒的聽證和庭審立刻引起了"設局"和"替罪羊"的議論。比如，全國一流的爆破專家，軍方准將本·帕爾庭（Brigadier General Ben Partin）公開說：嫌犯所用的化肥炸彈不可能對聯邦大樓造成如此大的破壞；聯邦調查局探員泰德·甘德勝（Ted Gunderson）持同樣觀點。這二位專業人士的證詞被法庭拒之門外，不予採納，主流媒體對他們證詞全面封殺，徹底的冷處理。

幾十位現場目擊者證實還有另外一個嫌犯，官方將其標註爲"二號嫌犯"，被逮捕的"二號"是主犯的熟人"極端分子"泰瑞·尼克爾斯（Terry Nichols），但是拿不出任何他參與作案的證據。奇怪的是聯邦調查局替"二號嫌犯"償還了住房貸款！司法部發言人在《落基山新聞》上公開承認"房貸還清了，但不知爲什麼"（*Rocky Mountain News,* April 22, 1998）。那麼，"二號嫌犯"何在？司法部長詹妮·雷諾（Janet Reno）在庭審之初曾經公開說，"二號嫌犯在逃"。

煙酒槍支管理局ATF的線人卡洛爾·霍維女士提供的證詞是：爆炸案是早已策劃好的，她可以指證參與者，但其中沒有主犯鐵木西·邁克威先生；而且事發前就定好了時間：1995年4月19日。法官理查德‧麥茨（Richard Matsch）拒絕她出庭作證。主流媒體對此默不作聲，倒是幾家小報刊載這些消息，爲後人留下一點記錄（*The Spotlight; The Rocky Mountain News,* May 28, 1997）。

慘案的受害者之一，愛迪‧史密斯女士在爆炸案中失去了兩個蹣跚學步的兒子，她在接受《有線新聞網》CNN的電視訪談時留下了一段著名的對話："太多的問題沒有答案，我們被要求閉嘴，不許談，不許問；可是"煙酒武器管理局"的人在哪裡？他們是在九樓上班的，爲什麼他們毫髮無損？這起爆炸本來是衝著他們來的，難道他們提前接到了警告？難道他們知道那天去辦公室是倒楣的一天？可是我的孩子們，還有大樓裡很多人什麼也不知道……。"此時，電視台突然中斷了節目播放，留下了新聞史上抹不去的"斷播門"事件。

麥克‧類登施萊格爾（Mike Loudenslager）是"州總務部門（G.S.A.）"的雇員，大爆炸的前一周，他抱怨樓裡存放的炸藥太多，告誡家長們不要送孩子來樓裡的幼兒園，有些家長聽進去了。爆炸當天，他衝進現搶救傷員，過程中與另一位工人發生口角，大吵了幾分鐘才離開。但事後的官方報導說他早已死在辦公室裡，是大爆炸的受難者之一。與此案相關的人，知情人和質疑者中的幾十個人後來都遭遇了不幸，其中最令人無法置信的是俄克拉哈馬市的警官自殺案。

市警察特倫斯‧耶克（Terrance Yeakey）參加了大爆炸事後的維持治安和現場清理工作，《探照燈報》刊登了他工作期間寫給朋友的信，"咱們談到的照片裡那個家伙是'煙酒武器管理局'的特工。我問了他許多不該問的問題，可是我宣誓過忠於法律，每天佩戴者警徽，真的無法睜著眼看他們作假……但讓人沮喪的是，大多數警察都屈服了，配合他們造假，同時還相信他們是在爲大家服務。我真想知道還有多少案子是這麼搞的？有時不得不想起'韋科案'……"由於他爲人誠懇，工作敬業，州裡決定五月十一日授予他"勇士勛章"。但他沒能看到那一天。五月八號，耶克警官切開自己的左右手腕、小臂和臂肘，用尖刀在自己脖子兩側的動脈扎了數刀，然後步行一英里半（約2400米）來到最後"自殺"地點，舉起非警用手槍，以向下45度角對自己的太陽穴開槍。這種自殺方式至今無人能解釋其邏輯或合理性，但政府宣布：自殺。

類似的案件可以一直講下去，但更重要的問題是：假設此類案件是某些機構的官員所爲，這種造成無辜傷亡而且還給政府抹黑的目的是什麼？答案可能就在事發後政治和司法領域的重大變化裡。

大爆炸發生之前，克林頓在熱情的推動"反恐"立法，依據：隨著國際恐怖組織的日益猖獗，境外恐怖活動力量已經滲透到了美國內部。二月十號（案發前兩個月）民主黨參議員喬·拜登（Joseph Biden）和共和黨參議員阿倫·斯拜科特（Arlen Specter）動議了一個叫"反恐直通車"議案，這是後來的"愛國者法案"的底稿。該議案於次年四月通過，克林頓簽字成爲法律。該法賦予總統權力定性任何人或組織為"恐怖分子"，可以隨意逮捕任何人，剝奪其財產並可以將其無限期拘押。這還不夠，最可怕的是，該法案在聯邦層面推翻了歷史悠久的"無罪推定"，改為"有罪推定"。這是上個世紀美國聯邦政府集權並試圖走向專制最有力的證據，也是對美國憲法最危險的攻擊。

鐵木西・邁克威於2001年6月11日被執行注射死刑，這是聯邦政府近四十年來執行的第一例死刑。此後大量的影片和書籍問世，多數都留有這樣一個問題：明知自己被利用間接參與了爆炸案，被當成"替罪羊"，明知這是生死攸關的案件，那麼從海灣戰場帶著功勳歸來的鐵木西・邁克威，為什麼不為自己辯護？為什麼不做任何反抗？為什麼保持沉默？他要用自己的含冤死亡向世人表達什麼？

鐵木西・邁克威死後不到百日，震驚全球的"紐約雙子樓"慘案發生了。隨後，"反對恐怖主義"的大旗從美國飄向了世界。小布什政府藉助"雙子樓慘案"把克林頓的"反恐法案"升級後改版為"愛國者法案"。不論名稱怎麼改，精英統治者心中的"反恐"和民眾已經明白的"反恐"不是同一個概念。

14. 取勝之道

　　一九九二年八月發生在愛德華州的"盧碧山事件"
（Ruby Ridge）是美國現代史上的一個極具意義的轉折
點，它標誌著美國誕生了明確對抗聯邦政府的民兵組織。
在雙方掌握的對抗資源完全不成比例的前提下，弱者取得
了意義深遠且超出一般認知的局部勝利。這一點極大的鼓
舞了類同生態的民眾，也爲後人研究博弈之道提供了寶貴
的素材，因爲普通民眾對抗聯邦政府失敗和慘敗的例子比
比皆是。

　　事件的主角是蘭德·威沃爾（Randy Weaver），原
美國陸軍工程師，一個原教旨的基督徒。一九八三年退役
後，蘭德·威沃爾在愛德華州的盧碧山自己建了個木屋，
和家人遠離喧囂的都市，過著田園生活。他有個美麗的妻
子，一個兒子，三個女兒，一家人與世無爭，生活平靜美
滿。每逢週末蘭德就帶著家人去教會，參加社區活動。按
人口比例，愛德華州的白人佔絕大多數，所以許多民間組
織被指責帶有白人至上的色彩。雖然他也參加他們的集會
或派對，但蘭德不屬於任何組織。

　　一九八九年十月蘭德參加了一個叫"阿燕國"
（Aryan Nations）組織的集會，期間結識一個ATF（煙
酒武器管理局）的線人，化名叫卡爾·巴德，此人從蘭德
手裡買了兩隻步槍。一來二往，兩人熟絡起來後，卡爾熱
情的介紹蘭德爲ATF做線人，苦口婆心地講了不少給聯邦
政府做線人的油水，但被蘭德拒絕了。任務沒完成，蘭

德也知道了他的聯邦線人的背景，此後巴德就很少出現在各種活動場所了。蘭德知道政府在監視當地的民間組織，自己即然沒加入任何一個，也就去的少了。蘭德一家還是一如既往的過著平凡的日子。他們在小鎮上的朋友不多，唯一常來常往的是大大咧咧的好友凱文・哈里森（Kevin Harris）；兩個人友情甚篤，無話不談，蘭德把買槍和被要挾爲聯邦政府做線人的事都告訴了凱文，兩人都認爲有必要提防著點陌生人，早晚進出還是多加小心；有時聊得太晚了，哈里森就在蘭德家的沙發上睡一夜。幾個月過去了，一切如舊，大家慢慢地放鬆了警覺。

轉眼到了次年聖誕節，忙著給孩子們準備禮物的蘭德突然被捕了，原因是他一年前賣給聯邦政府線人的步槍比法定的槍支長度短了八毫米（不到一支鉛筆芯的直徑）。法官定的出庭日期是二月二十號，在等待出庭日期的時候，蘭德又收到法警送上門的書面通知，出庭日期推遲到三月三十號。但是在蘭德等待新的出庭日期的時候，法庭卻按照原定的二十號開庭了，蘭德被判蔑視法庭，逃避出庭，法院發出了逮捕令。八月二十一日，全副武裝的警察包圍了盧碧山執行抓捕行動，鑒於蘭德當過兵還喜歡武器，他們認爲蘭德不會束手就擒，決定悄悄靠近，實施突襲。當六個警員偷偷靠近蘭德家的小木屋時，蘭德家的狗發現了入侵者，開始狂吠，警察們開槍打死了蘭德的愛犬。蘭德十四歲的兒子塞米和常來的好友凱文與警察交火，塞米不敵警察火力，轉身往回跑時被警察從背後射殺；凱文還擊過程中打死了警察威廉・荻甘（William

Degan）。

　　第二天，警方向聯邦調查局求援，FBI派出了狙擊手隆‧霍如奇（Lon Horiuchi）。狙擊手埋伏在距離小木屋一百八十米之外捕捉時機射殺目標。第一槍打傷了蘭德的胳膊，第二槍迎面打中了站在門後懷抱嬰兒的蘭德妻子，當場斃命。小木屋內一片血跡，三個女兒嚇得渾身發抖，不停哭泣。在美國陸軍服役的經歷和自己的槍傷告訴蘭德，外面是狙擊手。看著死去的愛妻和冰冷的年僅十四歲兒子的屍體，蘭德悲憤不已，他要用手中的武器為妻兒復仇，好友凱文願意和他同生共死；可是當他看到泣不成聲的三個女兒時，他猶豫了。夜幕降臨，他們用床單被罩把窗子遮起來，這樣會增加他們的安全性，因為沒有燈光，狙擊手就沒有目標。蘭德和凱文輪流警戒，同時用電話將發生的一切傳播給外界。

　　天亮後，“政府在槍殺平民”的消息迅速擴散，各地得知槍戰的民間組織開始集結，開始包圍盧碧山。聯邦政府方面也在調集更多兵力，惡戰在即。主流媒體大肆報導抹黑蘭德一家是“白人種族主義”“當地極端組織成員”，所以蘭德才逃避法庭，還打死打傷了執法人員；各種消息滿天飛，一時間真假難辨。眼看著事態即將失控，詹姆斯‧格里茨（James Bo Gritz）上校（影片《第一滴血》的原型）主動出面，以其聲望和第三方身分進行調解。

　　格里茨上校只身一人來到小木屋，和主人們簡短問候之後，查看了屋內的情況並安慰了三個可憐的女孩兒，便坐下來進行調解。整個調解斷斷續續進行了四天，才基本達成一致。

格里茨上校：情況很糟糕，現在外面的政府軍大約有一百多人，也許埋伏在附近的還有很多，你們有什麼打算？

蘭德：我不知道該怎麼辦。我只知道他們殺了我太太和我兒子，孩子才十四歲！

凱文（插話）：他們太卑鄙了，用狙擊手向我們打黑槍。

蘭德：我這裡的子彈還夠用。（盯著格里茨上校）如果你答應照顧我的三個女兒，我的步槍會找到公平和正義。

格里茨上校：兄弟，聽我說。你我都是從軍隊裡混出來的，我們不能打一場不可能取勝的戰鬥吧。就算把外面的百十幾個政府軍全部消滅掉，他們會再派三百個來。我們這樣……

凱文：那麼維可（蘭德妻子Vicki）和塞米就白白死了？

蘭德：我們還有什麼希望？難道那些混蛋還會還我們一個公道？

格里茨上校：冷靜點，聽我說完。已經死去的不能復活，你自己受傷的胳膊也不能再往後拖延，得抓緊去醫院。對不對？

蘭德：我自己已經沒所謂了，唯一要考慮的是三個女兒。要不這樣，你和外面的混蛋們說說，如果他們還有點人性，就讓你帶凱文和三個孩子離開。我自己對付他們。

凱文：上校，你帶著女孩兒們走吧，我和蘭德留下來。

格里茨上校：我既然來了，要走，就帶著所有的人一起走。當兵的都知道，一旦上了戰場，就不會丟下任何兄弟。現在還沒到最後拼命的時刻，大家都冷靜一下。咱們想想，我們都死掉就有公道了嗎？那樣就是死無對證，大眾只能聽他們的一面之詞，對不對？再說，現在很多人在關注這裡的情況，民眾需要真相，我們必須活著才能把真相講出去。還有，我們放下武器不等於停止戰鬥，和他們打法律戰，會得到許多支持的。

蘭德：你的意思是？

格里茨上校：我是說，你們兩人向他們投降，先被他們監禁幾周。我來安排孩子們的生活，找律師，籌集資金。只要能上法庭，就能把真相說出來，就不由他們只講對他們有利的故事了。你們想想對不對？

蘭德：你認為法庭能還我們公道？

格里茨上校：我覺得至少能把我們這邊的真相講出來，至於公道，是能討回多少的問題。維可（蘭德妻子Vicki）和塞米已經死了，只能要求他們賠償；他們也會拿警察的傷亡說事兒，那就看陪審團了。好在我們這裡的民眾多數都不認可政府使用武力，我看值得跟他們上法庭。

蘭德默默的看著凱文，沒說話。凱文低聲嘟噥了一句："你們說該怎麼辦吧。"

格里茨上校：如果你們同意，我明天就去和他們談條件。不過我們要先開出我們的條件，爭取主動，只要不太過分，他們會答應的，畢竟他們現在的壓力也很大。這幾天從各地前來支援我們的各類民眾已經超過三百人了，而且輿論也在轉向，有的電視節目開始批評聯邦調查局執法過度。

　　最終，三個人研究，開出了簡單的三個條件。一是自己僱用律師，不用政府律師；二是公開聽證，允許所有願意報導該事件的媒體旁聽；三是撫恤賠償被狙擊手槍殺的蘭德妻子和兒子（聽取律師建議後再定賠償金額）。

　　經過五天的協調，格里茨上校帶著擬定好的條件離開了小木屋；如其所料，聯邦調查局FBI和煙酒武器管理局第二天便發出通告，同意對方的三項條件，結束武裝對峙。這場歷時十一天的官民衝突以蘭德和凱文入獄，政府一方提起公訴，進入司法程序而告一段落。

　　經過兩年多的調查取證，蘭德和凱文被控謀殺、合謀、攻擊等多項罪名；被告律師用事實作出強有力的辯護。大小媒體把庭審細節撒向城鎮鄉村，一時間，“盧碧山事件”成了全國的輿論焦點。最後，由愛德華州普通民眾組成的陪審團作出裁決，法官宣判：凱文·哈里森（Kevin Harris）無罪，當庭釋放；蘭德·威沃爾（Randy Weaver）除逃避出庭一項外，其他指控不成立，判處監禁一年半（後證實法警發出假傳票，誤導蘭德“逃避出庭”，該指控不成立。）同時宣判，起訴聯邦調查局探員麥克·凱霍（Michael Kahoe）銷毀證據，妨礙司法罪成立，判其監禁十八個月，罰款四千元。

聯邦司法部在其報告中承認聯邦調查局和煙酒武器管理局在執法過程中的三個嚴重錯誤：第一，允許狙擊手不做警告就開槍是違反憲法；第二，狙擊手的第二槍打死蘭德妻子屬於毫無理由，因爲當時蘭德和凱文在逃回木屋，不對他人造成威脅；第三，狙擊手在不確定門後是否有人就對著房門開槍屬於危險行爲。（蘭德律師對其另案起訴）。

狙擊手隆‧霍如奇（Lon Horiuchi）被起訴犯有過失殺人罪，但主審法官援引 "執法人員免責" 條例不予受理。這位唯上司命令是從，對懷抱嬰兒的女人開槍的FBI狙擊手因此脫罪。但是，時至今日，民間搜尋霍如奇藏身之處的活動從未停止過，霍如奇本人改名換姓，四處躲避，因爲他心裡很清楚，法庭的判決於民衆內心的正義相去甚遠。

蘭德和凱文分別對聯邦政府發起訴訟。蘭德一家以錯殺平民罪對聯邦政府提起訴訟，在大量清晰明確的證據面前，聯邦政府強詞奪理，拒絕認錯，但同時又表示願意支付傷亡賠償。一九九五年，聯邦政府向蘭德一家支付了三百一十萬元賠償。凱文的律師以執法程序不當，非法使用武力起訴聯邦政府賠償一千萬元，最後達成和解，凱文獲賠三十八萬美元。

轟動一時的 "盧碧山事件" 結束了。它在美國民衆的政治生活中，在解決官民衝突的研究中，在探討司法和媒體裁決和引導作用方面，爲整個社會提供了一個典型案

例。經過三十年的沉澱，"盧碧山事件"的指導意義可以粗略地概括爲以下幾點。

一、在適當的時間和地區，掌握進退尺度，理性博弈。比如，"盧碧山事件"發生在總統大選年，任何派別的政治人物都不願意把事態擴大，都需要做出"親民"的表演；所以在衝突進入白熱化時，必須保存實力，避免決一死戰的所謂豪邁氣概；要善於分析和利用本州的政治，司法和民情資源將武裝對抗轉爲司法和輿論博弈是正確的。另外，愛德華州不同於加利福尼亞州或威斯康星州，因爲當地的民間團體很多而且大多數對政府持不信任態度，這一點在博弈擴散到外圍時尤爲重要，這也是最後選擇走司法途徑的根本依據。其他州的具體民情，政治資源和司法程序應該做出符合客觀實際的判斷，繼而相機行事，萬不可機械爲之。

二、要充分認識到個人或民間小規模組織在於聯邦政府的對抗中能夠取勝是極小概率事件，這是權力和資源本身決定的，是憤怒情緒或拼命意志難以改變的。所以，在不同的博弈階段，要給聯邦政府"下台階"，要把爭取局部的主動和階段性的勝利作爲博弈的重要策略。絕不可想像大獲全勝。

三、要搜集並保存眞憑實據，要關注細節，用對方難以抵賴的事實爭取輿論支持，而不是空喊情緒化的口號。不能指望大媒體"伸張正義"，因為所有大媒體都是官僚機構，運營和利益分配極其複雜；要善於用小媒體帶動大媒體，最終達到轟動效應。如此才能化被動為主動。

四、要指控政府機構的越權和非法行為，而不是抓住個別政府官員窮追猛打；要把攻擊的焦點放在這些政府機構的官僚、僵化、非人性化的執法方式上，在道德和法理上駁倒他們的藉口，促使這些機構的內部成分矛盾分化（對於政府內部的正直官員必須寫信或通電話致謝，如果征得其同意，可在媒體公布），讓他們在內部自己找替罪羊。以此增加己方的博弈力度以及勝算的可能性。

五、在索賠問題上，要秉持"取法其上"的原則。提出的數額是期望值，可以提出最高的賠付，上不封頂，但這只是宣傳的手段；一旦進入和解時程序就要回到現實層面，要有具體先例可比。所謂"不達目的絕不收兵"是極其愚蠢的行為。

也許這就是"盧碧山事件"教給我們的一點取勝之道，反抗聯邦政府越權濫法的博弈是整個社會面臨的共同問題，也是千年以來個人自由和社會管理之間的平衡問題。

15. 三個影子

　　世間萬物都有影子，這是大自然自證存在的方法之一。任何物品在一定光源下都有影子，只是大小，形狀或色度不同；脫離實物的認知層面依然如此，就是我們常說的"印象"；卽某件事或某人在我們心裡留下的影子；比如我們讀過一本書，雖然書不在手邊，但書中的道理或情節我們可以脫口而出；這就足以證明那本書或人的存在。總之，影子不是事物的主體，但可以證明主體的存在；雖然不是主體，卻可以用來解讀主體，而且不同的"光源"（本文中指代認知工具）所產生的影子千奇百怪，也就可以有選擇性地加以應用，把主題的不同層面經過主觀處理之後呈現給看不見影子的人。

　　回到今天的現實世界，有必要提前做個說明：所謂"影子"政治可以說是古已有之，從東方到西方。孟嘗君的門客，朱棣的黑衣宰相，現代西方的智庫，遊說組織，都可以說是種種的影子。任何人或組織都不可能孤立地存在，常說的"形影不離"就是說二者實爲一體，不可分開。有人說"你應該擺脫什麼什麼影響""應該從什麼什麼陰影裡走出來"，但實際上，當你擺脫了一種影響，你必然開始受另外一種影響；當你從一個陰影走出去後，你就會進入另外一個陰影。剛才說服你"擺脫"和"走出"的就是新的"陰影"。這就是自然律，是所有生命體的一部分。至於"影子"的影響是正還是負，是大還是小？那就要看主體自身的陽光程度多少。自身光明正氣，影子的影響就小，但影子始終還是存在；這就是爲什麼君子也會有小人之心，偉人也會有齷齪之舉。一切無非是人性使然，萬物相生相制之理。

觀察美國政治生態重要參照之一就是各種影子，所以人們常常使用"影子政府""影子內閣"或"影子銀行"來試圖解讀表層現象與理念中相互矛盾的政治事件。當然，這不僅專用於美國政治，而且涵蓋所有政治團體；這是政治活動本身七分暗三分明的特質所決定的。在漫長的西方文明演進過程中，主要集中在十八到十九世紀，各個階層爲了維護自身利益，在各種反復的博弈過程中形成了無數的社會團體，多數早已消失，少數存留下來。一個團體的存亡之根本取決於其成員的質量：對本階層的信念，自身的學養及活動能量，榮譽感和忠誠度，勇氣和自我犧牲及奉獻精神。至今尚存的團體組織都有兩個共同的特征：一是有明確的宗旨，儀式，規矩和入會條件；二是有價值輸出，不僅僅是自己價值觀的具體產品（如宣傳印刷品，影視作品或哲史論述），更重要的是這類團體向外輸出有能力者親自進入學界，商界和政界。有些歷史悠久的民間組織，因爲他們的精英遍佈各個領域，產生巨大影響，所以被冠以"影子"統稱。當今影響美國政治的"影子"很多（只需看看院外遊說活動的規模即可），下面舉三個例子，從"影子"的自身構成及能力窺探一下美國政治的另一面，或許能幫我們更深一點理解"代議民主共和制"。

第一個是 "共濟會"
（ "石瓦匠兄弟會" The Freemasonry）

該組織的源頭可以追溯到十四世紀末，卽文藝復興時期。文藝復興是西方文明從 "靈魂到肉體" 的一次深刻變革，她不僅改變了歐洲的歷史進程，也漸次階梯式地影響了整個人類從宗教到物質產品及日常生活的各個方面；一個很有代表性的例子是建築行業。這個時期之前的建築是拜占庭的帆拱技術以及哥特式的錘線建築，兩者大量使用石料和磚塊作爲基本建築材料；而文藝復興時期的建築，在依然使用石料磚塊的基礎上，代表歐洲人文精神的設計開始極力運用幾何圖形：正方形，長方形，三角形，多邊形，圓形，柱形和球形；這些幾何圖形有時是單獨使用，如舊式教堂改造；更多的時候是多種圖形的疊加綜合應用，突出彰顯對科學和人文精神的追崇。這一點在他們的 "會標" 裡有明確的印證，圓規和三角尺是建築工匠從設計到實際作業的指南，自然是會標的主要內容，中間有個醒目的字母G，代表的是幾何學（Geometry）。不少後人解釋爲 "上帝" （GOD）之首字母，對此， "共濟會" 的人歷來不置可否，因爲沒必要摻雜宗教元素引起耗時而無謂的爭論，他們啟始的本質就是明確的 "石匠協會" ，而不是一個宗教組織。關於該組織的本質定義，看一下他們的宗旨和儀式就基本明白了。

首先，她是個開放的組織，入會要求並非外部認爲的像其他神祕組織那樣履行繁文縟節的手續，只要是18歲以上，不分性別（上個世紀初之前只接受男性申請），遵守自然律，信仰某種超然力量，服從指令，遵守契約，自食其力，不懷有個人牟利動機，經兩位成員介紹即可加入。

圖片製作：則席 @2022

　　該組織之所以採用"石瓦匠兄弟會"的名字，取的是石頭的"堅固、厚重、可靠"之意；他們的儀式由各個獨立的分支機構執行，大體上是延續了五百多年的基本內容，由一位主持帶領，每個參加的人都扮演一個角色，從讀會章文本到誦唱行業曲調，依次進行。這個儀式的過程中有個在外界廣爲流傳的"神祕握手儀式"；其實他們之間的握手方式並不神祕。早年在蘇格蘭找活兒幹的石匠們見面要依據自身的等級（類似工廠裡的六級電工，七級車工或三級油漆工），學徒，師傅和師宗以不同的姿勢握手，表明自己的身價；對方根據來人的水平介紹工作給他。握手的不同姿勢既有尊重，請求幫忙之意，同時也包含了很濃厚的兄弟般友情的表達。

幾個世紀以來，這些心靈手巧的設計師、石匠和泥瓦匠建造了許多豪華氣派的教堂、宮殿和會所。他們常常在自己成就的輝煌建築裡舉行儀式，即是顯示自己的才華，紀念自己的勞動成果，也是向外界展現團結，合作的力量。他們極力要凸顯的是集體的智慧和力量，他們真正理解：任何一個工程都不可能是任何個人單獨能夠完成的。進入互聯網時代後，人們可以在網上搜索出許多"共濟會"舉辦各種活動時留下的照片，記錄了幾個世紀以來他們的足跡。在這類活動上，他們個個衣著整齊，根據每個人的專業水平、個人能力，入會前後分別列隊，等級明確，由德高望重的會主領著大家按照會章完成活動內容。許多內容在今天看來都蒙上了一層神祕色彩，其實只是時代久遠而已，今天的局外人看不懂罷了。

　　受其悠久歷史和開放原則的吸引，"共濟會"在全球共有六百多萬會員；如果要衡量他們對所在國的政治影響力，不妨看看他們中的精英人物都有誰。

　　美國《獨立宣言》的簽字人共九位，其中八位是"共濟會"成員；白宮的設計者，詹姆斯・胡斑（James Hoban）；法國自由派思想家伏爾泰；美國獨立的功臣富蘭克林；英國首相丘吉爾；著名小說家馬克・吐溫；老牌影星約翰・維恩（John Wayne）；魔術師胡迪尼；黑人領袖傑西・傑克遜（Jesse Jackson）；美國歷任總統：喬治・華盛頓；詹姆斯・門羅；安德魯・傑克遜；詹姆斯・波爾克；詹姆斯・布肯南；安德魯・約翰遜；詹姆斯・咖菲爾德；威廉・麥金來；西奧多・羅斯福；威廉・

塔夫特；沃倫‧哈丁；富蘭克林‧羅斯福；亨利。杜魯門；林登‧約翰遜；傑拉爾德‧福特，共十五位。最高法院的九名終身制大法官中有五位是"共濟會"的資深會員。這個團體的能量幾何？各位僅從這個名單就應該能感受一二。

如果說僅從以上的名單還不能推斷這個組織的政治影響力度和社會活動能量，我們不妨再補充兩點：其一，在如何看待以"影子"統稱的自發社會組織時，首先要摘掉可能存在的有色眼鏡，個案審視每一個團體，絕不可非黑即白式的一刀切。所有社會組織的精英人士都不可避免的參與社會活動，為了自身（或組織）的利益也自然會參與政治活動，並利用自身及其組織的優勢或資源影響所在國的政治運行。至於其作用和影響是積極的還是消極的，那要看他們推行的政策和執行的真誠度及實際效果。其二，人為什麼要參加某個社會組織？除了人的自然社會屬性外，人的本性裡還有強烈的歸屬感，這是一般大眾獲取安全感和認可度的重要來源之一；有理想、有抱負或者叫有野心的人必然要加入一個社會團體，從而可以藉助集體（群眾基礎）力量登上政治舞台，施展其政治理想。所謂政治舞台，就是華夏幾千年的"仕途"，或者叫做官謀政。

第二個是"貝爾德博格"
（The Bilderbergers）

在西方世界名目繁多的"影子"社會組織中，普遍

認為"貝爾德博格"是最隱祕,也是能量超群的一個。之所以被認為隱祕是因為該組織不對外,門票只發給事先被認可的各階層有影響力的人,也就是精英人士;之所以人們認為其能量巨大,是因為每年到會的200人左右都是來自歐美的政治、經濟、文化、外交、金融、工農業、化學製藥及軍工業等等領域的精兵強將。該組織的第一次年會是1954年在荷蘭的貝爾德博格酒店舉行的,並因此而得名;之後,每年的年會都在不同的歐洲或北美某個城市舉辦。

"貝爾德博格"對外的說法是,"非正式的意見交流",就是一般說的"碰頭會"或者叫"會友侃大山聚會"。但奇怪的是每次他們聚會,主流媒體幾乎是集體沉默,很少報導該組織的活動內容或相關的新聞。這一點之所以反常,因為平時有任何可以吸引觀眾的新聞都會被媒體挖出來賣力地炒作一番,比如,皇家的婚禮或醜聞,官員腐敗被迫辭職,製藥公司汙染了環境,某個大使又說錯了話,總之,什麼都報,就是很少報那些"主宰"世界的大佬們在"貝爾德博格"聚會時都談些什麼。久而久之,該組織被默認為極具影響力卻被層層面紗遮掩的"影子"團體。

那麼,這個組織到底有多大能量?

歐美的普通民眾裡有許多人相信"貝爾德博格"的超級能人群體是設計並祕密推行世界政府的"影子政府"。他們控制著歐美各國的中央銀行,他們掌控各類跨國公司,他們控制著世界的經濟命脈,他們是各大股市的實際莊家；還有更多人相信"貝爾德博格"的影響力早已滲透到了各國的軍方和情報系統，所以他們有能力左右證據，操控選舉，以致發動戰爭。雖然他們的年會並不對外公布，但只要消息走漏，就會有當地民眾示威抗議；過去三十年，從斯德哥爾摩和維也納到亞特蘭大和洛杉磯，抗議的民眾都是一個口號：停止操控金融，停止"世界政府"。

人性就是如此，越是捂著蓋著，人們就越是好奇，就越是要搞明白，這就是人性中追求光明和真相的基因。民眾的好奇和探索到底有沒有道理，有沒有價值？這就產生了兩個最根本的問題。一是"貝爾德博格"的主人們到底有多大能量？二是他們是否在暗地裡推行世界政府（全球一體化，世界大同，命運共同體，以致共產主義）？

第一個問題的答案可以在與會者的名單中找到一部分，美國前總統比爾·克林頓；德國總理默克爾；美國前國務卿亨利·基辛格；美國現任參議員林瑟·格蘭姆（來自南卡羅萊納州）；美國前國務卿蓬佩奧以及另一位美國前國務卿賴斯女士；美國前總統川普的女婿庫什納（Kushner）；銀行家詹姆斯·沃爾博格（James Warburg）；美國前國務卿斯多比·泰伯特（Strobe Talbot）；國際精英之首大衛·洛克菲勒；美國前商務部長威爾伯·諾斯（Wilbur Ross）；美國前國家安全顧問麥克馬斯塔爾（H.R. McMaster）；美國民主黨新星斯得西·艾伯瑞姆（Stacey Abrams）等等，長長的名單，厚重的實力。他們行蹤不定，交談保密，雖然外界對他們的活動知之甚少，對他們在各個領域的實際影響力時有爭議，但有一點沒有爭議：他們不容忽視。唯一必須強調的是，歷來只關注歐美事務的"貝爾德博格"會議在2017年爆出冷門新聞：中國駐美大使崔天凱參加了當年的"貝爾德博格"年會！或許習近平所講的"人類命運共同體"是有實力支撐，而非一時的激揚文字。

關於第二個問題，他們是不是在暗地裡極力推進"世界大同"或者叫"人類命運共同體"，答案是現成的，只要聽聽他們在公開場合的言論即可。

美國參議院外交委員會曾經在1950年2月17日舉行聽證會，就美國的外交政策進行廣泛咨詢；建制派忠實的錢袋子，銀行家詹姆斯·沃爾博格（James Warburg，美聯儲的主管之一，羅斯福的經濟顧問）在該聽證會上發言時直截了當地說，"不論願意不願意，我們都將建立一個世界政府；唯一的問題是實現這個目標是通過自願方式還是採取強迫手段"（此處說的"強迫手段"絕不是口頭威脅，而是有實際動手的能力。最近兩年多來，許多政府利用某種來源明顯的"病毒"實行各種強制政策以及對民眾實施的野蠻手段依然歷歷在目，這些不久前發生的事件應該能給沃爾伯格先生發出的威脅做個很好的詳解）。

1992年9月29日，溫斯頓·洛德（Winston Lord，前"外交委員會"主席，也是陪同尼克松訪華的高級幕僚），在洛杉磯的"北美自貿會議"上說，"從某種程度而言，我們要放棄一些主權，這一點在國內會有爭議；在"北美自貿協定"的框架下，有些美國人會受到傷害，許多低工資工作會流失"（此處明確了"放棄一些主權"及其部分後果，但並沒講放棄主權會換來什麼。近三十年美國的"放棄"實踐換來的是自由空間的萎縮，民權的下滑和整個國民精神的萎靡）。

1993年，比爾‧克林頓早年在牛津讀書時的室友，時任國務卿的斯多比‧泰伯特（Strobe Talbot）在接受"諾曼兄弟國際管理獎"（Norman Cousins Global Governance Award）時說，"下個世紀國家將不復存在了，所有國家都服從一個全球權威，各國都會認識到，所謂的國家主權根本就無足輕重"。克林頓總統在賀詞中表彰了他爲推行世界政府做出的貢獻（此處所說的"國家不復存在"和"全球權威"就是明明白白的共產主義。這一點在馬克思和列寧的書中屢見不鮮）。

1999年，"自由派"新聞偶像沃爾特‧科隆踢特（Walter Cronkite）獲得"諾曼兄弟國際管理獎"，他在獲獎感言中坦率的說，"對於我們中間的許多人而言，爲了避免災難性的國際衝突，就必須加強聯合國的功能作爲邁向世界政府的第一步，可以按照我們已有的三權分立和警察制度來執法並維和。當然，這麼做就要求我們美國人放棄部分主權，這是個苦果，需要勇氣和對新世界秩序的信念才能吞下去。派特‧羅伯特森（Pat Robertson）幾年前在他的書中說過，是要建立一個世界政府，但是在彌賽亞到來之前這麼做就是撒旦的惡行。那好，我現在就請各位和我一起坐在撒旦的右手邊"（這個獲獎感言實實在在是坦誠的沃爾特‧科隆踢特誠懇的告訴世人，"世界政府”是個苦果，但美國人要以信念和勇氣吞下它；明知這是反人類的惡行，但他坦率地宣布：“我們站在撒旦一邊”。就是如此簡單明了，無所畏懼）。

“貝爾德博格”的創始人之一，前英國首相丹尼斯·希利（Denis Healey）在2001年的演講中說，“如果說我們要建立一個世界政府可能有點誇張，但也基本屬實”。

應該明確的是，上述這些在正式場合的公開言論跨越了七十年的時空，如果說現在到了“最危險的時刻”是有充分依據的。把下面這段來自洛克菲勒的話總和起來理解，每一個人都實際面臨著是否甘願做奴隸的抉擇。

在展望世界政府的前景時，最有力度的表述來自大衛·洛克菲勒。1973年尼克松訪華之後，洛克菲勒說，“在毛主席領導下進行的社會實踐是人類歷史上最重要，最成功的”（*New York Times,* August 10, 1973）。1991年的“貝爾德博格”年會在德國召開，洛克菲勒在會上說，“我們必須感謝《華盛頓郵報》《紐約時報》《時代周刊》等等偉大的刊物，過去四十年來，他們的主編都參加了我們的會議而且恪守了把控新聞方向的諾言。這些年來，如果一切都暴露在光天化日之下，我們的計劃就不可能得以實施。今天的世界已經變得更加複雜精細，已經為走向世界政府做好了準備”。洛克菲勒最直白的表述是他在2002年的回憶錄中寫道，“因為我們掌控著美國的政治和經濟機器，有些人相信我們有個祕密的政治組織，是“國際主義者”，是反對美國利益的，而且和其他國家的同行在建設一個全球政治架構：世界政府；如果這是對我的指控，那麼我完全承認，而且以此為榮”。這才是真實的大衛·洛克菲勒先生。

第三個是 “波西米亞俱樂部”
（Bohemian Grove）

與前兩個組織相比，“波西米亞俱樂部”的神祕色彩最低，當然也不是誰想加入就能夠加入。該組織是真正意義上的自發民間組織，1872年幾個藝術家、報刊雜誌的編輯和記者，以波西米亞人生活方式自居，聚在一起談藝術，搞創作。幾年後，他們的藝術產生了影響力，開始吸引了一批藝術圈子以外的商人、軍人和政客。每年的六，七月份，這些人在舊金山以北七十英里的“波西米亞樹林”（Bohemian Grove）租賃一個營地舉辦活動。早年的成員們留下的記錄裡說，“這是真正的人間仙境，只要你一踏入這個幽靜的林間，你就會立刻被她的美妙浸潤”。這裡叢林茂密，曲徑通幽，小橋流水，是避暑和親近自然的世外桃源。

她的會標：一隻雙翅半開，眼神警覺，站立的貓頭鷹。

有的會員讚歎這個世外桃源，議論著是否能買下來這塊地方；俱樂部裡不缺荷包鼓鼓的商人，一經提議，大家就如願以償地成了這塊土地的主人。從此這個俱樂部就逐漸成長起來，他們給自己選的會志銘是莎翁《仲夏夜之夢》的名句：“編網的蜘蛛請不要來”（Weaving

Spiders, come not here）。意思是，既然到世外桃源來，就請忘掉世上的憂愁煩惱。只要開車幾十里地就能擺脫喧囂的舊金山，來到這塊撫慰心身的仙境，自然就成了上層名流，腰纏萬貫的金主們趨之若鶩的去處。她的會員逐年增加，影響也開始為外界感知。

為了保護他們這塊"聖地"的天然狀態不受破壞，每當周邊的地主要動土木搞開發，該組織就緊急開會，出錢出力把別人的地買下來；久而久之，"波西米亞俱樂部"的領地越來越大，如今已經達到了2700英畝的規模。隨著領地的擴大，其影響力也逐年看漲，一些位高權重的政客做了"波西米亞"人；其中最引人注目的有前總統西奧多·羅斯福、尼克松、雷根、老布什、前聯邦調查局局長胡佛，僅此一項即可見這個民間俱樂部的政治能量。世界各地的名流政客都想加入，已經正式提交申請的人都在耐心等候審核，排期已經超過十年。申請條件並不複雜繁瑣，只需要兩個會員擔保其人品並陳述該申請人為什麼會成為一個"合格"的"波西米亞"人。對具有特殊才能的人可以例外，經過實際表現可以特批入會。和絕大多數隱祕社團一樣，"波西米亞俱樂部"也不接受女性申請入會，但是這條上百年的"清規戒律"在上個世紀美國掀起的以反戰為主旋律社會運動的衝擊下不得不在1978年做出讓步，會員可以邀請女性朋友或攜帶自己女性親屬參加活動，但所有女性必須在晚上九點離開。

由於"波西米亞俱樂部"的政治影響力被一層神祕薄紗遮掩，民眾出於好奇而產生了許多關於該組織內部活動的不同版本。他們的會標是個貓頭鷹，兩邊刻著莎士比亞《仲夏夜之夢》的名句（"編網的蜘蛛不要來"）和創始年代1872。更有細心的人在一美元的右上角找到了貓頭鷹的圖案，並以此推論出"美聯儲"在創立伊始就有"波西米亞俱樂部"成員參與其中，他們的影響力不僅僅在政治和社會範疇，而是根植於金融命脈系統。

每年夏天俱樂部聚會的一個重要環節是舉辦大型宴會，但入場券從不對外。宴會不僅排場豐盛，而且有點奢靡，僅宴會用酒一項就廣為流傳。他們要品嘗200到300種不同的紅白葡萄酒，從中選出他們認為最佳的十到二十個種類並推薦給會員和上層社會享用。被推薦的產品自然身價倍增而且銷路大開，普通百姓如果能在親朋好友的聚會上開一瓶"波西米亞人喝的酒"，也會很有面子，有點即將躋身上流社會的感覺了。

從早年參加過盛宴的人留下的照片中可以一窺其年會的壯觀場面。會員們酒足飯飽後要在巨大的貓頭鷹下面舉行一系列儀式，比如將一個形狀如少年的孩子象徵物捆在木板上，火化作為祭祀品。外界有傳聞說他們用活人做祭品，但是沒有確鑿證據，一種比較可信的解釋是把一個純潔少年的形象物作為祭品可以使該組織更純潔，從而獲得更強大的藝術靈感，為他們的想像和創造力提供源源不斷的精神引領。這裡要補充一句：藝術家們的想像是豐富的，是無限的，也可以說常常是脫離實際的，是病態的。這是為什麼古訓有言：太平盛世的大忌有二：一是庸醫司性命，二是俗子議文章。如果這兩樣頻繁出現，那就是盛世的末期。所以，還有一句俗語：亂世英雄起四方。天下動蕩，人心思變，自然會加快雄心和野心的跳動；因此，這裡要對“波西米亞人”用祭品做手段來達到提升想像力和創造力的目的，說直白點，就是“詩情畫意報國長”。一切藝術領域的“美妙想像”用在現實政治領域就是破壞性的，災難性的，更可能是毀滅性的。

祭祀儀式還包括將某個人的替代物，如穿衣服的草人實施公開的絞刑。這個環節必須在夜裡進行，目的是將世俗的污濁和罪惡在夜神的見證下斬斷，從而使會員們不再爲自己心靈中的不潔和罪惡感到壓迫，目的是最終能夠從桎梏中解脫出來，用純潔自然和良知勇氣的心態從事社會和藝術活動。所有祭祀活動的眞正含義他們從不公開解釋，只在私密空間交流。外界都是根據會員們的隻言片語拼湊起來，多方推論而得出一些不全面的解讀。

經常參加“波西米亞俱樂部”聚會的有大衆熟知的各行各業的顯赫人物，比如美國前總統福特、卡特、老布什和小布什、克林頓、前美聯儲主席格林斯潘、前副總統迪科奇儞、議長金戈裡奇、英國前首相托尼·布萊爾、前加州州長施瓦辛格、前國務卿基辛格和考林·鮑維、金融大亨大衛·洛克菲勒，多位搖滾明星，文壇的馬克·吐溫、傑克·倫敦，艷星紫德·賽威紫、影星湯姆·克魯斯、棒球明星馬克·麥克格瑞等等。

這些活動留下的記錄不多，卻影響極大，比如廣爲流傳的雷根和尼克松兩位總統共聚“波西米亞俱樂部”的晚宴和儀式，包括“焚燒人形祭品”和“絞殺俗人罪惡”等環節。還有一張照片引起熱議，前中國國家主席江澤民訪美時，應邀參加了"波西米亞人"的聚會，介紹人是基辛格博士。主流媒體從來沒有直接報導過這個重大新聞，但是江澤民離開後，《華爾街日報》發文，認爲江訪美取得了實際的成果，對中國繼續改革開放意義重大。如果聯想一下"波西米亞俱樂部"的重量級會員們，中國可能早就對此類組織了如指掌了。

任何學者或是社會活動家，想要觀察了解美國的政治生態，就必須認眞研究民間社團在美國政治、經濟、文化各個領域的影響。綜上所述，美國名目繁多的社團所提供的啟示和意義可以大致概括爲以下幾點：

一、自由開放的社會是民團產生和成長的土壤。民團的多少和種類的多樣標誌著一個社會的自由程度和其社會制度的包容程度；只有單一組織的社會是病態的，沒有希望的社會；而社團多樣的社會，雖然表面有點混亂，卻是有希望的社會，因爲他們不但自生，還有強大的再生能力。

二、人的社會屬性決定這樣一個基本事實，只要有人類存在，人們就會自然結成不同的組織；組織程度的高或低取決於該組織成員的個體素質和才能，比如某項專長或個人魅力；而該組織的成長和價值取向則取決於核心成員的道德層次和商業才能。

三、一個有政治抱負或野心的人，包括想在商界有所作爲的人，加入一個組織程度高的社團比去一個傳統教會所能得到的資源要大得多；這一點是"文藝復興"和工業革命早已鑄就的歷史，是無法改變的；加之二十一世紀的信息科技，某些類別的社團已經不僅僅是施加影響，甚至在一定程度上可以左右社會政治，經濟和文化趨勢的關鍵因素。

四、政治現實和意識形態圖景的本質區別在社團活動中往往展示得淋漓盡致，因爲社團活動常常是發生在自然或基本自然的狀態下，所有人都會不同程度地表現出"孩子"的一面，如總統們也會互相打鬧，亂開玩笑，甚至一起去紅杉樹下撒尿。在這樣的環境中，最有價值的信息是了解某個政客內心的底線，是掌握他心中最柔弱的部分或其性格缺陷，是發現如何在政治現實中與他合作，相互利用，是反擊和戰勝共同的對手，是決定他是不是最可靠的坐標。

如果說一些思想家白天在書房裡梳理歷史經驗，分析眼下的亂局，夜裡仰視繁星，以其縝密的推論和博識深思的積澱對未來有所警示和預判，那麼，他們的思考能否落在實處的關鍵就是能否有效地融入一個政商兼容的高質社團，而這一點恰恰是追逐高等教育的年輕一代所忽視的要點：最有價值的教育是社會實踐，是基層的歷練，是來自實踐的識人斷事。

上述的三個影子遠遠不是美國政治的全部影子。眞正的影子是無處不在卻又看不見抹不去的那部分，比如，龐大臃腫的聯邦政府機構以及數以百萬計吃皇糧的官員。這些忙忙碌碌，身無長技的“辦事員”眞正的本領是孜孜不倦地編織著無數的人際關係網絡，構建成一座諜影重重的官僚大廈，正是這些無數的小影子匯集成了一個巨大的影子，籠罩著這個曾經光芒萬丈的自由國度。

16. 兩百個問題

　　世人皆知"9/11恐襲事件"改變了人類的歷史軌跡，只要談到美國政治就無法繞過這個節點。任何時候觸碰這個問題，民眾都通常分爲兩派：一派是相信官方的解讀，認爲反對和質疑的都是"陰謀論者"。甭問爲什麼，反正扣個帽子屬於言論自由的範疇，也不用談什麼前後順序、因果關係、邏輯遞進或各類常識了；而另一派壓根兒就對政府保持警惕和懷疑，對代表政府的各類喉舌的矛盾解說發出質問和反駁。這些人來自四面八方的各種行業，他們收集了海量的證據，形成了天量的問題，到處尋找答案，許多關鍵問題至今無解。總之，在這個問題上，不能象對待一個孤立事件那樣簡單判斷對與錯，而是如何解答一系列實質性的問題，進而找到眞相。如此重大事件，如果眞相不能澄清，本身就很說明了問題的嚴重性，而官方故意作梗阻礙甚至不許追究，則可以預示未來的時勢走向。不論你持什麼觀點態度，有一個常識是經過歷史反復驗證的，是顚撲不破的：如果你相信政府，那麼你對歷史一無所知。

　　凡事都有第一次，這話你還別不信。出事前你要是跟別人說，幾個瘋子準備搶民航客機撞大樓了，別人多半會覺得你喝高了。就是今天，你出去喊同樣的話，信你的也沒幾個。原因很簡單：開飛機撞大樓比開汽車撞大樹要複雜百萬倍，而且能把現代建築的高樓撞倒，概率幾乎爲零！但一座鋼筋水泥大樓還眞的就被飛機撞塌了，人類史上第一次，確實是發生了。

世貿雙子樓倒塌之後，美國的小布什政府的應對之策是一急一緩。先是一急，急急忙忙清理現場，乾淨徹底，不留痕跡，用時不到一個月就把現場的物證一掃而空；後是一緩，反復挑人組織"調查委員會"用時14個月，又耗時20個月出了個《9/11調查委員會報告》。結果是《報告》一出，輿論炸窩。世界各國各界的專業人士，平頭百姓，把積累了兩年多的兩百多個問題對照官方的《報告》找答案，居然沒有一個問題能和《報告》給出的結論對得上號！原因十分簡單，一切實質性問題在《報告》裡全部迴避。直面回答任何一個實質性問題都會自然啟動相關法律，相關部門的正義力量就有法律依據開始調查，結果必然是大批犯罪高官要入獄。以下是幾個典型的問題，認真回答之後，"雙子塔"的事就清楚了，更重要的是以後分析美國政治事件時就有了一個可靠的坐標。

1. 從空管記錄得知美航11號班機被劫持到撞擊雙子塔北樓共計26分鐘；從"北美防空指揮部"（NORAD）得知飛機被劫到撞樓期間共計13分鐘，這段時間為什麼沒有任何攔截？從1990年到1994年，"北美防控指揮部"對各類飛越首都上空的違規飛機發出過1998次警告，戰機升空實施攔截和迫降共1518次。用句空軍的行話說，"哪怕是一隻鳥飛到首都上空，都會被嚴密地監視"。那麼美航77號波音客機是如何接近並在五角大樓的西側撞毀的？

2. 北樓被撞30分鐘後，"CBS新聞"報導，本拉登是主要犯罪嫌疑人；幾分鐘後"有線新聞網CNN"報導"可以確定"是本拉登襲擊了美國；"國家廣播公司NBC"播音員安綴·米歇爾（Andrea Mitchell，美聯儲主席格林斯潘的太太）報導"本拉登很可能參與了襲擊"。事情剛剛發生，還沒收集證據之前，這些媒體為什麼會統一口徑指向本拉登？

3. "雙子塔"的南北樓被撞時間的間隔是30分鐘，為什麼被後撞的南樓卻先於北樓坍塌了？同樣的設計，同樣的材料，同年的建築，同樣的事故，怎麼會後來者居上？

4. "雙子樓"撞擊發生在75到80層的高處，為什麼巨大的地下鋼鐵結構會以粉末狀方式脆斷？鋼鐵融化溫度是1535攝氏度，而"雙子塔"高層的火中溫度只有900多攝氏度。這是人類歷史上第一次高層鋼鐵大樓因起火而自行坍塌，建築史上前所未聞，今後也不會再有類似的事件發生。《火力工程》雜誌的比爾·曼寧說，"從來沒有鋼鐵大樓因為起火而坍塌的。"1991年費城的"永環大廈"（Meridian Plaza）燒了十九個小時，主體完好無損；2005年馬德里的"文德索爾大樓"燒了兩天兩夜，結構強度遠低於"雙子塔"，但主體結構同樣完好無損；2012年在建中的"莫斯科聯邦大樓"燒了近十個小時，不但沒倒，直升機還把火撲滅了。爲什麼"雙子塔"被撞擊後不到一小時就以自由落體方式坍塌？

5. 小布什總統當天的活動是給"艾瑪布克爾"小學的孩子們講故事，上課前在走廊裡小坐休息。故事講到一半時，助手附耳告知"雙子樓"被炸了，但總統先生鎮定異常，又講了26分鐘才去學校圖書館發表了講話。12月4日，在萬目注視的"有線新聞網"CNN的電視節目中，小布什總統說，"進教室前我在走廊裡看到電視畫面，我就覺得'那個飛行員太差了'，因爲我有過飛行的經歷。"事實是當時根本沒有直播！問題是：布什爲什麼會說這樣明顯的謊話？

6. 主流媒体的大電視台反復報導，劫機者使用的"武器"是開紙箱小刀和塑料刀子。這類"武器"可以治服機上的幾百名乘客？機上的退役老兵和健壯的男子都像羔羊一樣的順從？

7. 出事前幾周，在"雙子樓"和七號樓上班族中的許多人就經常抱怨電鑽的噪音太大，影響工作。出事前三週48樓以上的各公司接到停電通知：9/8號和9/9週末期間將停電36小時，安裝通訊線路。因爲停電，所有的監控鏡頭不工作，所以最後那個週末大樓內外發生的一切全無記錄。這是巧合？

8. 出事當天在現場的救火員，樓內低層的職員還有保安人員在接受現場探訪時都不約而同的說他

們聽到多起巨大的爆炸聲，歷史悠久的"英國國家廣播公司BBC"的大牌主播史蒂夫・埃文斯（Steve Evans）和"哥倫比亞廣播公司CBS"的台柱丹・拉舍爾（Dan Rather）都在其節目中做了報導，"大樓倒塌的樣式就像是刻意安裝了炸藥摧毀的。"這些內容都記錄在案，但後來不許再提，為什麼？

9. "9/11調查委員會"的聽證會只允許政府認可的證人作證，其他懷揣照片、物證、宣誓證詞的人們一律不予採信。為什麼？

10. 某些人提前得到危險通知：9月11日不要上班或旅行。比如，舊金山市長威利・布朗（Willie Brown）在劫機發生的八小時之前被告知"小心空中旅行"；第二天的《舊金山紀實報》援引了布朗的原話，"是我布置在機場的安保人員告訴我的"（*San Francisco Chronicle,* September 12, 2001）。媒體沿著這條線索繼續深挖後，"太平洋廣播電台（*Pacifica Radio,* May 17, 2002）"證實了所謂的"機場安保"就是當時的國務卿賴斯女士通知了布朗市長。同類事情俯拾皆是，主流媒體的品牌《新聞周刊》（"NEWSWEEK，September 10, 2001"）在出事的前一天刊文，"出於安全考慮，五角大樓的一批高官取消了明天開會的旅行"；"哥倫比亞廣播公司CBS"在出事前一個多月報導，"根據司法部的'危險評估'總檢察長從7月開始停止乘坐民航客機（*CBS NEWS*，July 26, 2001）"；《華盛頓郵報》披露"頂級反恐專家理查德·克拉克在7月5日的會議上說，'此地不久將出大事'"；英國作家薩爾蒙·盧思岱（Salman Rushdie）在"英國泰晤士報"發文說，"出事前一周，美國官員告誡他不要乘坐民航班機"（*The [London] Times,* September 27, 2001）。一群商界大佬原定9月11日在世貿大樓開會，臨時取消，改爲和巴菲特見面（《舊金山商務時報》，*San Francisco Business Times,* February 1, 2002）；布什總統的表弟吉姆·皮爾斯（Jim Pierce）原定好在"雙子塔"的南樓105層開會，會場臨時改爲"世紀酒店"（Millennium Hotel）（*Ananova,* September 18, 2001）。難道這一切全部是巧合？

11. 法律明文規定，"破壞犯罪現場屬違法行爲"，但事發後一家來歷不明的公司動用重型機械快速清理現場。紐約市議員舍伍德·柏樂特（Sherwood Boehlert）痛苦地說：整個調查都被"密謀籠罩，太多有價值的證據都無可挽回地消失了"，但令人費解的是，紐約市長朱利安尼（Rudy Giuliani，後來川普總統的律師）發了一道行政命令：不許在現場拍照！是不是很費解？

12. 如果從最終獲利者這個歷經考驗的角度推理的

話，萊瑞・斯沃爾斯坦（Larry Silverstein）是眾所周知當之無愧的勝利者。《福布斯》報導，他從保險索賠中獲得七十億美元賠償，淨利潤四十六億美元（*Forbes,* December 6, 2004）。依據這位富商和"雙子樓"簽訂的合約，他必須按照環保法，更換"雙子樓"內所有含石棉的材料，在沒有意外的情況下，他會損失約100億美元。出事後，他成功"扭虧為盈"，這是不是有點滑稽？

13. 許多人認為，理解9/11"恐襲"的關鍵是七號樓。該樓沒被任何飛行物撞擊，只是樓內失火的情況下，整個大樓迅速地象"雙子樓"一樣以自由落體形式坍塌。這該作何解釋呢？

14. 現場有不少業餘攝影者拍攝了許多片段，留下珍貴記錄，其中有一段是"雙子樓"高層的一些職員因絕望而跳樓，場面極其慘烈，驚魂攝魄。但事後的技術分析發現，跳樓的人下落過程中距離大樓50多英呎。這在力學和運動學裡根本不可能，看過奧運會跳遠比賽的人都懂這點。那麼如何解釋這種反科學的現象呢？

15. 關於77號航班撞擊五角大樓的報導，最早的是主流"有線新聞網"CNN的主播詹玫・麥克因特（Jamie McIntyre）於當天下午發出的報導，"從近鏡頭來看，沒有任何飛機撞擊五角大樓"；他接著解說道，"沒發現任何波音757飛機的部件，翅膀或者油箱等"（*CNN,* September 11, 2001）；國防部旁邊的 "雙樹酒店"（Doubletree Hotel）和 "西高" 加油站（Citgo Gas Station）的監控鏡頭記錄了案發現場，但聯邦調查局FBI迅速把全部錄像沒收。迫於《信息自由法》的壓力，聯邦調查局FBI最後極不情願地公布了他們沒收的錄像，但是兩個錄像都缺失了撞擊的那一刻，保留的是一個大火球，造成一個直徑60尺的窟窿。稍具常識的人不禁要問：125尺寬，155尺長的波音客機是怎麼衝進只有60尺的窟窿的？

16. 2006年國防部解密了一段視頻，當時的國防部長唐納德·羅姆斯菲爾德（Donald Rumsfeld）在片中說，"五角大樓被導彈擊中了"，視頻的下邊顯示的日期：2001. 09. 12（September 12, 2001）。為什麼自爆家醜？

17. 官方說是通過DNA技術才從實體堆中鑑定了劫機者身分的。但是問題來了：撞擊後火焰產生的高溫達一千攝氏度左右，而DNA只需其一半的熱量就徹底毀滅了。政府所用的DNA來自何方？

18. "雙子樓" 坍塌後，濃煙滾滾，廢墟附近溫度炙人，飛機上的一切都化爲灰燼。但是奇蹟出現了，一位恐怖分子的護照在廢墟的邊上被聯邦探員發現了，而且完好無損！這本護照被當做 "鐵證" 來證實 "恐襲" 是來自中東的恐怖分子所爲。在一片灰燼中，這本嶄新的護照從何而來？

19. 主流媒體大肆渲染的一個煽情故事是兩位從不分離的摯友露絲・麥考特和派格・海克爾（Ruth McCourt and Paige Hackel）在9/11這天乘機時被告知，座位無法安排，只能搭乘不同班機。但是，出事的四架飛機總載客量爲762座，實際載客爲229人，空座率是近70%。爲什麼寧願空那麼多座位而不許他們同飛呢？

20. 航空公司設立了"9/11遇難賠償基金"（9/11 Victims Compensation Fund），申請領取賠償的只有十一人！幾個航空公司在這次災難中的遇難總人數是266人。難道只有十一人對賠償金有需求？其餘的255人都不感興趣？還是另有原因？

21. 最荒謬的是政府公布了三千多個死去的無辜者的照片，其中許多都是模糊不清的黑白照。難道他們的家屬找不到一張清楚的照片來紀念逝去的親人？在"社安死亡索引"（Social Security Death Index）中只能核實四分之一的死者。這兩者之間有關係嗎？

22. 一位叫塔利亞・赫德的人聲稱9/11那天她是從南樓的78層逃生的，後來成了"世貿中心生還者聯盟"的主席（World Trade Center Survivors Network），自此算是大大的出了風頭，還得到當時紐約市長朱利安尼的著名一吻。六年後，《紐約時報》在頭版揭露了她的騙局（*NEW*

YORK TIMES, 2007），她的真名是安麗霞‧愛思迪福‧赫德（Alicia Esteve Head），出自西班牙的極富豪門，2003年之前從未去過美國。謊言被戳穿後，她保持沉默直到2010年，她再次出現時是在紐約紀念遇難者集會上，這次她的名字叫愛思特爾‧迪納爾多（Ester DiNardo），身分是一位遇難者的母親。如此低智商的表演目的何在？是否真有恐襲當天從78層逃生的人？

23. 官方報告多次講述的故事有一則是這樣的：部分遇難者從空中用手機給地面的家人打電話告別，但當時的通訊技術能達到的手機信號高度是8000尺，而飛機的飛行高度在31000尺，這一點可以用美國航空協會於2004年的發布會來核實，"新的通訊技術可望在未來的某一天為乘客提供用私人手機和地面通話的便利，大約在2006年可以實現"。那麼當年那些"高空來電"作何解釋？信號來自何處？沒有信號的"高空手機"居然撥通了地面的座機，而且還有最後的留言（遺言），是不是科幻成分太多了點兒？還是為政府編故事的人編過了頭？

24. 按照官方報告，被劫持的第四架飛機是美聯航93號航班。今沒有調查報告？為什麼《9/11空難報告》對此事隻字不提？

25. 除了慘案當天死亡的三千多人（早期數字是六千多人）外，9/11"恐襲"更令人震驚的是"死而復生”幾個“恐怖分子”。慘案發生五天後，《華盛頓郵報》刊文質疑恐襲分子的身分，“十九個恐襲分子中有兩人與登記在佛州外國軍人訓練地的人同名同姓；另有兩人用相似的名字卻使用訓練地的同一個地址；另有一個人畢業於安托尼奧空軍基地的國防部語言學院；還有兩個同名的人畢業於麥克斯維爾空軍基地的美國國際軍官學校”（*Washington Post,* September 16, 2001）。當時的聯邦調查局FBI局長羅伯特·穆勒（Robert Mueller）在CNN節目中證實，“沒有合法的證據能證明那些自殺式恐襲分子的身分”（*CNN,* September 20, 2001）。“英國廣播公司BBC”發了篇題目為“劫機嫌犯活得很好”的文章，文中寫道，“倫敦的一家阿拉伯日報‘*Asharg Al Awsat*’採訪了美國FBI公布的恐襲分子Saeed Alghamdi，Khalid Al Midhar，兩人都活著，還有一個‘襲擊紐約和華盛頓的恐襲分子也沒死’”（Hijack 'Suspects' Alive and Well, *BBC,* September 23, 2001）。《波士頓環球》報導，“Ziad Jarrah曾經（1995-1996）在紐約的布魯克林租住過公寓，房東指認了他的照片，但其家人說恐襲那天他在貝魯特”（*Boston Globe,* September 25, 2001）。沙特阿拉伯大使館向《奧蘭多衛報》證實，“Saeed Al-Ghamdi, Mohand Al-Shehri, Abdul Aziz Al-Omari,

Salem Al-Hazmi 都沒有死，與紐約和華盛頓的恐怖行爲沒有關係"（*Orlando Sentinel*）。《每日信報》報導，"聯邦FBI 公布的恐襲嫌犯Walid Al-Shehri 的照片通過電視傳遍世界，但此人在摩洛哥現身了，明白無誤地證實了自己不是恐襲分子"（*THE DAILY TRUST,* September 24, 2001）。這類報導還有許多，特別是來自阿拉伯國家的政府和民間組織。問題是後人該如何解讀這類記錄呢？

這個改變歷史的重大惡性事件留給後人許多未解的謎團。單從信息流通這個層面而言，互聯網確實發揮了無可替代的作用，至少打破了控制輿論資源的財閥勢力一手遮天，任意創造"事實"的局面。要解開這些疑竇叢生的問題，對於握有巨大情報和資金資源的政府而言並非難事，但《9/11"恐襲"報告》刻意迴避實質性問題，不鼓勵甚至不允許其他社會團體調查探究，這種做法本身就從一個側面回答了上述的某些問題。一切關於9/11的調查，研究，推理，只要不同於政府核准的《報告》，就無一例外的被冠之"陰謀論"並被主媒全力圍剿，壓制。那些天性叫眞兒並執迷與"陰謀論"者中還有許多人死於非命。

互聯網的進步使得黑夜並不是徹底的漆黑一團。

只要有人類存在，就會有一些人追求眞相，因爲這是人的本性。

17. 蓋利・韋伯案

　　一切公共事件的本質都從某一個側面揭示某個政體的本質，這是各國政府都以“國家安全”爲由對各種“損害”公衆利益的信息進行分級保密的根本原因。一個健康社會被侵蝕和敗壞就是從每一件被掩蓋眞相的具體事件開始的，蓋利・韋伯案（Gary Webb）是個典型的案例。

　　蓋利・韋伯生於1955年，是個土生土長的加州人，不僅人長得帥氣而且還是一身正氣，敢講眞話，嫉惡如仇。他非常熱愛新聞事業，大學畢業後就職於《肯塔基郵報》，後來接受了加州《硅谷水星報》（San Jose Mercury）的工作邀請，一幹就是十幾年。他的努力爲他贏得了很高的聲望和成功。2003年他受邀去墨西哥的“納爾科新聞學院”舉辦演講。演講中他很精闢地表述了對新聞事業的觀點，“記者就是革命者，必須用戰鬥去改變世界”。不同於其他人心口不一的嘴皮子表演，韋伯是眞誠的相信：記者這個職業就是要用戰鬥去改變世界。他多次獲得各種新聞獎，其中最令同行羨慕的是“普利策新聞獎”。

　　蓋利・韋伯從事新聞行業的前十七年眞是順風順水，老闆重視，同事尊重，鮮花獎杯不斷地送入懷中，報社給他年年加薪，太太工作穩定，兒子活潑健康，還在不經意間得了個“普利策新聞獎”。在業界儼然成了響噹噹的領軍人物。用他自己的話說，“十七年沒遇到不順心的事，文章得獎，工資見長，經常上電視，去大學演講；如果有人告訴我美國的社會制度是墮落腐敗的，是由特殊利益集團主導的，是維護少數權貴精英的，那我會告訴他：胡說！請你住嘴！我的經歷證明這個制度沒問題。直到有一天我報導了幾個真實卻沒人願意觸碰的事件後，我才意識到我從前是大錯特錯了。我從前的一帆風順不是因為我有能力或工作勤奮，一切都和這些沒任何關係，一切都是因為我從來就沒發表過任何有分量的文章。事情就是如此簡單。"

韋伯的人生開始發生根本變化是在八十年代末到九十年代初。那段時間美國國會就戰俘和失蹤軍人舉行了幾次聽證會，國會的聽證和調查曝光了尼加拉瓜反政府組織在美國販毒的事情。原本應該介入查證的司法部非但沒有出手，反倒是緊急召開了記者會，宣布"此事子虛烏有，查無實據"。輿論為之嘩然，許多記者認為政府在掩蓋真相，在包庇犯罪。蓋利·韋伯決定自己動手調查並把調查的重點放在深受毒品禍害的南加州黑人社區。他開始出入酒吧舞廳，走街串巷，收集證據。南加州的毒品氾濫程度令他無法相信，如果不是身臨其境，不是親自和毒販子打交道，不去和街頭的癮君子攀談，不去給妓女買酒喝，他無論如何也不會相信毒品是怎樣猖獗地毀滅著底層的一切。為了找到毒源，他幾次往返去拉丁美洲國家，從玻利維亞到危地馬拉，從洪都拉斯到墨西哥。他和"美聯社"的記者合作，把收集到證據寫入一個又一個的調查報告。他要把真相交給民眾，他要用戰鬥來改變這個社會。

1996年蓋利·韋伯在自家報紙《硅谷水星報》上發

表了一系列文章，集中報導一個主題：美國的毒品氾濫源於尼加拉瓜反政府組織在美國用毒品換武器，中情局參與其中。聽證會主席約翰・凱利（John Kerry，後來民主黨的總統競選人）的律師傑克・勃魯姆（Jack Blum）告訴蓋利・韋伯和"美聯社"的兩名記者羅伯特・帕瑞和博瑞・巴潔爾（Robert Parry and Brian Barger），"約翰・凱利和他的助手對尼加拉瓜反政府領導人做了取證，有錄像，他們承認收了毒款，中情局都知道"。蓋利・韋伯找到博瑞・巴潔爾了解情況，後者卻說線索都斷了，而且還遭到《華盛頓郵報》的猛烈攻擊。不久，博瑞・巴潔爾就從"美聯社"辭職了。

蓋利・韋伯的系列報導引起巨大反響，許多知名報刊、電視台都開始聚焦毒品案件，一時間輿論的風向直指聯邦政府和中情局。黑人社區的領袖們憤怒地要求一查到底，當地的執法人員也呼籲公開真相。但是司法部和中情局的態度是沉默，然後各大媒體的態度開始轉向，《華盛頓郵報》、《紐約時報》和《洛杉磯時報》帶頭詆毀蓋利・韋伯的系列報導，說他缺乏證據，抹黑政府。《洛杉磯時報》指定十七人專門對付蓋利・韋伯的報導引起的轟動。在加州的地盤上，《洛杉磯時報》是老大，怎能容忍一家小報居然掀起如此大的狂風巨浪。壓不下去，顏面何在？

《硅谷水星報》的高層開始給蓋利・韋伯施加壓力，要求他停止一切相關調查。老闆對韋伯很客氣，只要韋伯就此罷手，一切都好說，工資照發，獎金照舊，咱一家小報，惹不起實力雄厚的報業財團。老闆陳述利弊，提出了解決辦法，指明了今後的方向。但是，韋伯拒絕讓步，認爲這已經不是大報和小報的問題，也不是工資獎金的事，這件事直接關係到法律的尊嚴和政治的清明。談話陷入僵持，勞資關係因此出現緊張。韋伯不但沒有退縮，他開始熬夜，把收集到的證據寫成了暢銷書《黑暗聯盟》（*Dark Alliance*）於1998年出版。書中展現了這樣一條主線：設在舊金山灣區的販毒集團把成噸的毒品賣給洛杉磯的黑幫，然後轉給中情局控制的拉美游擊組織。這個毒品交易團夥第一次開啟了哥倫比亞毒梟和洛杉磯黑人區的可卡因管道，使得洛杉磯的黑人社區成了國際可卡因之都。

各大媒體的冷處理和打壓並未發揮實質的功效，因爲人類已經進入了互聯網時代，代表信息革命的網絡技術把蓋利・韋伯的聲音傳遍了東西兩岸，他的著作暢銷五洲大洋。洛杉磯的黑人教會組織及各種社團都被怒火點燃了，黑人社團領袖迪科・格里高利（Dick Gregory）要求中情局必須正面回答。迫於強大的社會壓力，中情局局長約翰・杜茨（John Deutch）飛到加州，在市政廳會議上極力辯解並譴責蓋利・韋伯汙衊抹黑中情局；黑人代表迪科・格里高利以各個社區收集上來的大量事實證明在拉美游擊組織出現之前洛杉磯是沒有可卡因問題的，其他發言的社區代表也一致要求聯邦政府展開調查，並公開調查結果；衆議院議員馬克西・沃特爾（Maxine Waters）提議展開獨立調查，但是同在衆議院的議員，前中情局僱員波特・高斯（Porter Goss）極盡遊說之能，把國會的全面調查改爲獨立調查，最後定爲有限調查。所謂"有限調查"就是由中情局主導的自我調查。查證工作由司法部暗中進行，聽證完全是不公開的內部會議，調查的結論是：中情局與販毒交易無關，清白如初。

儘管聽證和調查關山重重，但是出了件很蹊蹺的事。1988年中情局的總檢查官佛理德瑞克·凱瑟（Frederick M. Kaiser）在其最後的報告中明確承認從1982到1995年司法部和中情局之間有個祕密協議，默許其探員，線人和外圍人員參與毒品交易；該協議的簡稱是MOU（Memorandum of Understanding）"理解備忘錄"。蓋利·韋伯看到這份備忘錄後仰天長歎，終於明白了司法部爲什麼極力袒護中情局，原來這兩個機構有個"君子協議"，而國會裡的議員老爺們都是黨派代表，而不是民意代表。洛杉磯的黑人社區飽受毒品之害，只有寥寥無幾的"民意代表"支持成立一個獨立的全面調查委員會。這也解釋了爲什麼當議員波特·高斯（Porter Goss，後來的中情局局長）提議要求把國會的全面調查縮水爲有限調查時，大多數議員在極大的默契中迅速通過了高斯的提議。一場本來可以大有作爲的國會調查卻在幾個政客的股掌之間變成了一次自編自導的惡作劇。

面對來自聯邦政府司法部和各大報業財團的雙重夾擊，《硅谷水星報》的管理層對蓋利·韋伯下了最後通牒：或者停止報導，聽從安排（實際上已經把他調離了新聞部），或者自謀出路。蓋利·韋伯痛苦地向同事們說，無法放棄做人的原則和職業道德，但沒了工作就無法生活，還如何堅持原則？最後，他還是辭職了。因爲無法承受硅谷地區的高昂房租，他帶著一家人搬去了加州的首府小城聖克拉門圖（Sacramento，綽號"三塊饅頭"的地方）。沒了收入，蓋利・韋伯發現賬單越來越多，越來越難以應付。生活的拮据開始影響到家庭關係，2000年他和生活了21年的妻子離婚了。

事業和生活的不斷打擊絲毫沒有改變蓋利・韋伯追求真相的本性，他開始做"自由輯稿人"，給各種小報和網站寫報導。2004年初他又回到了自己熱愛的新聞行業，新的工作在《聖克拉門圖新聞評述》（*Sacramento News and Review*），當地的一家小報。蓋利・韋伯再次充滿熱情地投入工作。在接受《反擊》雜誌的採訪時，當被問到是否後悔過去的經歷，丟了工作，家庭破裂，他是這樣回答的："直到今天，關於我寫的600多頁的毒品案件報導，沒有一個人能找出任何錯誤的地方。但是，到頭來，事實並不重要，重要的是將事實掩蓋起來，讓人們閉口不談，而且極盡各種抹黑汙名的手段，把曝光者和追求真相者醜化成不能相信的陰謀論者。而且，他們成功了！"後人看到此，可能不得不感歎：也許這就是理想和現實的反差，正如歷史上數不清的大是大非，最終的定論都來自權力和資源的掌控者。不是嗎？

又一個聖誕節快到了，北加州的冬天稍有寒意，卻是陽光明媚。蓋利・韋伯剛把聖克拉門圖市卡爾麥克區（Carmichael）的房子賣了，安排了搬家公司於2004年12月10號上午搬東西。搬家工人到了門前看到有個紙條：**請來人不要開門，打電話報警。**報警時間是早上8:35分，警察於9:15分到達現場（出警時間為40分鐘）。警員和救護人員進入室內，看到蓋利・韋伯已經倒在血泊中，臉部中了兩槍。三個搬家工人被集中在客廳裡，警方記錄他們的身分證，告訴他們即刻離開現場，不許對外提及現場任何所見所聞！如有違犯，後果自負。三個平頭百姓從未見過如此血腥的場面，早已是心跳加速，兩腿發抖。他們向警方結結巴巴的保證，什麼也沒看見，什麼也沒聽見，永遠不會再談此事。多年後，還是退役的警察在喝酒聊天時講了當時的故事。

警方依據現場勘察得出初步結論，警長達烏・布朗（Dave Brown）當天下午3:55分對媒體宣布了偵破結論：自殺。面對來自各方的不斷質疑，一個人如何對著自己的臉部開兩槍自殺？警方的經典答復載入了史冊："開兩槍自殺的案子確實很罕見"（"It's unusual in a suicide case to have two shots."）。因為有了這個先例，在以後的歲月裡，出現了更多的"罕見自殺"，有自己斬首的，有自己從背後對自己開了三槍自殺的，有自己拔著自己的頭髮在高處上吊的等等。過去有句話，不怕流氓不講理，就怕流氓有文化；如今與時俱進，不怕流氓有文化，最怕流氓有權力！

雖然掌握公權力和巨大資源的一方對蓋利・韋伯先生的死亡做出了結論，但是民間的質疑並未就此消失，因為他根本沒有自殺的理由。

1. 他在年初剛找到了自己心愛的工作，熱情洋溢，正在全身心的投入；

2. 他有三個可愛的孩子，小女兒更是他的掌上明珠，只要有空閒，他就會和孩子們在一起；

3. 他熱愛生活，動手能力很強，是廢舊車翻修的能手，去廢舊車場花幾百元買一輛報廢的"寶馬"就可以自己動手翻新。他的生活內容極其豐富；

4. 他正在寫另外一部書，也是關於毒品氾濫的案件。他得到的證據將再一次把他的事業推向高峰。

這樣一個異常忙碌，對生活充滿了憧憬和熱愛，如此有事業心和理想的人，怎麼會有輕生的念頭？拋開一切，單只是爲了他的寶貝女兒，韋伯也絕不可能自殺！但是，他們說，他是自殺！

他死後不久，一個有意義的線索浮出水面。距離加州棕櫚泉十八英里處有一個印第安人保留地，卡柏冉印第安保留地（Cabazon Indian Reservation）。因受特殊法律制約，保留地以外的人很少了解和介入其內部事務。前地方檢察官理查德·漢姆林（Richard Hamlin）在暗中調查保留地內的毒品來源，參與調查的還有麥克·瑞克羅休托（Michael Riconosciuto），也就是當年調查雷根的司法部與伊朗醜聞的主要訴訟人。這位麥克·瑞克羅休托先生和本文的主角蓋利·韋伯一直有往來，他們聘請的律師哈蘭德·布侖恩（Harland Braun）後來因"利益衝突"不再代表麥克·瑞克羅休托，這樣一來，後者就把與案件相關的證據和線索全權委託給了蓋利‧韋伯。這是個極其複雜的案子，而且才剛剛開始蓋利‧韋伯就離開了人世。

因為蓋利‧韋伯的知名度和廣泛的影響力，他死後十幾年仍然有各界人士在緬懷他對新聞事業做出的貢獻，在探索他的死因。佈斯（A. J. Booth）拍了部紀錄片《美國的毒品戰爭》（*The American Drug War*）；隨後，更加轟動的影片《殺死信使》（*Kill The Messager*）得以公演。這場影片掀起的熱浪又把韋伯和他生前未盡事業推上了新聞媒體的聚光燈下，相關的文章和報導更是數不勝數。也許除了他的生平和故事之外，更有意義的是：理想和現實的平衡；國家目標和民眾利益的取捨；追求真相，堅持正義與對權力的博弈過程中的智謀和技巧。

先說"理想和現實的平衡"。世無超人，個人的能力再大，面對一個政府機構也會力不從心。以後類似蓋利‧韋伯的有識之士是否要權衡資源博弈的原理和階段性？因為任何博弈的第一原則就是保存自己，然後才談得上繼續博弈，畢竟有專業能力又有良知勇氣的人是少數，自我奉獻和犧牲從長遠來講是對整體社會博弈的不負責任。

再說"國家目標和民眾利益的取捨"。中情局漠視拉美國家的反政府組織來美國以毒品換武器，打擊專制獨裁，這種做法是否有違民主社會的道德倫理（當然，此處的"專制獨裁""民主社會"都是權力應用者的定義）？洛杉磯黑人區的民眾付出的是生命代價，而且毒品流入內地，危害整個社會，以此來打擊拉美國家的獨裁政權的終極目的是什麼？有這樣一個解讀可供參考：美國政府後面的財團巨賈要改變拉美國家的獨裁政府，因為獨裁政體無法控制，無法左右。只有將其推翻並改為親美的某種形態的民主政權，註冊在美國的各種跨國財團才可以獲得巨額利潤。所以，極力支持拉美的反政府武裝力量，不論在宣傳媒體上還是在大眾認可的道義上，似乎都佔據了道德制高點。但是從普通百姓實際利益的立場出發，所謂“國家目標”是不是應該和“民眾的利益”相一致？比如普通人的健康，安全，知情？是不是只有兩者一致才是大眾應該追求的真正的民主社會？

最後是“真相及正義感與權力的博弈過程中的智謀與技巧”。這裡需要理解的是兩個不同的概念，“真相及正義感”是道德力量，“權力”是實際力量；前者給人以動力和勇氣去追求一個符合人性和基本價值的活動，而後者可以產生現實層面的推動或阻礙作用。當這兩者發生衝突，進行博弈時，如果前者沒有現實資源（人力和物力）的支撐，總是以失敗告終。這就要求當事人對政治，歷史及不同領域的博弈內涵有一個最基本的認知。否則，不僅僅難以達到揭露黑暗，懲罰罪犯的目的，還往往會付出慘重的代價。一個簡單的事實：人類社會是由光明和黑暗共同組成的。

蓋利‧韋伯案是一個跨世紀的悲劇，它會久遠地流傳，因為它不僅是蓋利‧韋伯的個人悲劇，更是美國代議製民主制度的悲劇。

18. "人造救星"

　　大家可能聽說過"人造衛星"，那是上個世紀五十年代毛澤東治下的中國人在農業領域搞的歷史笑話，自然以失敗以及民眾的慘痛代價收場。今天說的是"人造救星"，這絕不是玩笑，這是美國人在二十一世紀玩兒出來的政治"發明創造"，而且取得了影響深遠的成功。這個無知加邪惡的人造"救星"就是美國歷史上第一個黑人總統侯賽因・奧巴馬。

　　奧巴馬的全名是巴厘克・侯賽因・奧巴馬，出生地，父母及家庭背景，求學地區及學業，從政前的社會活動軌跡等等，一切都存有巨大爭議，至今毫無定論。權力機構和主流媒體占據主導地位，採取頭疼醫頭腳疼醫腳的偉大策略，凡是有爭議的地方先是冷處理，裝作沒聽見，過幾個月後就毫不奇怪地找到了"證據"，開始地毯式無死角的媒體"證據"覆蓋。但是新媒體的出現給了反擊的力量以可用的工具和空間；雖然他們處於資源劣勢，但新興的網絡研究員，調查記者和關心政治的精英和民眾不斷提出質疑，亮出證據，搞得掌權者疲於奔命，四處圍堵，好不熱鬧。總之，這兩派的觀點可以用兩個頗為偏激的言論做代表，《新聞周刊》的編輯，知名傳記作家伊萬・托馬斯（Evan Thomas）說："奧巴馬高出了美國，超出了世界，就像一種神明，他將使各方走到一起"；如果說伊萬・托馬斯對奧巴馬的評價是火辣的熱捧或吮癰舐痔，那麼開羅琳・肯尼迪談起奧巴馬時就是冷若冰霜，當頭一

棒：「我再也無法忍受他的聲音，他是個十足的騙子，有過之無不及」。（Caroline Kennedy）

我們暫且擱置這類兩極爭鋒，簡單看一下奧巴馬從政後的履歷，應該不難了解奧巴馬的人品和操守，因爲他做過的事是鐵打的，是無法改變的事實，是任何權力和勢力都無法否認的。勇敢的互聯網研究員傑夫·歌德（Jeff Gold）把大媒體對奧巴馬的報導做了如下統計：從1996年奧巴馬開始進入地方政治，四年後試圖競選衆議院議員職位，名落孫山，到2003年，這期間共七年時間，各大媒體提到"奧巴馬"的次數是600次，專題報導一篇沒有。從2004年開始所有主流媒體都同時突然加速密集報導和採訪侯賽因·奧巴馬，共提及"奧巴馬"7465次，專題報導976次，這一年，他競選參議院席位如願成功；這位從政經驗爲零的年輕人剛剛進入聯邦參議院就立即被媒體標註爲美國未來的領袖，不二人選的總統材料，四年後的2008年奧巴馬不負主流媒體的期望，果然過關斬將，力壓群芳成功入主白宮，成爲美國歷史上第一位黑人總統。

在茫茫人海中，一個有抱負的黑人青年，從一開始出師不利，試圖進入衆議院失敗後重整旗鼓，到2003年轉而競選參議員，在主流媒體的鼎力支持下如願以償；隨即加入各方勢力角逐的白宮，躋身於世界頂級政壇的博弈，而且只用了五年時間就平步青雲，完成了從民間到參議院再進白宮這樣難以想像的個人政治夢想，不能不說是人類政治史上的奇蹟。這裡必須強調一句：這一切都是在短短的五年時間完成的！不管是古代的宮廷政治還是當今的所謂民選的民主共和政治，能夠只用五年時間取得如此魔幻般成功的只有一個方法：政變。只要是依照正常的秩序，遵循任何一種政治遊戲規則都絕無可能用五年的時間攀上權力的巔峰。但是奇蹟還就是這樣發生了，美國政治的操盤人物通過巧奪天工的手段，用二兩撥萬斤的媒體絕技，生產了第一顆，也是最後一顆"人造救星"。

這顆急速升起的"人造救星"向選民誇下海口，要把美國從兩個泥潭中拯救出來，一是"難以抽身"的伊拉克和阿富汗戰爭；二是自身的經濟滯脹。因爲過高的期望值，民衆對這位新總統的前世今生就有更大的好奇，但遺憾的是，奧巴馬是美國歷史上最神祕的政客，有關他的一切都極少公開，出生證明、醫療病歷、求學記錄、工作履歷等等，全部被密封起來，成爲"國家機密"。當然，許多國家對領導人的個人信息都是如此處理的，但是美國至少在名義上還算個開放社會，如此對民衆掩蓋一個政客所有信息使得民衆越發好奇；主流媒體不許質疑，人們就在互聯網上刨根問底，于是釀成了此起彼伏的公衆輿論風波。除了部分涉及國家安全的工作信息外，所有政治人物的個人信息本來就是公開信息，是增進官民相互了解，增強民衆對國體和政體信任的基本要求；那又爲什麼極力掩蓋，把提出問題的人冠以"仇恨"和"種族歧視"的帽子進行打擊？原因很簡單，思考和努力回答這些問題對於了解美國政治生態可以打開另一扇門，而這扇門內的所謂祕密對奧巴馬以及將其送入白宮的勢力是不希望被外界洞悉的。從2008年奧巴馬開始參加總統競選，人們利用網絡和電子技術查找一切有關奧巴馬的前世今生，堆積如山的資料，一串串無法解答的問題，林林總總的民衆困惑被概括爲以下幾個突出的問題。

有關奧巴馬的出生地和姓名的問題，憲法規定競選總統者必須出生在美國。在私家偵探收集的大量證據基礎上，律師奧雷·泰茨（Orly Taitz）多次起訴奧巴馬，指控他證件造假；在已知的十六個奧巴馬租房協議中，他一共使用過兩個不同的社安號碼（每人只能有一個眞實的社安號）；他在洛杉磯就讀"西方文理學院"（Occidental College，西海岸的常青藤學校）期間，用過三個不同社安號租住附近的公寓；在參議院工作期間，奧巴馬又使用過兩個不同的社安號；在所有他用過的社安號中，最常用的是康妮狄克州1976-1977年簽發的，但是奧巴馬從來沒去過那個州。社安號直接關聯出生證，因爲奧巴馬的社安號眞假難定（也不許查證）所以至今無法確定其眞實出生地。在奧巴馬以其幾乎爲零的政治經驗競選總統成功後，其出生地和眞實身分的問題迅速發酵，主流媒體一如既往的不提不問，冷處理，但互聯網上鬧得沸沸揚揚，引起輿論的狂濤巨浪。不得已，白宮出面提供了一份出生證明；可是網上的各類專業人士很快就鑑定：假證明。眞假清濁至今尚無定論。

奧雷·泰茨（Orly Taitz）律師多次提起對奧巴馬的訴訟，其中影響最大的一次當屬2010年1月28日在聯邦法庭開庭審理的"出生地查證"一案。原告訴訟理由是沒有證據顯示被告人侯賽因·奧巴馬出生在美國，由此其競選總統一職屬於違法。原告要求國務院提供奧巴馬的出生證明。

　　在重重壓力下，時任美國國務卿的希拉里・克林頓以國務院的名義出具了一份侯賽因・奧巴馬的出生證明。但是這份按照政治需要趕製的文件明顯是按需製造的，因為所用的材料都是本世紀才有的，印刷技術也不是上個世紀的，提供的證件信息並無法證明奧巴馬出生在夏威夷，而真正有責任和義務出具證明的夏威夷醫院卻不能提供他的出生證明或任何可以洗白奧巴馬的證據。在此亂象紛爭中，大量網民自己動手，查資料，找線索，發文貼圖，各種民間調查的結果是，絕大多數人相信，奧巴馬出生在肯尼亞，正如其剛出道的1991年宣傳自己時所印製的宣傳冊刊載的描述：他出生在肯尼亞，成長在印度尼西亞和夏威夷。

　　互聯網的快捷，廣大網民的熱情和獨立媒體的努力產生了結果。《布雷巴特新聞》（Breitbart News）於2012年5月找到一份1991年的宣傳小冊子，發行者是奧巴馬的文宣組織Acton & Dystel（兩位主管的名字合成），為了突出其少數族裔的身分，該印刷冊子中是這樣介紹奧巴馬的："他出生在肯尼亞，成長在印度尼西亞和夏威夷"。這則新聞的價值在於，1991年時的奧巴馬明顯還沒開始做總統夢，他的文宣團隊當時要突出的是一位出生他鄉的有志青年，懷揣"美國夢"，千里萬里來到美國，熱愛自由，嚮往民主，積極參與社會活動，要為促進美國的自由民主而工作。而在多年後，這位肯尼亞人一不小心被一股強大的力量推上了總統大位，同時也站到了萬人矚目的強光燈下。

奧巴馬的文宣組所印發的宣傳冊引起了又一波風浪，網絡信息核實最專業機構"斯諾皮核實"（snopes.com/fact-check）的創始人大衛·米克爾森（David Mikkelson）證實這份宣傳冊屬實，但隨後他卻大轉舵，"宣傳冊屬實，但並非證明宣傳冊的內容屬實"，也就是說，當年奧巴馬出山時，或者是坦誠面對選民，公開了自己的出身、背景，懷著"美國夢"踏上政治旅途；或者是以自己海外出生來騙取歸化後的選民認同，但後者是反常識和邏輯的。他做了極大的努力試圖做個合格的裱糊匠，達到自圓其說的目的。可惜，失敗了。

查實奧巴馬真實身分的另一個角度是他的受教育歷程。從官方披露的記錄來看，奧巴馬求學的學校都是私立貴族學校，從夏威夷的Punahou到哥倫比亞和哈佛大學，但所有學校都查不到他讀書的蹤跡。在哥倫比亞大學執教46年的歷史學教授亨利·富蘭克林·格拉夫（Henry Franklin Graff）在接受《世界網新日報》時說，"在我46年的教學生涯中，教過所有來哥倫比亞大學求學的未來政治人物，因為我開的課是'政治歷史'，所有日後在政界有成就的人都選過我的一到兩門課，唯獨沒有奧巴馬。我的同事和學生中也從未有人聽說過奧巴馬這個名字"。當年臉書上如潮水般貼文留下了這兩則記載，這兩家機構是全力支持奧巴馬的，但同時也是相對客觀的，哥倫比亞大學和哈佛大學。

從奧巴馬自述的履歷中所提及的學校，哈佛大學和哥倫比亞大學的校方檔案中都查不到任何記錄。爲了引導民意，各大媒體都展開了補救工作，值得注意的是：所有的修補工作都集中在2012年，也就是奧巴馬競選連任的關鍵年。因其前四年的言行不一，出爾反爾致使其當初"凝聚美國"的"人造救星"形象大爲受損，這就使得其個人背景中的重重矛盾顯得格外突出，從而需要下功夫修補。

經過一番大張旗鼓的修補工作後，幾家大媒體向世人交出了版本不同但內容一致的答卷：經過幾所名校積極配合，"上窮碧落下黃泉"，奧巴馬讀書時代的記錄"失而復得"，終於找出來了。遺憾的是，假的永遠是假的。這些重新浮出水面的奧巴馬在校蹤跡根本經不起核實。例如，崇尚"爲自由人維護言論自由"的《世界每日網文》（WND-A Free Press For A Free People）於2012年7月刊發了專題，奧巴馬自詡的教育履歷和背景純屬子虛烏有。這篇主題報導一經發出就引起了一連串的反響。

來自國家學生檔案數據庫的兩個數據證實，奧巴馬所說的曾經在哥倫比亞大學就讀兩年是虛假的。不僅如此，奧巴馬拒絕提及他在常青藤任何一個學校的時光，他也不願意提供任何過去的讀書記錄。所有他提到過的學校，沒有教授過政治學的教師或當年的學生記得有個侯賽因‧奧巴馬。

《華爾街日報》2008年9月11日（這個日子眞巧！）發表了《福克斯新聞》的調查結果：1981到1983年在哥倫比亞大學讀書的400位受訪者沒有一人知道侯賽因‧奧巴馬。

《紐約時報》記者，也是奧巴馬的支持者詹妮・斯戈特女士於2007年10月30日發表其努力的結果，"奧巴馬多次拒絕談及他在紐約的經歷，不願意出示他在哥倫比亞大學的成績單，也不願提及那些年中的任何一位同學，室友或同事"。白宮發言人對此的解釋是，"他不記得那些年的人了"。《美聯社》在2008年5月16日報導，奧巴馬婉拒評論他在哥倫比亞大學的時光，以及他的所有社會關係。

　　最值得注意的是奧巴馬在芝加哥生活的蛛絲馬跡。有一對名人夫婦，威廉・埃爾斯和伯納丁・多倫（William Ayers and Bernardine Dohrn）；他們是上流名門，交往的都是芝加哥市長等政要，他們平時在芝加哥大學教授幾節課，大量的閒暇時間就從事社會活動。他們既是教育家，也是美國共產黨員。越戰時期，他們組織了祕密社團"革命青年運動"（Revolutionary Youth Movement），後來改名為"地下氣候"（Weather Underground），被當時的聯邦調查局定性為"極端恐怖組織"。這期間，他們資助了一位很有特色（兩隻扇風耳）的來自非洲的外國留學生。這件事的曝光來自於艾倫・赫爾頓（Allen Hulton）。

　　艾倫・赫爾頓是當地的郵差，從1986到1997的十一年中，他每天的工作就是按時準點把郵件送到小區的每個郵箱。他在接受調查記者傑洛米・考斯（Jerome Corsi）的採訪時說，那個小區的家家戶戶我都很熟悉，有時遇到房主在院子裡，也會和他們聊幾句；有一天給埃爾斯家送信時，房東太太興高采烈地誇耀她資助過的外國留學生，說他雖然來自非洲，但是很聰明，以後會成為政治領袖的；一次他往信箱裡放信件和廣告時碰到那位"雙耳出眾"的非洲留學生，說他從前住在這兒，是來向資助過他的房東表示感謝的。幾年後，奧巴馬進了伊利諾斯州參議院，隆重的慶祝派對就是在威廉·埃爾斯和伯納丁·多倫家的寬敞客廳裡舉辦的。

奧巴馬主政白宮的第一任期即將結束，正在積極準備連任時，社會各界再次瀰漫著對他的質疑：巴厘克·侯賽因·奧巴馬到底是什麼人？他的前世今生有多少謎團？把這種質疑推向高潮的是來自一個出人意料的人和他發出的一個出人意料的聲音：億萬富翁唐納德·川普在《視角》電視節目裡說，"奧巴馬不喜歡那張出生證上的內容"（"*The View*" March 23, 2011）。一石激起千層浪，讚同的人們高呼說的好，我們根本不了解那個人；反對的人們也高喊住口，你是不是因為他是黑人就攻擊他？你是個種族歧視者！一時間吵翻了天，以致奧巴馬不得已在4月30號的記者會上惱羞成怒地回答道，"我們沒時間談這種愚蠢的問題，我們有更多大問題要處理，有更多的大事要辦，沒時間在這樣的小事上糾纏"。

奧巴馬所說的"大事"就是第二天公布了擊斃本拉登的消息。至於被擊斃的是不是本拉登？主流媒體《ABC新聞》說是做了DNA測驗，但事後就不再提及了；到底是誰擊斃了本拉登？奧巴馬最初說是"一個小分隊和中情局的聯合行動"，後來改為"海豹突擊隊"，之後也就沒有下文了。事發的24小時內就依照伊斯蘭習俗把被擊斃者火化，揚灰大海，而這種火速翻篇兒的操作實際是違反伊斯蘭傳統的做法。這件事又給後人留下一個巨大的謎團。因為不透明而生出了許多不同版本的"陰謀論"至今還在互聯網上依然廣為流傳。

在處理老朋友本拉登的同時，奧巴馬團隊向另一位昔日的老朋友利比亞總統卡扎菲張開了剿滅的大網。當時的國務卿希拉里向媒體透露，卡扎菲給他的軍隊發放"威哥"（Viagra）鼓勵他的士兵對婦女進行大規模強姦；媒體迅速跟進，連篇累牘進行報導。《每日郵報》的"新聞"開篇第一句就是"卡扎菲的部隊當著他們父母的面強姦兒童，許多孩子只有八歲"（*Daily Mail*, April 25, 2011）。"大赦國際"的實地報導被主流媒體壓制，其中這樣寫道，"我們不但沒有找到受害者，也沒能找到見過受害者的人"；就連美國軍方和情報官員也不得不承認"沒有證據證明利比亞軍隊在服用'威哥'對婦女進行系統性的強姦"；與此同時，美國駐聯合國的大使賴斯（Susan Rice）"在不公開會議上對聯合國官員說，利比亞軍隊服用'威哥'，把強姦做為戰爭武器；但沒有提供任何證據"（*NBC News*, April 29, 2011）。

儘管沒有證據，強人卡扎菲和兒子還是在當年的10月20日被活捉，滿臉鮮血，像一條喪家的狗一樣被處死並被鞭屍，然後祕密掩埋在非洲大沙漠無人知曉的地方，說是為了避免後人朝拜。那麼美國為什麼要殺掉二十幾年的老朋友卡扎菲呢？世界銀行的經濟學家，地緣政治分析師彼得‧考寧格（Peter Koenig）在其大作《內爆——關於戰爭、環境破壞和財閥貪婪的經濟驚悚劇》中給出了很有說服力的解答，卡扎菲實際推行的兩項政策導致了他的滅頂之災：一是企圖改變用美元結算石油交易；二是試圖建立非洲獨立貨幣體系。有趣的是與利比亞戰爭相關的兩件事，北約採取軍事行動之前，利比亞的國內除了少數人的動亂之外很穩定，國庫存有黃金和白銀各150噸，所有財產戰後都不翼而飛了；戰前利比亞是非洲首屈一指的富國，戰後的利比亞至今還處在戰亂中，一片蕭條，也使得美國"陷入"了一場無休止的"反恐戰爭"；似乎這才是整個事件的部分實質。

現在回到我們開篇時講的"這顆急速升起的"人造救星"要把美國從兩個泥潭中拯救出來，一是"難以抽身"的伊拉克和阿富汗戰爭；二是自身的經濟滯脹"。第一項任務是這樣完成的，從伊拉克抽身，給出的說辭是因為"反恐戰爭"的重點發生轉移了，所以對阿富汗、巴基斯坦、利比亞、也門、索馬里、烏干達、南蘇丹和剛果增兵；第二項任務搞砸了，2008年爆發了殃及世界的"次貸危機"，以聯邦政府舉債救市並把雷曼兄弟送入大牢收場。對美國國內，奧巴馬產生的長遠影響是兩個法案的生效；一個是《國防授權法》（NDAA, National Defense Authorization Act），該法授權美國總統在緊急情況下可以動用軍隊無限期逮捕拘押美國公民；該法案把"反恐"戰場擴大到所有領域，重點在國內。至此，由9/11"空襲事件"啟始的"反恐"戰爭從國際漫延到國內，奧巴馬在鏡頭前故作扭捏，表現出很不情願的將該法案簽字生效。假如他真的不認可這個法案，他完全可以正當行使白宮的權利將其否決。另一個法案是《網絡情報共享和保護法案》（CISPA, Cyber Intelligence Sharing and Protection Act），該法案於2012年4月通過；這項法案的實際執行只能產生一個人們已經熟知的結果：把信息自由流通的互聯網變成像有線電視網一樣完全可控的左右公眾意向的權利工具。這一點只要看看2020大選後（單從法律層面而言，競選者之間的差異和"勝負"已經沒有意義）至今眾所周知的主流媒體在重大事件上實施的輿論管控就可以一目了然。他們協調一致，統一口徑報導有爭議事件，就連報導用詞全部一樣；科技財閥控制的社交媒體上的刪帖禁言，把不同於官方的言論貼上統一的標籤——"陰謀論"。

普通民眾由於所處的社會位置（各種鏈條的末端）而倍感無力無助，以致潛意識裡都多少有點"救星"情結，"要是有個'大救星'我們就不至於如何如何了"。這樣把自己的命運託付給一個政治遊戲的設計者和前台的表演者就等於自願走進了《動物莊園》，因為人世間壓根兒就沒有什麼"救星"，有的只是個體差異和把各種差異放大無數倍的信息掌控。可怕的是，《動物莊園》進去容易，想要出來就真的需要"救星"了。這點認知或許可以使我們多一點理性，多一分對命運的把握，主動做一點符合自然律，對人類有益的事。

19. 富人遊戲

　　今天說的富人不是生活富足、開名車、戴名錶的有錢人，而是真正掌握綜合資源的人。這裡說的資源不僅僅是金錢，而是掌控一定社會及政治資源而且智識超常的人；智識不是知識，是對動態的政治遊戲規則認識深刻並在其中游刃有餘的判斷及行為能力。這句定義式的開場白有點學究氣，但真正理解這個定義的三層遞進有助於理解西方文明的雙巔之一，美國的政治生態和種種衝突及妥協的根源。

　　奧巴馬上任伊始就對富人提出嚴厲批評，甚至抨擊他們缺少社會責任感，因為他們繳納的稅金與他們的財富不成比例，應該提高對富人徵稅。各大媒體立刻跟進，電視訪談，電台討論，公開辯論，五花八門，紛紛攘攘。大富豪巴菲特現身說法，"財富來自於社會各階層的聰明和努力，"呼籲修改稅法，大幅增加富人的交稅額度。底層勞動者忙於基本生計，無暇顧及離他們太遠的話題；但是社會的主體人群，中產階層的多數人都積極投入這場"治療資本主義本源病灶"的大辯論，因為他們的切身感受是這個商業社會大工廠是他們在實際運作，從產品設計、生產、檢測、包裝、運輸和支撐金融產品，樣樣都是他們在操作完成，但是二十幾年來生活水平不升反降；富人富的流油，窮鬼窮的淌水，中間的出力者在苦撐。沒錯兒，是該讓富人多多交稅的時候了！比爾·蓋茨也領著一批科技新貴們高調支持向富人發難，讓富人承擔起更多更大的社會責任。到底如何修改稅法還未明確，但道德高地卻是實實在在被口是心非，表面高大上的吸血鬼占領了。

如果把鏡頭拉遠一點，把時間線放長一點，這場政商遊戲表演就顯得粗糙滑稽，但同時又充斥著指向意義。

常識告訴我們，只要有人群的地方就分左中右和三六九，就有懷揣理想和工作上較真兒的社會良知。奧巴馬和巴菲特的聯袂演出開始不久，《紐約郵報》就刊登了一份報告：巴菲特的公司之一"博客舍爾·海莎威"（Berkshire Hathaway）從2002年起就一直在欠稅。各報轉載，電視曝光，一時間光腳的和穿鞋的都開始關注巴菲特的欠稅醜聞，圍觀起哄，生怕事情鬧得不夠大。巴菲特先生畢竟是江湖老手，沙場悍將。爲了配合奧巴馬給富人"加稅"的號召，巴菲特在2009年多次接受CNN和NBC的邀請，坐在電視鏡頭前侃侃而談，"這就是我號召必須向富人多多徵稅的初衷嘛，你看，我的所有公司平均交稅只有7%，遠遠低於合理的35%，所以我到處給大家解釋，我們的稅法必須修改，富人必須更多地回饋社會，這樣，我們才能實現更大程度的社會平等，也只有這樣才符合我們的先人們努力建設的平等自由的美國"。台下的，電視機前面的，還有聽收音機的無不拍手叫好。事後的民調證明，一場演講下來，過七成的善男信女都認爲巴菲特先生是個有良知的大富豪。可見不僅僅是中國盛產大忽悠。

在電視上表演的花拳繡腿的底氣有兩個：一是他們和財政部的幾次司法官司始終控制在小輸大贏的格局；二是

巴菲特和各大媒體的老闆都是過往密切的老朋友，媒體可以按需報導。

　　巴菲特先生對付財政部的典型案例是剛才提到的2002年《紐約時報》披露巴菲特先生欠稅一事，巴菲特先生召集了自己能征善戰的律師團隊，重新制定了戰略戰術，對聯邦稅務局發起反訴訟。不僅自己原來被告欠稅七億五千萬要推翻，而且要向聯邦政府索賠時間和人力損失。聯邦政府的律師們也緊急開會，除了了解內情的主打律師心裡有數之外，其他律師個個都是一頭霧水，怎麼欠債的反倒有理了？巴菲特先生還主動打上門來了？法庭審理開始，雙方律師都西裝筆挺，表情嚴肅，措辭得當，演技高超；幾個回合下來，幾番唇槍舌戰之後，塵埃落定；十月三十一日終審開庭，法官大人扶了扶眼鏡，莊嚴宣判：鑒於聯邦稅務局違法阻止"博客舍爾‧海莎威"（Berkshire Hathaway）公司合法減稅，本院判決原告勝訴；聯邦稅務局賠償"博客舍爾‧海莎威"（Berkshire Hathaway）公司2300萬美元。巴菲特律師團隊以強有力的法律依據戰勝聯邦政府，凱旋而歸。（《今日財務》Accounting Today, October 30, 2005）。演出暫時落幕。隨後的幾年時間，巴菲特輸掉了兩場官司，一次400萬，一次200萬。有那場2300萬的勝利，巴菲特先生導演的兩場小輸就明顯是花小錢買政治資本的勝利。這就是巴菲特先生主動請纓為奧巴馬向富人加稅搖旗吶喊真正原因。

另一位世人皆知的大富豪比爾‧蓋茨在同一個戰場的另一條戰線上也展現了高超的表演藝術，博得台上台下一片喝彩。蓋茨和他的團隊到底是出自高新科技，演技細膩到位，如行雲流水。他們的主攻方向是房地產稅，因為有錢人必有房地產，只要多徵收房地產稅就可以更多更快更好地建設公共項目，回饋社會，向著全社會平等邁出堅實的步伐。目標明確，口號響亮，掌聲雷動，只等"大刀向房主和地主階級"砍去即可。

奧巴馬在多次演講中提及比爾‧蓋茨和巴菲特的表率作用，這兩位大佬也不負"聖意"。那幾天只要去有大屏幕的公共場所，餐廳酒店的大廳，大小商場的背景牆上，候機樓的大電視，都在滾動播放比爾‧蓋茨接受訪談的畫面。端莊地坐在典雅的演播室裡，面對鏡頭，比爾‧蓋茨夫婦誠懇的向世人公告：我們百年之後，不給子女留下任何財產，一切都要回饋社會。消息迅速被幾十個國家的大媒體轉播，中小電視台也跟著起哄報導。這位富豪不僅在美國揚名而且可能在全世界立傳；巴菲特見狀也不甘落後，宣布拒絕為其女兒裝修廚房買單，也不為小孫女支付學費。緊跟著又是一番報導，一番炒作和一段佳話。各國情懷滿滿的精英分子也出來站台，他們在同一個維度但是從不同的角度讓世人相信：我們生活在如此美好的時代。作為個體，你我是獨立的，但我們和你們都有個"們"字，這才是我們共同的紐帶，就是說，作為集體的人類，我們是一體。我的就是你的，這不，剛才在採訪中已經表態了嘛，我們死後，一切都是你們的。（很遺憾，蓋茨夫婦只是說了他們死後如何如何，但沒放開了談談他們死前有什麼計劃，有哪些將會眞正造福蒼生萬民）。

凡事都有正反面，就如陽光下必有陰影一樣，再好的戲也有唱完的時候。演講結束了，電視節目錄完了，回到辦公室後，比爾‧蓋茨先生把自己的"三師"（律師、會計師、公關師）集中起來開會，只討論一個簡單而嚴肅的議題：如何處置巨額財富？

比爾‧蓋茨：最近的紙媒報導和電視訪談大家都看了，效果不錯，大眾都在叫好，華爾街和硅谷的那幫人都認爲以後吸引公共資金會很順利。但是我們這裡要認眞安排一下，不能讓別人找出破綻來，特別是那些令人討厭的調查記者。

律師：我再把相關的法律推敲一下，保證無懈可擊；前幾年成立的基金會已經運作的很成熟了，以後可以充分利用。

會計師：我這裡可以把財務報表重新做一下，做到最"合理"配置，該納稅的部分控制在大家都滿意但不用實際支出的額度。還有，我同意充分利用我們的基金會，但應該盡快多開一些海外公司。

比爾‧蓋茨：好，先把已有的海外賬戶整理一下，給我一個報告。

公關師：我會全力協調各大媒體，加大宣傳我們慈善事業的力度。計劃拍幾個廣告片，找個筆桿子寫個本子，拍個紀錄片。

到底是商界精英，討論緊扣主題，簡明扼要，不到三十分鐘，散會。分頭落實自己的分內工作。律師拿著每小時千元的工資認真細緻的解讀相關的法律條文；會計師在最新的電腦上安裝了最新的軟件，重新製作他的財務表格，把每一個數字都放在表格中最合適的位置；公關師是所有人裡最忙的一個，四個助手，五個電話輪流上陣，以不同的身分，從不同的角度，把層次不同但方向一致的信息透露給不同的媒體；這可是絕對的技術活兒，不是一般的從高中讀到博士後就能勝任的；這份工作的三項基本要求是：對老闆的絕對衷心；對工作內容的絕對保密；對實現目標的不擇手段。

比爾‧蓋茨為了節省時間，提高效率，剛花了七千萬美元新買了一架最新款的私家客機"海灣流線"（GulfStream G650ERs）。為了普通百姓的福祉和人類的未來，蓋茨先生如流星般地往返於西雅圖→華爾街和西雅圖→硅谷之間，與各屆大佬們商討投資，基金互持，股票及股權比重，新科技和新能源立項和聯邦資金利用，製藥公司為人類健康長命研發的新藥，所有的話題都圍繞著一個字，錢。

有一次蓋茨先生從紐約回西雅圖，已經關閉了艙門，卻上不了跑道，原因是已經有八架同類型的私家飛機排隊在先，等候塔台的信號才能起飛；心繫天下的蓋茨先生無可奈何的等了近四十分鐘才上了天。到西雅圖一落地，蓋茨先生就忍不住對前來接機的下屬們大聲抱怨，批評美國的天上飛機太多了，空氣汙染日益嚴重，那些不是為了工作而是出去度假或探親訪友的私人飛機應該有所控制和管理，應該立法，限制他們飛行的次數和距離，或者發單雙號，向北京的交管部門學習。反正他們不能就這樣想飛就飛，沒什麼重要的事，還老是堵著跑道。讓這些傢伙在家多看看電視，少沒事出來瞎晃悠。這樣，少數為國家操勞，為人類工作的人就可以省去不必要的等待，簡直是浪費時間……

經過兩個月的持續努力，蓋茨團隊交出來一份漂亮的答卷。以下自製表格只顯示比爾‧蓋茨財富投資去向的前十個，有意深入了解，可參見：長篇報告：*VisualCapitalist.com*

蓋茨投資方向	金額（億美元）	占比%
巴菲特名下	118.8	45.5
城市垃圾處理	26	10.0
卡特比勒機械	26	10.0
加拿大國有鐵路	19	7.2
沃爾瑪	16	6.4
冠城國際	10	3.9
冠城國際	9.9	3.8
UPS快遞	9.6	3.7
聯邦快遞	9.2	3.6
Schrodinger生命科學	5.2	2.0

數據來源https://www.visualcapitalist.com　圖表製作：則席@2022

比爾‧蓋茨名下的資產（可以公開的部分），按照投入比重依次分散在各大財團"水庫"裡，從巴菲特的Berkshire Hathaway、沃爾登家族的Walmart，到"聯邦快遞"，從金融、日用零售、機械製造、鐵路、化工、醫藥、快遞、環保，無所不包。其餘財富存入世界最大的金庫：比爾蓋茨基金會，金額：500億美元（目前已經接近千億）。戰略佈局結束，戰術細節就交由那些名校培養出來的"專業工具"去處理了。

　　比爾‧蓋茨早就離開了"微軟"公司的實際管理，董事長和主席的頭銜也早已後繼有人，如今是"無官"一身輕，持有的"微軟"股票也按照精明律師的建議轉到了孩子們名下，這樣即合法又不需繳納任何稅金；蓋茨夫婦全心全意的做起了"慈善"事業。

　　在"慈善"的雪球越滾越大的同時，蓋茨先生2011年開始頻繁地穿梭於紐約和西雅圖之間，忙著與另一個富豪，剛出獄不久的傑佛瑞‧愛潑斯坦（Jeffrey Epstein）協商大事。這位叫愛潑斯坦的富豪早已惡名遠楊，他被控性侵36名14歲以下兒童，佛羅里達州高等法院於2008年判其入獄一年半。愛潑斯坦實際坐牢13個月，後5個月以工作需要等原因保釋出獄。愛潑斯坦出獄後繼續坐著私人飛機，往返於紐約，邁阿密和他在加勒比海的私人小島。

　　通過華爾街"朋友"的介紹，蓋茨先生和愛潑斯坦開始了一段日後被全社會質疑的友誼，蓋茨先生也藉此進入了一個全新的人際關係網。新的社交圈子，新的圈內活動，蓋茨先生參加的次數多了起來，時間也漸漸加長。一

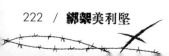

開始，蓋茨先生去一次也就是三天兩夜，後來就成了十天半個月。當然，富豪們的活動都是祕密進行的，除了飛行員、保鑣和祕書外，只有家人知道。蓋茨太太覺察到了一些異常跡象，她告誡先生少和愛潑斯坦來往，外界已經有點傳聞了。但是，事與願違，蓋茨先生的商務活動有增無減，一年到頭，成了家外混日子多，回家過日子少；偶爾回來幾天，蓋茨也從不提及那些"野外"活動的內容，進展和結果；這就使得蓋茨太太更加疑惑，據她自己在電視採訪中抱怨，爲了勸她老公不和愛潑斯坦交往，兩口子還大吵了幾次；蓋茨先生和愛潑斯坦的友誼持續到2019年7月，愛潑斯坦再次被捕，終於東窗事發了。

大牌電視台NBC、ABC、CNN、MSNBC、ESPN、CBS都在黃金時段播出愛潑斯坦因性虐兒童被捕的醜聞；主導輿論的大報，雜誌都在頭版刊文載圖，《紐約時報》《新聞周刊》《華爾街日報》《洛杉磯時報》《商業內參》《華盛頓郵報》爭先恐後的報導"新的發現"。愛潑斯坦二進宮之前滿天飛來飛去，從歐洲各國的首都到紐約，最終的落腳點都是他的私人小島。每週至少去一次小島，每次去都有三五個未成年女孩陪同，這些都是小型機場的塔台指揮人員常常目睹的情景。當記者問這些工作人員爲什麼不報警時，這些人的統一回答是：以爲執法機構已經知道，只是在祕密調查中，否則人家這麼大的老闆怎麼會光天化日之下帶著那麼多孩子們飛來飛去？《紐約時報》刊登重磅頭版新聞，"無視愛潑斯坦的犯罪歷史，比爾·蓋茨與愛潑斯坦多次相聚"（*New York Times,*

October 12, 2019）。《滾石》也快速跟進，右翼的《福克斯新聞》也不甘落後，一時間，整個事件被媒體推上了一個新的高潮。但是稍有辨析能力的讀者很快產生了另一類質疑：始終維護上層精英利益的主流媒體為何一反常態，對頂級富豪也不護短，甚至大打出手？（繼續敘事，答案留到結尾）

正當愛潑斯坦虐童並拐賣兒童的醜聞不斷升溫時，8月10日，主角愛潑斯坦突然死了。一時間，輿論再次狂歡了。這位富豪是關在24小時有專人監控，警戒森嚴的聯邦監獄裡，睡覺打呼嚕都有人聽著，愛潑斯坦先生居然成功自殺了？這條消息即刻成了所有媒體的重中之重，各類報導夾雜著多重推測和演繹撲面而來，自然誕生了不少官方最愛用的"陰謀論"。官方特聘的"專家"經過驗屍，得出一個早在意料之中的結論：屬於自殺。結論有了，卻沒有細節，再往下追問，回答是：不便披露。這條路被堵，調查記者們就各顯神通，抓住已有線索，嚴查深挖；還真是功夫不負有心人，照片、飛行時間、私密留影紛紛見報：比爾·蓋茨先生和愛潑斯坦是好友，曾經過從密切。很快，蓋茨先生的私生活和好色的故事開始發酵。

老話兒說"無巧不成書"，正當比爾·蓋茨先生被醜聞纏繞得焦頭爛額的時刻，一件天大的事轉移了全人類的注意力，新冠病毒！蓋茨先生立刻抓住這顆救命稻草，投入三億元資金研發"疫苗"，同時展開拿手的公關技巧，大談"種族歧視""貧富差異""全球汙染""社會平等""全球合作"等等大而無當的煽情話題；正煽得起勁兒，明尼蘇達州發生了"弗洛伊德案"，憑空又來了一顆救命稻草，原來空洞的口號這一下可算落到了實處，這是活生生的"種族歧視"事件，必須猛烈討伐美國司法制度的黑暗和執法人員的野蠻，至於弗洛伊德真實的死因並不重要，重要的是，他是黑人。

這兩顆稻草還真的幫助蓋茨先生暫時擺脫了輿論危機，但是，出來混總是要還的。2021年5月16日，《紐約時報》又一次引爆炸彈："早在離婚前，比爾蓋茨的不軌行為就廣為人知"（*New York Times,* May 16, 2021）。這篇報導被各大媒體瘋狂轉載了數十次，隨後，梅琳達·蓋茨正式宣布了她的"痛苦"決定：結束和比爾維繫了二十七年的婚姻，從此單飛。離婚的原因之一就是無法承受比爾蓋茨和已死的愛潑斯坦的交往細節。據媒體的多方報導，梅琳達是忍受了二十多年的荒唐婚姻後，突然決定無法再繼續忍耐了。那麼到底過去的二十多年是如何忍耐的？答案是：你猜！

現在回到了剛才的未解之題：維護富人和精英階層利益的主流媒體為何會一反常態，對比爾·蓋茨和愛潑斯坦這樣的金主進行無情打擊？原因其實很簡單，部分永遠小於整體；出現危機時，任何個人和集體都會本著"生存第一"的原則放棄局部，維護主體；這個遵循自然律第一原則的打擊效果是迫使商界的"成功者"更加順從地為"總綱領"出力效命。而這些狂極一時的大亨們，以比爾·蓋茨為代表的富豪和多數富豪都有一個不易察覺卻十分可怕的共性：從財富滋生的慾望（或野心）與其道德情操完全脫節，這是他們在慾壑和邪惡深淵中翻滾的根本原因，也是他們熱衷於"新世界秩序"的本性使然。這是導致當下世界範圍人禍不斷的源頭。

富人的遊戲不是八卦，是一個社會道德價值的倒影。他們的成敗榮辱是平民百姓了解自身所處時代的走向並且學習自保的日常課程。愛潑斯坦的"自殺"不過是暫時遮掩了更大的犯罪事實，即去過"兒童島嶼"的名單。

這份名單將是二十一世紀最最沉重的名單，它關係著一個制度和一個帝國的生存。正是這個原因，公布這份名單將是曠日持久的事。

20. 美國的“紅黃藍幼兒園”

　　北京“紅黃藍幼兒園”的虐童事件是2017年11月曝光的，其實此類事件早在2010年就從該機構設在各地的分園傳出，比如吉林四平、山東青島、河北滄州及江西瑞金等。事發後各地的知情人把虐童行為鋪天蓋地發表在網上，億萬網民展開憤怒聲討，激起了巨大的社會反響；從央視到《新京報》的記者也集中報導他們的跟蹤採訪，大有“上下一心”打一場殲滅戰的態勢。不久各地執法部門將低級相關責任人逮捕判刑入獄，事件得以平息。

　　北京“紅黃藍幼兒園”是在美國上市的中國公司，所以美國媒體曝光了這段萬里之外的醜聞。消息傳開，該公司股票應聲爆跌，但是許多調查記者報導的內容卻遠遠超出了股票漲跌的情況，而是聯繫到了美國的“紅黃藍”虐童案件。2012年6月前賓夕法尼亞大學足球教練傑瑞·桑德斯基（Jerry Sandusky）被控從1997年到2012年的十五年間犯有四十五項性侵兒童罪，鐵證如山，終審定罪。記者們窮追不捨的問題是：為什麼這樣令人髮指的犯罪，歷時十五年才受到應有的懲罰？過去的二十多年裡不斷有受害人舉報，難道我們的司法機關都在冬眠？如果不是冬眠，難道是睜著大眼兒聽之任之？美國畢竟不是中國，但似乎在許多方面有點開始像中國了。這是不是也算全球化的果實呢？

　　早在1983年就有轟動一時的加州“麥克馬丁學前班”兒童性侵案，近五百個孩子的家長起訴該“學前班”

虐待兒童。帶頭舉報和起訴"學前班"的是一位叫朱蒂‧約翰遜（Judy Johnson）的家長，他從和孩子們對話的記錄發現這個"學前班"裡有個地道和地下室，現場查驗屬實；隨後家長們組織對全體兒童做體檢，結果發現85%的孩子身上有傷痕，許多需要心理治療；該"學前班"迅速被關閉，地下室被填滿垃圾，建築被一家無執照公司推倒。

正常的人們對罪犯恨之入骨，法律應該懲惡揚善，但令人費解的是為什麼家長們卻不斷受到騷擾和威脅。1986年聖誕節的前五天，帶頭舉報"學前班"的朱蒂‧約翰遜（Judy Johnson）女士突然離世，年僅四十六歲。其他家長開始迴避記者，搬家或切斷聯繫。經過六年多的調查審理，法庭最後以證據不足為依據對"麥克馬丁學前班"免於起訴，結案。法院判決後，《高層情報周刊》的記者採訪了聯邦調查局洛杉磯分局的前局長泰德‧甘德森（Ted Gunderson）先生，他的原話是，"在提起刑事起訴之前就已經有460名家長向屬地警局報案了。很難相信460個孩子都會編出一樣的被性侵過程和情節"（*Executive Intelligence Review,* May 25, 1990）。

那麼美國的司法機關真的在冬眠嗎？也不是，實情是聯邦調查局有選擇地使用自己的資源。用一句老百姓的話就是：誰都知道哪頭熱，哪頭涼。跟蹤調查各地兒童性侵案的著名作家約翰‧德坎頗（John DeCamp）在其書中引用上面提到的洛杉磯分局長泰德‧甘德森的話說，"聯邦調查局有各種案件的準確數字，被盜車輛兇殺案、強姦案、搶劫案、就是沒有失蹤兒童的數字。各地警局每個月都上報各類案件數字，聯邦調查局只需多加一個欄目："失蹤兒童"即可，根本不用說具體失蹤原因。他們不這樣做是因爲這是個很大的社會問題，會惹起民衆憤怒，那他們就不得不面對並解決這個頭疼的問題"（《富蘭克林案掩蓋》。難道納稅人出錢供養的聯邦調查局爲了避免"頭疼"而故意放縱對兒童犯罪？亦或是這位前洛杉磯分局長話裡有話？

《富蘭克林案掩蓋》的作者，約翰・德坎頗（John DeCamp）是律師出身，曾任內布拉斯加州參議員。他的好友中有一位無人能忽視的大人物，威廉・柯比（William Colby），前中情局局長。當約翰・德坎頗投入調查兒童性侵案之後，他的局長朋友表示支持，但卻異常嚴肅的告誡他，"約翰，你必須理解，有的時候某些事件太大，某些力量太強，給某些人或機構帶來的風險太高，對於這些人和事，不管他們有多少錯誤或有多麼邪惡，也不管你有多麼敬業，多麼認眞或有多少證據，你是無能爲力的。這是生活中你不得不面對的一個簡單而又殘酷的現實"。

帶著這些忠告，約翰・德坎頗開始調查"富蘭克林虐童案"。富蘭克林是內布拉斯加州一個人口只有一千人的小鎮，很少有人留意她的存在。1989年6月29日《華盛頓時報》的頭版新聞把這個小鎮推到了全國的輿論焦點，"一個同性戀團夥和雷根布什政府及政治高層有關係"（*Washington Times, June 29, 1989*）。該團夥經常在半夜帶一些未成年的男孩子去白宮，被問及如何解釋這種事情時，當時的第一夫人巴伯拉・布什說，"很高興《華盛頓郵報》沒有報導這件事"（言外之意：你們《華盛頓時報》的報紙影響力不夠）。

該案中的一位手眼通天的活躍人物是克里格・斯奔色（Craig Spence），他是一位共和黨在首都華盛頓的院外說客，是公開的同性戀。這位同性戀者在接受訪問時自鳴得意的說，"你以為我這麼個同性戀小人物能混跡高層憑的是什麼？我接觸的人都是通天的。我還可以告訴你，你們什麼也查不出來，人家會一口否認。但是如果我出庭作證，經營男孩兒的團夥，日本和我們高層的腐敗，那將是極具破壞力的"（*Washington Times, August 9, 1989*）。三個月後，這位自以為掌握"極具破壞力"信息的同性戀死在波士頓的"麗馳卡爾頓酒店"。現場衛生間的鏡子上用黑色記號筆寫著："頭兒，這就算我的辭呈吧，即刻生效。正如您常說的，如果你自己不願意犧牲，你就無權要別人犧牲。生命就是擔當，願上帝保佑美國"（*Washington Times, November 10, 1989*）。這段近乎暗語的遺言引起了多種解讀，他說的"頭兒"是誰？於此案是什麼關係？現場的物證裡有一份剪報，內容是談時任中情局的局長韋伯斯特如何保護中情局探員，免其到國會作證的經過。斯奔色生性憋不住話藏不住事，有一次在公寓裡遇到熟悉的鄰居，聊著聊著就說起了自己得意的高層人脈。這種自鳴得意的表白，事後再讀，頗有意味。原話是這樣："你們知道的那點兒事（帶著孩子們夜進白宮）和我幹過的其他事兒相比，根本就不算事兒；但我不能告訴你。不管如何，這個世道還會繼續。"（www. wilispooks.com/craigspence/death）

克里格・斯奔色的意外死亡使得 "富蘭克林虐童案" 的調查偵破橫生枝杈，而更大的阻力來自共和黨衆議員萊瑞・克里克（Larry Craig）的百般阻撓，整個破案進展緩慢。2007年議員萊瑞・克里克本人登上了各大報紙的頭版：共和黨衆議員萊瑞・克里克在機場的衛生間進行同性戀活動時被現場逮捕。克里克議員的被捕猶如晨風吹霧，許多人這才恍然明白：虐童團夥的客戶遠不止白宮內的高官，國會的議員也有濕鞋以致落水者。難怪此案查不下去。

"維基偵探" 是一家專注于政治事件調查和解密的機構，類似于 "維基解密"，不過是更加專精於政治領域而已。克里克議員被捕後，該機構曝光了部分克利格・斯奔色生前的活動記錄，可見其對官場的滲透能力。他進出白宮如履平地，誇誇其談的大嘴巴決定了他的下搶——蹊蹺地橫屍于酒店，錢包裡只有三美元。其實斯奔色死前已經收到法院傳令，作了出庭前的口供記錄。他表示將出庭詳細證明他是如何聯手特勤局特工，取得了特別通行證才得以自由進出白宮。特別是經常在午夜時段接到通知，帶著未成年兒童進宮服務。由于他的死亡，證詞沒了，這條線索也就到此中斷了。特勤局供出了一位叫德古克拉爾的特工，此人在測謊儀上的供詞被三方分析師判定爲：撒謊。當調查記者們輪番打電話，要求特勤局提供可信證人時，特勤局的答復很誠懇，"對不起。我們能幫的就是這些！"這般態度好像特勤局於此案無關，只是幫忙而已。權力的傲慢無處不在。

雖然官方的線索斷了，但這個令人髮指的案件並未了結，維繫一個社會的基本正義並未得以伸張。

約翰‧德坎頗律師的調查在繼續。

約翰‧德坎頗律師對虐童案的調查遇到各種阻力，從政界，文化界到各個教派，人們都避之唯恐不及。導演尼爾‧瑪瑟德（Neal Marshad）把人們在日常生活中不願正視的這個嚴重的社會問題拍成了一部電視紀錄片《沉默的陰謀》（Conspiracy of Silence）於1995年播出，片中播出了部分當事人的態度和證詞。約翰‧德坎頗律師也把自己多年調查採訪的結果寫進了他那本影響極大的暢銷書《富蘭克林案掩蓋》（Franklin Cover-Up）。書中涉及的人物眾多，而且都是各個領域的高層人物，這是調查和立案的難點所在，同時也是令一切良知人士憂心忡忡的根本原因。一個社會的精英集團內居然有許多涉嫌一種令人不齒的活動，這樣的國家未來會怎樣？我們有數不清的兒童保護法以及兒童保護機構，難道都無視這種禽獸惡行？

這就不得不看看納稅人供養的這些兒童保護機構的實際作用。有一個總部設在首都華盛頓的組織叫"找尋者"（The Finders），於1987年浮出水面，涉嫌虐童。當年二月四日佛羅里達州警方接到舉報，有六個衣衫襤褸的孩子在公園里無人監護，警方到達現場後發現其中最大的孩子還不到七歲。調查結果是這些孩子與千里之外的"找尋者"有關。根據暗查和線人提供的情報，佛州警方聯合移民局突襲了一個倉庫，現場查獲的物品中最令人不安的是大量的照片，裸體兒童，身穿白袍的成年人，宰殺公羊做祭祀的血腥場面及文件"爲達目的如何獲得兒童"。破案工作迅速取得了進展，"找尋者"的領導人是空軍退役的軍官馬利昂·裴蛛（Marion Pettie），其妻子曾經是中情局的僱員，他們的兒子供職於中情局獨立的"航空部"（Air America），該組織不僅在首都有個點，還在佛傑尼亞州設有分點，具體業務範疇及內容不爲外界所知。《美國新聞及世界報導》也介入調查，刊文"當地警方認爲，該組織行爲古怪，但應該是合法的"（*US News and World Report*，*December 27, 1993；January 3, 1994*）。另一家頂級大報《華盛頓郵報》也開始關注此案（*Washington Post, February 7, 1997*），"佛羅里達州衆議員湯姆·劉易斯（Tom Lewis）認爲如果沒有問題，爲何引起各方的關注？"

案情正在逐漸明朗的時刻，佛州警方接到聯邦調查局和移民局的命令：立即停止調查。此案歸中情局內部案件，事關國家安全，佛州警局停止辦案，上交案宗。有關"找尋者"案就此結束。

這樣一起關乎人間正義，關乎兒童安全及國家未來的大案就這樣草草收場了，因爲兩件更大的事件發生了。首先是2000年的總統大選發生"難產"，小布什和高爾各執一詞，不承認對方 "獲勝"，一路追蹤查票到了佛羅里達州，隨後連罵帶打地鬧到最高法院。經法院調停裁決，小布什主掌白宮。第二件大事就是改變了美國乃至世界現代史的911 "恐襲事件"。其深遠影響有三：一是使得軍火集團以 "反恐" 之名急速擴張，經費大幅增加，然後財富暗中回流；二是前蘇聯解體後本該形成的國際政治趨勢被突然曲改，形成聯中反恐，導致重心偏移；三是以 "反恐" 爲名通過了《愛國者法案》，一部旨在 "危機時刻" 鎭壓本國民衆的法案。此三條都直接導致了如今美國政治和社會的種種危機深化。自然，"富蘭克林虐童案" 被迅速冷卻，一時再無人提及。

　　美國經歷了紐約 "雙子樓" 恐襲之後，整個世界被投入了一個忽隱忽現的 "反恐戰爭" 時代。各地的虐童案漸漸淡出了公衆的視線，但並沒有被有心人遺忘。2010年開年伊始，媒體就再次爆出驚人消息，"五角大樓涉黃"。"幾十名五角大樓高官和軍方合同商購買和下載了大量兒童色情資料，他們使用政府的計算機獲取非法信息"（*Boston Globe, January 23, 2010*）。這次媒體和公衆的聚焦點是各州的 "家庭和兒童服務部"（Department of Family & Child Services）。這些機構得到聯邦政府的巨額財政支持，理應在保護未成年人權宜方面做出應有的成績，但是實際的情況如何呢？對該機構提出強烈質疑和尖銳批評的人是喬治亞州前參議院議員，持保守價值觀的南希‧紫佛爾女士（Nancy Schaefer），她提出的指責主要有：允許戀童者在寄宿家庭和兒童單獨在一起；拒絕兒童離開危險和受虐場所。前參議員南希·紫佛爾女士領導和組織的社會調查顯示，"家庭和兒童服務部"涉嫌變相綁架兒童，非法獲利。依據：該部門的目標孩子都是來自窮困而無力尋求法律保護的家庭；社區及社工人員頻繁偽造證據強行帶走兒童，如謊稱"家庭暴力""住所不安全""父母虐待"等等；"全國兒童受虐及忽視中心"（National Center on Child Abuse and Neglect）的統計數字表明：在"家庭和兒童服務部"安排的寄宿家庭里，兒童死亡率是正常環境中的六倍！被性侵是常態！

以保護兒童爲名卻產生這樣令常人難以理解的犯罪之根本原因是：克林頓簽署的一項法律《收養及安全家庭法案》（Adoption and Safe Families Act）。這個名爲保護兒童及家庭的法案實質是變相鼓勵各地相關機構爲了利益而不惜用非法手段獲取"受虐"兒童。法案規定，收養的越多聯邦政府給的錢也越多，以致多個州還出台了自己的獎勵規定，如果某位社工能"找到"有"特殊需要"的兒童（多數被定義爲"低智商"），就給予現金獎賞。在"法律"和金錢的共同作用下，社工們都擦亮眼睛在低收入社區尋找目標。俗話說，家貧萬事憂，經濟拮据就容易因雞毛蒜皮產生爭吵，大人也容易在孩子身上發脾氣。只要抓住一點蛛絲馬跡，社工馬上進行"藝術"加工，無限誇大所謂的"證據"，甚至用小錢收買"證詞"。只要上報可以立案，就等於自己多了一筆收入。克林頓的這項法案生效後，到底有多少兒童被強行從父母身邊帶走，又有多少死在了寄養收容所，恐怕沒有人知道具體數字。

喬治亞州前參議院議員南希‧紫佛爾女士領導的調查工作指向了一些高層政治人物。媒體經常引用她的觀點以及部分經過核實的調查結果《關於保護兒童服務機構的腐敗報告》（The Corrupt Business of Child Protective Services）。雖然她注意不提具體的名字和地點，但還是引起了某些人的不適。南希‧紫佛爾女士不斷收到各種方式的恫嚇，有的匿名信很露骨地要她停止一切調查。她從政多年，理解在一個多元社會裡，不管一個人持什麼觀點，總會有反對的意見，所以她並沒有太在意那些警告和威脅。

2010年3月26日，南希‧紫佛爾女士和丈夫布魯斯（Bruce Schaelfer）在家中被槍殺。《亞特蘭大憲法報》（*The Atlanta Journal-Constitution*）報導了他們的死訊，其他報紙電視都大幅轉載。聯邦調查局聯合市警局的調查結論是：謀殺自殺。這個結論的定義是，一方先開槍打死對方，然後再自殺。官方的結論一出來，媒體開始按譜發聲，說兩位死者都患了癌症，因絕望而自殺；更離譜的還說，死者是遇到了債務危機，無法還債而自殺。可是另一面，死者的親友和生前的同事們對官方的結論提出各種質疑，比如，他們一生篤信基督教，堅信生命是神賜予的，而自殺違背神意；驗屍報告證明他們從未患癌；他們的經濟狀況很好，根本不缺錢。南希‧紫佛爾女士和丈夫的親朋好友聯名要求重新定案，緝拿兇手，但至今未能如願。

I have witnessed such injustice and harm brought to these families that I am not sure if I even believe reform of the system is possible! The system cannot be trusted. It does not serve the people. It obliterates families and children simply because it has the power to do so.

Nancy Schaefer

我目睹了這些家庭經受的如此慘烈的非正義和迫害以致我無法相信這個制度還能改進！這個制度根本不是為民眾的，根本不可信！它如此毀滅家庭和兒童就是因為它掌控著權力。——南希.紫佛爾

圖片製作：則席 @2022

　　這個虐童案到此也就講完了，結果就是現在還沒有結果。惡人依舊奢侈糜爛，有的還在享受高官厚祿。去年都關在家裡，和一位剛到美國六年的網友煲電話粥，其間聊了部分這個案子。這位網友根本不信美國會有這等見不得人的罪惡，而且是精英和領導階層共同參與?!幾個月後，我們再次聊天時，他極其沮喪地說，看來當初選擇來美國是選錯了。他的兩個孩子都還小，常常因爲擔憂孩子們受禍害而失眠。幾年前全家落地美利堅，甭提有多興奮了，哪裡能想到美國也有"紅黃藍幼兒園"，而且至今還有無數的罪犯沒有伏法。眞的很絕望！故事還很長，只是他個人的感受，也許有一點代表性。

　　最後必須補充一句，多數兒童保護機構和社工是盡心盡職的，心是良心，職是責任。他們的努力加上調查記者冒著風險的不懈工作是這片土地上暴風雨過後的一縷彩虹。

21. 帝國的另一條腿

一個強大帝國必須有兩條強壯的腿才能站得穩，踢得開，一是軍事，二是金融。有強大的軍事而無金融霸權者難以爲繼，如達達軍事帝國；而美國眞正取代大英帝國成爲世界霸主也是在"布雷頓森林"之後確立了以美元爲首的金融統治才算眞正成就了霸業。至於任何一個帝國的形成仰仗其帝國文化的形成是不言自明的，文化、宗教、法律、生產力都是在漫長的歷史演變中積澱的結果。本章討論的內容是最終成就一個帝國的衡量標準之一，金融之於帝國。

所謂帝國，即"放眼世界"而不局限於本國的利益；也可以換句話，就是爲了實現一個主導全球的理想，夢想或臆想自願犧牲本國及本族群的根本利益；比如歷史上所有的帝國，包括當今僅存的紅色帝國。以下稍微做一點延展再討論本章的主題。

過去的共產主義和當下的全球主義，同樣的毒藥，不同的標籤而已。從十九世紀後半葉到二十世紀八十年代，共產主義實踐所到之處造成了人類史上空前的災難，如前蘇聯，東歐各國，中國大陸，東南亞諸國，南美洲資源富饒各國，共產主義已經是災難的代名詞，被人類唾棄，取而代之的是全球主義。與傳統意義上的共產主義所不同的是，全球主義用自由貿易和高科技誘導並俘虜了人類，最有力的證明莫過於正在展開的世紀"政治瘟疫"。最基本的常識是，各國的具體情況迥異，如氣候，食品、醫療基礎、文化歷史，應對“病毒”的經驗、政治及人文生態、經濟能量，等等，本應該各自根據自身的條件，有的放矢地拿出應對辦法，積極尋找有效藥物；但人類正在經歷的卻是被一種強大的力量抹去了國與國之間的差別，實現了人類史上首次全球統一做了三件事：第一是中國大陸樹起一個樣板，某種力量將其推向全球，如封控；第二是只允許一種“科學”觀點而不允許任何質疑和不同觀點的討論，所有不協調的聲音統一被一邊倒的意識形態標籤壓制；第三是強制推行預防傳染的液體，一種沒有充分臨床驗證卻被定性為“疫苗”的液體，同時使用政治權力禁止任何可能有效的非官方藥物。這就是全球主義的象徵，一旦實現一個政府，一個“科學”，一個聲音，一個模式，那就是人類的終結。

就美國而言，轉型進入帝國的標誌可以用“美西戰爭”以美國勝利為節點。此前的美國是以自強自富為主要國策，開疆擴土，廣納世間賢良，發明創新，立國先賢的理念宏圖光芒四射。隨著國力的增強，特別是“美西戰爭”的勝利，美國開始在國際舞台發揮越來越多的影響，歷史上通常把“美西戰爭”定性為美國走向世界霸權的開始。

“美西戰爭”的勝利促成了帝國意識在美國的形成。在這種意識形態影響下，為建立帝國金融的鋪墊工作也正式啟動。1913年“美聯儲”建立，當時該機構的“使命”是要把金融貨幣的主導權從貪婪的銀行家手中奪回來，很動聽的理由。在威爾遜總統的強力推動下，國會通過了《聯邦儲蓄法案》。當時持反對意見的少數議員被後來的歷史反復證明，他們的反對意見是有遠見的，他們的擔憂是有充分理由的。例如，眾議院議員（明尼蘇達州）老查爾斯·林德伯格（Charles Lindbergh Sr. 他的兒子，小查爾斯·林德伯格是首次單獨飛越大西洋的航空先驅）措辭強烈地反對該法案時說道，"這個銀行及貨幣法案是很久以來最嚴重的立法犯罪"。這項立法的多重影響至今依然沒有被追隨全球主義的國家各類精英所切實理解。正在全球被強力且巧妙地推行的數字化，於當初建立"美聯儲"的初衷和本質相同無二。

另一位議員，路易斯·麥克法登（Louis McFadden）數十年不懈地努力要求稽核美聯儲，要求監督美元的發行，但始終無法做到；他用自己辦公室的有限資源對美聯儲進行了多點多面的調查，認為"美聯儲是全世界從未有過的最腐敗的機構"。

1933年5月23日，麥克法登議員起訴"美聯儲"，貨幣發行組及財政部長，控告他們犯有多項罪行，包括：陰謀策劃、欺詐、非法兌換以及叛國罪。1978年《亞利桑那文件資料部》獲得許可，執行"電子書面冊子應該複印，複製，上傳網站並且盡可能廣泛傳播"（見下圖）。除了麥克法登議員的原始訴狀，該文件還保存了他於1934年在國會的講話。這次講話被認為是美國政治史上一次"令人震驚的曝光。"

Congressman McFadden
on the Federal Reserve Corporation
Remarks in Congress, 1934
AN ASTOUNDING EXPOSURE

Reprinted by permission 1978 Arizona Caucus Club

Congressman McFadden's Speech
On the Federal Reserve Corporation

Quotations from several speeches made on the Floor of the House of Representatives by the Honorable Louis T. McFadden of Pennsylvania. Mr. McFadden, due to his having served as Chairman of the Banking and Currency Committee for more than 10 years, was the best posted man on these matters in America and was in a position to speak with authority of the vast ramifications of this gigantic private credit monopoly. As Representative of a State which was among the first to declare its freedom from foreign money tyrants it is fitting that Pennsylvania, the cradle of liberty, be again given the credit for producing a son that was not afraid to hurl defiance in the face of the money-bund. Whereas Mr. McFadden was elected to the high office on both the Democratic and Republican tickets, there can be no accusation of partisanship lodged against him. Because these speeches are set out in full in the Congressional Record, they carry weight that no amount of condemnation on the part of private individuals could hope to carry.

The Federal Reserve-A Corrupt Institution

資料許可：《亞利桑那文件資料部》1978

　　因為公開反對美聯儲，路易斯‧麥克法登議員的厄運連連不斷。先是在國會山酒店前遭到槍擊，兩槍均來自同一隻左輪手槍，幸運的是槍手準星太偏，兩槍落空。第二次是路易斯‧麥克法登議員參加了一次在首都華盛頓舉辦的晚宴，發生了嚴重的食物中毒，而赴宴的其他人都安然無恙；所幸的是他的一位醫生朋友就在現場，立即給他進行了洗胃並送醫搶救，三天后脫險。最終，1936年10月1日，路易斯‧麥克法登先生死於突發心臟病。

　　另一位和麥克法登議員同一個戰壕的同道是懷特‧帕特曼議員（Wright Patman）。他採取的是迂迴戰術，並不直接抨擊"美聯儲"的腐敗本質,而是極力在國會提案來打擊美聯儲的腐敗之根:打白條制度,也叫赤字財政預算。用懷特·帕特曼的話說既是:"老百姓要開支票必須是賬戶裡有錢,否則可能會坐牢,但美聯儲卻可以開空頭支票,可以憑空造錢。"他所說的"白條"還有一層意思,即"分數信貸制度"(Fractional Lending System),也就是大家常說的"準備金制度"。假如一家銀行貸給用戶100元,該銀行實際上只有10元做支撐,在市場上流通的90元是"空氣貨幣",毫無任何依託,而從這90元貸款中產生的利息確是商家的真金白銀。很顯然,這個"分數信貸制度"就是合法地發行假鈔。但美聯儲另有一套說辭:本儲蓄銀行不是政府機構,是私營的。任何個人開空頭支票都會被懲罰,甚至入獄;但美聯儲下轄的12家地區銀行天天在開空頭支票,產生的呆賬,滯脹太多了就調整利息,或政策性引發通脹,祭出頭疼醫腳,腳疼捶背的偏方;實在玩兒過了頭,壞賬、爛賬無法消化時,就"乞求"政客出手,讓全民買單,如2008的人為"次貸危機"。

早在2007年,一名"博聞社"的調查記者馬克·彼得曼(Mark Pittman)就多次發文預言了即將來到的"次貸危機"。危機爆發後,民主黨和共和黨異口同聲主張"救市",用納稅人的血汗錢給貪婪無度的銀行家擦屁股。馬克·彼得曼奔走呼籲,反對聯邦政府和無恥銀行家聯手的罪惡行徑。但是胳膊擰不過大腿,在奧巴馬政府的主導和斡旋下,國會參眾兩院的政客們多數支持"救市"，把銀行家犯罪的成本拋給了普通納稅人。

馬克·彼得曼對聯邦政府提起訴訟。記住，他是唯一的一位媒體人公開要求聯邦政府公布金融機構挪用納稅人公共基金的記錄。美聯儲拒絕了他的訴求，馬克·彼得曼依據《信息自由法》提起上訴。2009年8月，一位聯邦法院法官裁決：美聯儲必須在五日內向"博聞社"呈交相關記錄。美聯儲則以各種藉口採取"拖延"戰術。同年11月25日，馬克·彼得曼突然死亡。主流媒體異口同聲說他死於心臟病，但官方的報告至今依然是"死因不明"。著名影片《美國賭場》（American Casino）裡的主角就是以馬克·彼得曼先生部分經歷爲原型拍攝的。

以上說的都是"美聯儲"如何在美國國內掌控貨幣發行，拒絕國會監管，控制銀行系統並操縱社會的一個側面，但帝國的金融系統必須有外延的長臂，捨此則無法成就其帝國偉業。

借助兩次世界大戰賺得缽滿盆滿的美利堅，在二戰即將結束的前一年，1944年夏天召集了44個國家簽署了"布雷頓森林協議"。該協議確立了美元作爲國際貨幣的主導地位，簽約各國以美元作爲貿易結算貨幣，而美元以黃金爲錨。黃金的有限及歷史慣性可以基本保障匯率的穩定，實事求是地講，這個協議是基本健康和公平的。這句話中連續用了兩個"基本"，目的是要強調一點：以美元爲錨的國際貨幣秩序要達到"布雷頓森林協議"的初衷，必須有一個前提：掌控美元的國家及機構必須透明，必須講信用，否則可能引發極大的混亂，亦或災難。後來的總統尼克松突然"脫金掛油"之所以沒有引發世界性的災難根本原因在於沒有黃金，家家的日子都可以過，哪怕過不好，至少也能混。比如法國大量拋售美元兌現黃金，派飛機把成噸的黃金運回巴黎。但是如果沒有石油，每家的日子都難過，而且很多家過不去，所以，大家也就默認了美國"脫金掛油"轉型。

尼克松的"脫金掛油"影響且巨且遠。首先，由固態的黃金轉為液態的石油使得美元擺脫了有限量的黃金之束縛，只要油井噴油，按美元計價，美聯儲便可以按需發行綠色紙幣；其次，以美元強行主導石油交易，真正實現了一國之金融成為執國際金融牛耳的美夢。自從上世紀70年代末，美元開始掌控國際能源交易，這是帝國金融成功脫金後擴張並強化的關鍵一步。隨後，美元在各類大宗商品及貴重稀有金屬領域發揮著主導作用，例如，美聯儲在利率上動一動小拇指，以美元標價的大宗商品就會反向波動。另一方面，美聯儲操縱美國政府大量發行國債及政府債券。由於美元是國際儲蓄貨幣的主打幣種，加之國際貿易主要的結算貨幣，許多國家都把美國國債及各類債券視為優良資產而持有。當然，其他國家對美元的信任度是多種因素的總和。比如，美國的文化輸出、、世界民主的旗幟、、平等自由的道德制高點、軍事的強大、生產力的強勁、科技的發達、金融和股市制度的相對完善、政治生態和市場競爭機制的高度開放、教育產業的品牌化，等等。

帝國金融最重要的一面是其危機和災難金融。簡單的常識告訴我們，任何貨幣宅在家裡都不會"下小崽兒"，一切全在於流通。那麼問題來了：任何一個國家"平常過日子"所需要的國際貨幣是基本定量的，增長是緩慢的，有限的。如何才能"創造"一種"猛增長，高需求"的模式來使得對美元的需求變成巨額可持續的需求呢？

美聯儲通過其掌控的政客們把世界各國的天災人禍利用到了極致。哪裡有災禍，哪裡就一定有美聯儲綠色的影子。風調雨順的年景，"美聯儲"就聯手中情局和國際銀行，略施小計製造一個又一個的災難，然後再搖身一變，扮成"救世主"的模樣，"慷慨"地伸出溫暖的國際援助之手，加速美元和美債的需求和流通，同時抵消國內的呆滯壞爛賬，尤其是他們利用並控制國會開出的巨額空白支票。如果哪位想認真解析一下"美聯儲"是如何玩弄危機金融和災難金融的真相，無需皓首窮經，秉燭達旦，只需淺讀粗覽一下過去100年南美洲的政權更迭，巴拿馬運河危機，豬灣事件，北部灣事件，越戰的起因及過程，兩伊戰爭，海灣及伊拉克戰爭，利比亞的卡扎菲覆滅，敘利亞戰亂，二十年的阿富汗戰爭等等，即可知大概。只要美元在大量快速流通，對內就可以化解矛盾，消減呆滯爛賬，對外就可以貼金抹粉，無本萬利。貪得無厭的銀行家，華爾街巨賈和陰險政客們就可以放手印鈔，盡情揮霍，享盡人間極樂。

最後，我們用永生不朽的路易斯·麥克法登先生（Louis McFadden）的話做個總結。他於1934年在國會發表的激情演講，在八十八年後的今天重溫，依然可以感到內心深處的震撼，蕩氣迴腸。（下面的圖片版權開放，可以自由引用、截圖、轉帖、傳播。）

每一個人都應該知道

"美國聯邦儲蓄銀行是世界上最腐敗的機構，我的聲音所及無人不知這個國家是被國際銀行操控的。美聯儲董事會極盡所能掩飾其權利，但事實是：美聯儲已經顛覆了美國政府。他們掌控著這裡的一切（國會）以及我們所有的對外關係。他們可以隨心所欲地更替，推翻其他國家政府。"

-----路易斯. 麥克法登
1934年國會致辭

圖片製作：則席 @2022

現在是2022年的春天了，但絲毫不覺得有春天萌動的跡象，反倒是覺得前路未卜，有點壓不下去的憂愁。過去兩年的政治瘟疫是人類迄今為止最恐怖的人禍，而禍根就是以"美聯儲"為代表的世界"精英"們正在試圖把自己的"上帝"意願強加於天下蒼生。

剛得到消息：俄羅斯發起"特別軍事行動"，出兵烏克蘭。檯面兒上的理由是打擊腐敗烏克蘭的新納粹分子在烏東地區的野蠻行徑，檯下的理由很多，很多。

22. 俄烏戰爭與美利堅帝國的未來

　　2022年2月24日俄羅斯發起對烏克蘭的"特別軍事行動"，空中打擊加地面包抄即刻成了全球的新聞焦點。其實早在去年10月份，美國的《信息戰》主播埃里克森·瓊斯（Alex Jones）先生就預言：俄烏戰爭將於明年2月中下旬爆發。當然，埃里克森·瓊斯是美國的頭號"陰謀論者"，他的言論被建制派把控的主媒標註為"陰謀論"是意料之中的事兒，自然這個預言波及到的人數是日常關注他的人，而這個有限的人群裡能順藤摸瓜者寥寥。所以，直到隆隆的炮聲和網絡瘋傳的圖片散開之後，人們才又一次"恍然大悟"，敢情這"陰謀論"還言猶在耳就變成鐵打的事實了。僅從這一點就不得不說，互聯網也不全是負面社會效果，最起碼使得"陰謀論"兌現的時間極大縮短了；從前埃里克森·瓊斯先生的絕大多數"陰謀論"都是10到20年後才得以驗證的，但如今，藉助互聯網，一個"陰謀論"從產生到落地成真只用了短短的幾個月。

　　俄羅斯發起對烏克蘭軍事打擊的理由很簡單，卻不充分。北約東擴把威脅直接推到了俄羅斯的家門口，對俄羅斯的國家安全構成了直接威脅；同時，烏東地區的"亞速營"新納粹分子對俄羅斯人不斷實行恐怖主義迫害。但許多人馬上反問：所謂"直接威脅"和"亞速營"的野蠻行徑也不是一天兩天了，為什麼非選在2022年的2月下旬動手？公然出兵入侵一個主權國家，是可忍孰不可忍！在主流媒體的煽動下，怒火沖天的反戰浪潮籠罩了"言論自由"的虛擬空間。

浩浩蕩蕩的虛擬反戰軍團由形形色色的"勇士們"組成，一類是出於不同政治目的，無所謂誰對誰錯，只要符合自己的政治目標就是對的；另一類是智商欠費卻激情燃燒的情緒化動物，他們從小接受的黑白大腦洗禮便捷快速，而且適用於任何有爭議的事物；只要聽到"侵略"二字，卽刻就是義憤填膺，急火攻心，丟下一切，衝進人群，"打倒侵略者！""誓於烏克蘭人民共存亡！""組建義勇軍，占領莫斯科！"嗓子喊啞了之後，就帶著居高不下的血壓上網，拼命碼字，從官網到民網，從內網到外網，只要是個網就狠狠地敲鍵盤。一時間，互聯網上口號漫天，殺聲震地。

戰爭爆發的當天，我在電報群裡表態："卽便全世界都反對普京的軍事行動，我認爲應該支持他。"隨後又在YOUTUBE做了專題節目，闡明《爲什麼現階段應該支持普京？》我的觀點簡明扼要，分爲三部分。

第一部分：首先，普京是摒棄了共產主義異教的民族主義者，他對抗的是馬克思主義變異後的所謂西方精英集團，卽世人皆知的反人類"大重啟"集團；不可否認，普京的對內政治手段是獨裁加有限專制，更不可否認，普京有他的"強國"夢，想要恢復大俄羅斯的往日雄風，正如其父臨終前拉著普京的手說道：我的兒子多麼像彼得大帝啊！第二，普京不主張強迫廣大民衆接受無法核實成分的不明液體"疫苗"，允許人們做出自己的選擇；"疫情"

最猖獗的期間，除了個別地區有短暫的極端措施，俄羅斯沒有強行封城，沒有迫害中小業主，沒有因意識形態而拒絕病人就醫。第三，戰爭開始後，俄羅斯的指導原則含有強烈的人道精神，始終保持邊界開放，通向東歐的人道走廊暢通無阻，所以才有近400萬難民進入東歐各國。

　　第二部分：普京看準了北約大哥美國的空檔，即篡政的拜登政府絕無正面與俄羅斯開戰的政治意志，了解控制拜登政府的財閥們唯利是圖，貪得無厭的本性，只要這場戰爭不引發核戰，不使歐洲捲入，足矣。況且，早已腐敗透頂的烏克蘭正是買賣武器和販毒的絕佳場地。此時不動手，更待何時？但是，客觀地講，俄羅斯此次軍事行動在戰略方面準備不足，甚至有偏差，這就導致了戰術上的一些失誤。戰爭伊始就耗費了巨大的資源去圍攻烏克蘭首都基輔卻無果而終，後來不得不改變戰術，占領烏東地區。

　　第三部分：戰爭作為政治博弈的最後手段，應該在窮盡其他途徑之後而為之，這一點普京似乎沒有做到，此處主要指的是外交領域的努力遠遠不夠。例如，北歐諸國於俄羅斯在歷史上都多多少少有些過節（如蘇芬戰爭），要大量去做外交工作，務必使這些國家通過不間斷的輿論及爭論認識到今天的俄羅斯不是沙皇俄羅斯，更不是兇惡無恥的共產主義前蘇聯，而是被欺負到家門的俄羅斯；同樣的外交工作必須下大氣力在前共產控制的東歐各國和波羅的海諸國展開，促使他們與早已變質的所謂西方民主社會分割，至少保持中立。如果認識到終將必有一戰，那麼已經交好的核心盟友必須不斷鞏固，可能結交的友邦必須努力並擴大，如土耳其，匈牙利，捷克，塞爾維亞，斯洛伐克，等等。平時把這些工作做得到位，即便不得不發動戰爭，從國際輿論支持到獲取情報和戰爭資源等諸方面都會主動地多，戰事也會順利地多。隨後兩周的戰事進展證明以上的分析及批評是符合博弈規律和事態演變的，圍攻基輔失敗了。之所以失敗，主要的原因，請參見下圖：

圖片製作：則席 @2022

　　上圖的多個箭頭都是軍事行動的目標，數一數箭頭就可見初期俄羅斯的軍事戰術是難以實現的，過度分散。四面出擊和重點打擊效果天壤之別。明知烏克蘭的重工業和軍事主力集中在烏東地區，應該實施分割、包抄、圍殲，卻試圖全面開花，結果前一百天戰績寥寥，乏善可陳。再看下圖：

圖片製作：則席 @2022

　　進入夏季之後，俄羅斯汲取了初期錯誤的策略和戰術教訓，停止了對首都基輔的圍攻。俄羅斯軍隊開始撤出基輔戰鬥，揮師向東，重點解決烏東地區戰鬥。隨後的戰事取得了長足進展，產生了烏東地區投票加入俄羅斯的成果。下面回到當時那期節目的最後部分：理想的打開方式（業餘軍迷推演）。

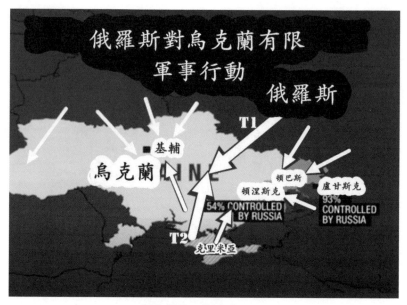

圖片製作：則席 @2022

　　節目的結尾是從一個非軍事的角度（即常識）評述了應該採用的戰術。如上圖所示，對首都基輔應該圍而不打，至多做幾次佯攻，目的是阻斷其對東部戰場的增援；必須集中優勢兵力攻克並殲滅烏東地區的烏克蘭軍事主力：T1和T2兩個集團軍的首期任務是將基輔地區的軍事力量及物資給養和烏東地區軍事力量攔腰截斷，隨後揮師向東，於俄羅斯西方面軍及克羅米亞的南部集團軍以泰山壓頂之勢，迅速果決地徹底清除烏東的“亞速營”納粹反抗力量。五十天之內結束戰事，遺留問題回歸外交和政治領域從容解決。

　　俄烏戰爭距離美國本土萬裡之遙，但是與這個年輕帝國的未來卻是息息相關。參閱上一節所談及的“大重啟”

概況，這場戰爭對帝國的影響可以從以下幾個層面講清楚。

這場戰爭的本質是"大重啟"國際統治集團（WEF是其主要成員）繼"政治瘟疫戰"之後對全人類整體進行征服的第二個重要環節。這個環節又分爲幾個層面，第一個層面就是財富的再集中和規模化轉移。一切戰爭眞正的受難者永遠是平民百姓，也就是全球主義分子的"精英集團"重新定義的"無用階級"，而受益者就是民衆的對立面，如今的精英統治階級，或者叫"有用階級"，包括銀行家，金融寡頭和戰爭販子。這個集團通過他們控制的政客，利用血腥的戰爭機器，通過支持戰爭和販運武器把相關國家民衆的勞動成果"合法地"分配給相關的利益集團，俗話叫做"洗錢"，繼而實現財富的規模化個人攫取。這個模式並非是"大重啟"精英們的新發明，而是已經持續了近一個世紀的發達工業國以私有制爲社會制度基石的極端異化的產物。這就解釋了爲什麼在過去的一個甲子中，美國的1%富人財富增長了三百多倍，而60%的人口所佔有資產是負增長；同時，10%的富裕階層佔全國財富的73%，而80%的中下層民衆只佔7%；卽中產和中下層社會在急速萎縮。例如，皮尤調研歷年來所做的多次社會調查結果顯示，美國中產階層的收入在過去的20年裡幾乎沒有增長，而不到1%的豪富群體的財富平均長幅爲3倍。

任何一個國家，如果其財富分配脫離自然法則及演化歷史所形成的市場機制（公正透明有序自願），就會產生兩種社會變化，一是思想和心理異化後的野心家利用民眾天然追求公平的秉性，以"社會公正""經濟平等"爲藉口分化大眾，搞亂社會，破壞法制，亂中奪權，實現個人的政治野心和扭曲的控制慾望；二是民眾因不滿和積怨無處發洩而主動參與對傳統和秩序的摧毀，這一點是所有異化後政客最喜愛並運用嫻熟的有力攻擊武器（如毛澤東煽動不懂事的學生們"破四舊，立四新"，"消滅地主資本家，工農翻身做主人"），同時也是爲什麼像"大重啟"這樣的邪惡"精英集團"正在極力推行個人數字化管理的根本原因。

人類歷史上最大規模的財富集中轉移是2020年初。一個蓄謀已久，多國協調一致，人爲的"政治瘟疫"席捲全球。邪惡精英集團利用和平已久而惜命的民眾無知、無奈和怕死心裡，通過他們控制的主流媒體進行密集的恐嚇，隨卽以剝奪工作、旅行和社會活動等手段強迫民眾接受不明液體注射，人類史上最大規模的財富掠奪得以實現。收益者是各大跨國製藥集團和他們的政治代表——無恥政客。正在進行的俄烏戰爭則是全球財富掠奪和再分配過程中照顧另一個國際精英集團，軍火集團，貪婪華爾街金融家和他們的政治代表——無恥政客。請注意，每一個犯罪環節都離不開墮落政客的參與和運作。想證實這一點，只需簡單看一眼各大製藥集團在"政治瘟疫"前後進賬的巨差以及各個集團在國會的政治代表的進賬卽可。這些無德無良無品的三無政客，幾乎清一色盤踞在大眾習慣認知中的西方"民主""自由"國家的各級政權機關，爲首既是藉助"政治瘟疫"篡政的拜登反美犯罪集團,幕後的操縱者就是"世界經濟論壇"的成員。

第二個層面,俄烏戰爭是製造能源及糧食危機最直接而有效的手段。這也正是"大重啟"反人類"精英集團"預謀控制人類的第二階段。烏克蘭是著名的歐洲糧倉和化肥產地,俄羅斯是歐亞大陸石油及天然氣主要輸出國,這麼兩家刀兵相見,直接的後果就是糧食和能源危機。這次危機所產生的衝擊波"惠及"絕大多數亞洲、非洲以及歐盟部分國家,其光輻射也理所當然地"照顧"到了美洲。最好的例證莫過於美加兩國高升的汽油,電耗及天然氣價格。但話說回來,導致美國能源價格飆升的真正原因是拜登犯罪集團在篡政伊始就按既定方針人為地摧毀了川普總統時代的能源自給結構,而俄烏戰爭更使其雪上加霜。為了配合"大重啟"的第二步,同時為了維繫已經怨聲載道的油價,營造他們有能力穩定油價從而欺騙民眾,拜登犯罪集團不惜跪求沙特王子並動用了美國戰略石油儲備。這個連環危機的下個環節就是交通運輸業,再下一環則是食品,建材,服裝和日用品價格的迅速飆升,截止到2022年夏,美國的汽油,柴油價格較川普總統離任時上漲了40%,食品價格的漲幅達35%;通貨膨脹率為8.3%,四十年所未有。儘管當權者及社會主義筆桿子們不斷修改"經濟危機"的定義,但百姓每日生活和各類生產行業實際工作中天天面對的現實是:經濟危機已經不是定義和經濟學者鬥嘴的的話題,而是每個人必須面對的實際危機。經濟危機,政治分化,文化崩析,國門洞開,犯罪急升,同室操戈，如此延續，帝國危矣。

　　第三個層面，俄烏戰爭強化了帝國的軍火集團及相關產業，加之其早已做大的政治代言團和院外勢力，這些以戰爲生，貪得無厭的軍工財團在適當的時候會把帝國引向一場大規模毀滅性的戰爭。這場俄烏戰爭有可能演變成爲這樣一個“適當的時候”。這種可能性的依據是顯而易見的：一方面是解體後的昔日共產帝國而現在是必須禦敵以國門之外，捍衛其民族生存及歷史傳承的區域大國俄羅斯；另一方是軍事基地遍布全球，在諸多領域主導國際事務的唯一超級大國美利堅。現在進行時的俄烏戰爭，表面上是俄羅斯與烏克蘭之間的領土及文化爭端，但現實明擺著是俄羅斯與以美國爲首的北約集團的戰爭。若想證實這一點，只需看一眼戰爭爆發後各國的態度，選邊站隊後的實際行動即可了然如晝夜。北約集團爲首的大哥美利堅不顧本國百姓遭遇兩年人爲“政治瘟疫”造成的苦難，閉眼不看油價物價之飛漲，慷民眾之慨，向俄烏戰爭火上澆油，幾次三番地送錢，總計近千億美元。當然，毫無監管的這筆巨額金錢的去向將是今後的待解謎團。真正的答案或許在當政的罪犯團夥被趕出政壇，或者其內部分裂導致醜聞曝光後才能真相大白。

　　第四個層面，這場遠方的戰爭對於已經嚴重分化的美國各界無異於雪上加霜。從政界，知識階層到打醬油吃瓜的平頭百姓都從各自的認知，爲了各自的利益唇槍舌戰，不亦樂乎。但有一個明擺著的事實：十年前的西方主流媒體口誅筆伐，揭露並撻伐烏克蘭的腐敗，種族歧視以及對異見者集體迫害的種種罪行。從去年開始，所有"民主自由"國家的主流媒體統統一夜之間轉弦更張，變爲挺烏批俄。所有西方大媒體，包括科技財團掌控和主導的各大社交媒體（FACEBOOK, TWITTER, INSTEGRAM, SPOTIFY,ETC.）全力打壓不同聲音，必須腔調一致地攻擊俄羅斯，支持烏克蘭的反侵略戰爭。這種容不得異見，不允許討論的情形使人很容易聯想到歷史上重大黑暗的前夜。

最後補充幾句有關"侵略戰爭的正義性"，因爲人間古往今來有許多侵略戰爭是偉大而且正義的戰爭！

人類與自然界的其他物種同樣，歷史上貫穿始終的是戰爭。戰爭既是極端手段也是常態。人類一切活動的兩個根本性目的，一是創造財富，二是分配財富。創造物質是爲了活得更舒適，創造精神財富是爲了維繫已有的一切（如信仰或秩序）並佔有和分配他人的那部分。這似乎是政治意識形態領域產生分歧和爭鬥的起始點。

當某種秩序的分配部分漸漸失衡以至於威脅到一方的根本利益，如族群安全或生存資源嚴重流失，在具備實力的前提下，最直接有效的恢復平衡手段就是戰爭。眼下的俄烏軍事爭端和歷史上所有的戰爭同樣概莫能外。只要生活在同一個星球上，有交往就有爭端，任何一方都會主觀地認爲自己的利益或安全受到不公正對待或威脅，從而可以發動戰爭。如果雙方實力懸殊，弱的一方就會被征服以致被消滅。由此，出於共通的人性，古聖先賢就提出了戰爭倫理，如東方在春秋戰國時期儒家和墨家就有深度的討論及著述；西方自古希臘，古羅馬延續到一戰二戰直到今天都在不斷充實並豐富著戰爭倫理框架中的“正義與非正義戰爭”理論。當下最引人注目的論述可能要數麥克·沃爾澤（Michael Walzer）的《正義與非正義戰爭》。

麥克·沃爾澤也和多數讀書人同樣（或同病），耗費數年光陰，下筆千言，滔滔不絕，成就了這部頗受好評的著作。如果只看書中的要點，無非是“開戰正義”“交戰正義”和“戰後正義”三部分。

“開戰正義”指的是發動戰爭的理由，即中國古人所說的“師出有名”。沃爾澤認爲開戰必須有客觀存在的，具體的而非主觀理論的事實依據，比如：解救被迫害的平民即是維護人權；收復被騙取或搶占的土地即是恢復主權；還有先發制人的正義戰爭，但前提是一國在現實中已經受到他國的實際威脅，並且這種威脅已經無法用和平手段化解。開戰的一個重要依據是有勝利的把握，因爲現實中的正義是由勝利者定義的。最後就是正義只能屬於一方，雖然誰是勝利者各國都可以開動宣傳機器，讓自己的文人墨客寫詩編劇各說各話。

“交戰正義”指的是戰爭過程中是否盡可能減少人員傷亡，是否爲非戰鬥人員留有足夠的逃生渠道，是否將平民作爲人質，是否有意毀壞民用設施，等等。如果用沃爾澤的理論來衡量俄烏戰爭，正義與非正義是不用費力爭論的。從俄羅斯的“特別軍事行動”開始至今，人道走廊暢通無阻，發往東歐各國的列車每天準時準點發車。只要是願意離開戰區的百姓都可以自由選擇，躲避戰火；反倒是烏克蘭政府強制百姓充當炮灰，強行登記，禁止離開。

至於"戰後正義"，只能等到戰爭結束後再談，因為最終的正義是由勝利者定義的。而歷史學中的定義只能交給後代玩兒歷史的書生，於現實政治沒多少實質性的關係。

就目前情形而言，這場由"特別軍事行動"開始的俄烏戰爭，已然演變爲俄羅斯對北約的長期政治、外交、軍事和能源的博弈。截止到本書定稿時，俄羅斯所啟動的對烏克蘭"特別軍事行動"是正義的，是符合自然律的，是有助於恢復過去一個甲子人類嚴重失衡的趨勢。這就是民族主義反對全球主義，以尊重並恢復多元歷史，宗教，社會制度和文化積澱來反對世界專制的博弈。

戰火還在燃燒，難民還在漂泊，正所謂：興也苦了百姓，亡也苦了百姓。

23. 災難性的阿富汗撤軍

如果說"911雙子樓恐襲事件"改變了21世紀歷史的軌跡，美國開啟了長達二十年的"反恐戰爭"，那就不難斷論：這場"反恐戰爭"最終以失敗劃上了句號。"雙子樓恐襲"發生之後，以打擊犯有恐怖活動罪的塔利班基地組織開端的"反恐戰爭"很快演變成了占領阿富汗的全面軍事行動。這場美國有史以來最長久的海外軍事行動所耗費的社會資源及年輕生命無法用金錢來計算。和平主義者有一句錯誤的名言：戰爭的雙方都是失敗者。如果從交戰雙方的平民都爲戰爭支付慘重代價的角度來看，可以說得通。但實際上，從發動和操控戰爭的利益集團的角度來衡量，交戰雙方都是勝利者。

2020年川普總統表示將結束對阿富汗的軍事占領，計劃一年內實施有步驟的撤兵。或許是川普總統當時對連任充滿信心，亦或是政務及司法爛訴纏身而無暇顧及，一年後阿富汗撤兵計劃的實施已經與他無關了，因爲，幾個月後的總統大選發生了以媒體爲先導的政變，結果是川普總統不得已離開了白宮。

2021年5月開始，拜登政權從阿富汗撤兵。整個過程和結果是一次令人費解的災難。與其說是撤軍，不如更準確地說是倉皇逃竄。隨著美國的國旗從軍事基地緩緩降下，一個接一個的災難便接踵而至。

現代的通訊科技把現場的情景飛速傳向四面八方。首都喀布爾一片混亂，美軍的軍營裡士兵們都忙著卷鋪蓋卷兒回家。爲美軍提供服務的阿富汗人忙著收拾東西，跟隨美軍去美國，這些人清楚地知道留下來迎接塔利班意味著什麼。隨著時間一天天過去，最後的期限臨近，人群開始聚集在喀布爾機場。有些無望逃離的人，把孩子高舉著遞給軍營牆上的美國大兵，請求他們帶走孩子。大批曾爲美軍提供地勤及生活服務的當地人冒死爬上卽將起飛的運輸機試圖逃避隨後卽來的塔利班迫害。美軍運輸機的發動機發出巨大的轟鳴，上跑道，滑行，起飛，機翼和起降架上懸掛著20年來爲"自由民主"工作和奉獻的阿富汗人。這些鏡頭的寫實記錄震撼著無數生活在和平環境中的人們，他們天眞的詢問，爲什麼會這樣？

與此同時，機場內和美軍營地周邊聚集著成千上萬碰運氣的阿富汗人。他們以各種理由，在一片嘈雜混亂中試圖登上卽將起飛的運輸機。男人們的罵聲，婦女和孩子們的哭喊聲，夾雜著飛機起飛的轟鳴聲被現場的人們記錄下來，圖片和短視頻傳遍了五湖四海。這些無聲圖片和有聲視頻衝破了一切語言障礙，告訴今天的人們以及子孫後代：美國政府的信用比紙還薄，比冰雪還冷。儘管好萊塢的大片，官方的媒體和政客們激昂的演講充斥著民主、自由、平等、博愛等甜膩的說辭，他們的實際作爲卻恰恰相反。

是呀，爲什麼會這樣？

在文職人員和外交人員家眷還沒有完全撤出之前，軍方在旣不斷後也不設防的情況下無序逃離。從一個平民的視角看這場災難，可以說每一幅畫面，每一個視頻，每一段文字都使人的內心震撼不已，複雜的情緒起伏難平。後人回顧這段慘痛悲劇時，或許最令人難以忘卻的是一對年輕父母擠在惶恐的人群裡拼盡最後的氣力把自己年幼的骨肉交到陌生的美國大兵手裡。大難臨頭，他們只是希望孩子能夠逃過生死之劫。也許生活在和平國度，享受著靜好歲月的人們無法體會這種生離死別的痛苦，但凡是內心還有一絲人性的人都無法不問一句：這一切到底是為了什麼？

拜登政權對上述的人道災難一開始是裝傻充愣，似乎什麼也沒發生。當越來越多的事實再也無法掩蓋後，白宮居然無恥地宣布阿富汗撤軍是完全成功的。在白宮的例行新聞發布會上，面對事先經過嚴格篩選，允許提問的記者和能問的問題都安排妥當的情況下，拜登拿著打印好的標準答案來到現場。記者問的問題都是事先擬定好的，拜登只需照著紙上的答案讀一遍即可。但不知何故，神情恍惚的拜登卻是置之不理，轉身離去。難道是導演和演員的溝通不暢？還是另有蹊蹺？

主媒的御用筆桿子，如《今日美國》《紐時》《華郵》之類力圖為拜登解圍，先是說美方人員已經全部撤離，隨後改口說時間倉促，仍有個別文職人員和家屬滯留，再往後就沒聲兒了。

如果說因為人數眾多，撤離的時間緊迫，國防部的負責人無能而造成了許多人道災難和人情悲劇，那麼遺留大批現代化武器和裝備就像一個巨大的謎團，一年後的今天依然令人感到困惑和費解。從互聯網上公開的資料，特別是圖片和視頻片段可以看到，美軍留給塔利班的武器，彈藥，現金都莊莊在案，歷歷可考。有黑鷹武裝直升機，先進的自動步槍，難得的夜視裝置、坦克車和武裝運兵車，等等。

那麼，到底美軍給塔利班恐怖分子留下了多少先進武器彈藥、現金和裝備？各個信息源的報導略有出入，但大致都認為總價值在800億美元上下。除了裝甲運兵車，自動步槍、衝鋒槍、手槍，堆積如山的彈藥，整箱的美鈔，排雷設備，還有令許多國家垂涎三尺的黑鷹武裝直升機和夜視裝備。玻利維亞的一個毒梟半開玩笑地說，他可以用這些武器彈藥和現金裝備一個整編師，可以使他的毒品生意更上三層樓。

問題來了，美軍為什麼把價值連城的武器裝備留給昔日的敵人——塔利班恐怖組織？各種解讀在互聯網上隨處可見，都有一定的依據及合理性。但前提應該沒有爭議，即撤離阿富汗的軍隊是按照美國政府和軍方高層的指令而行事的，絕不是什麼時間緊迫，各部隊信息不暢，導致誤解或不協調，最終只能丟盔卸甲，倉皇逃遁。那麼這樣做目的何在？可以歸納幾種不同的闡釋。

一是留後手。中情局將在未來的某個時間點利用塔利班恐怖組織制衡其他勢力在該地區做大。潛台詞是中情局與塔利班恢復了某種程度的合作，亦如冷戰時期為了抗衡前蘇聯，中情局扶持並領導本拉登的基地組織。沒有中情局的美元、武器和情報支持，本拉登很難立足，更何談做大。所以，在可預見的未來，阿富汗地區不可能平靜。

　　二是軍火集團在美軍撤出後會利用黑市倒賣部分遺留武器。軍火財團通過中間商、代理人和自己的白手套不斷倒手，達到循環獲利。這個觀點解釋了爲什麼沒有提前運走這批武器。畢竟有半年多的時間可用，並且最下策也可以用幾天的時間將帶不走的物品付之一炬，予以銷毀。之所以沒這麼做，那就要看看誰最有可能從中漁利。二戰後的歷史證明（德國的潛艇，研製原子武器的成果，戰機和火炮等等），軍火商和中情局高層是聯手玩兒黑市的好搭檔，而且這種黑市是自行設計和管理的規模產業鏈。

　　三是阿富汗周邊的國家會增加軍火訂單，因爲現在他們面對的是武器精良的塔利班組織的直接威脅。雖然中國大陸藉著“一帶一路”的對外擴張也在該地區做軍火生意，但其性能和質量與美國造相比還是有不小的差距。如此一來，二級和三級軍火市場的生意就不會斷了香火。關注美國的大軍火商，分析他們的利潤增長及種類可以窺其一斑，比如，洛克馬丁，瑞斯恩，波音公司，諾斯普格魯曼，和通用動能。

　　綜上所述，一年前的美國從阿富汗災難性的潰逃在不同層面嚴重削弱了美國的國際影響和政治地位。僅就這一個事件造成的負面影響，應該客觀地講遠遠超過了幾十年的軟實力輸出，因爲這可是實打實的硬實力展示。還可以明確地講，這是美利堅帝國走向衰落的一個歷史性節點事件。具體而言，可以分爲以下幾點。

第一，作爲當今世上唯一超級大國的美國對一個落後的阿富汗，打了20年，犧牲了數以千計的年輕生命，耗費巨大資金和社會資源，結果是丟盔卸甲倉皇潰逃。在第三世界國家的眼中，特別是從伊斯蘭世界的角度，美國是個標準的紙老虎，儘管美國有先進的武器和信息技術。當一個族群的精神開始潰爛，不論其外表多麼彪悍都無濟於事，都無法阻止其衰落。古羅馬帝國，奧斯曼帝國，大英帝國，都不能 "脫俗" 免災。

第二，一個國家的形象損毀會直接降低其外交領域的空間和外交活動的效果。最明顯的例子無外乎機選總統拜登在各種外交場合的出境寫真。去年G20峰會拍攝集體照時拜登被安排在前排最左邊，勉強被收入鏡頭；很多網友拿著放大鏡，逐個過目才終於在左下角找到面帶困惑，目光呆滯的拜登。伊麗莎白女王的葬禮活動中拜登代表昔日強大的美國被安排坐在第14排，不用放大鏡認真搜索很難找到拜登的存在。拜登為了乞求中東的石油，主動給沙特王子打電話，結果是無人接聽，不得已屁顛屁顛地跑去和王子殿下面談，請求沙特增產降價，結果恰恰相反，石油減產漲價，等等。這也從側面說明：一個政治人物無德，無能，還無品，自己不把自己當人，那麼別人就必定會拿他當垃圾。可悲的是，當此類三無渣子竊國當道，那麼倒霉的就是全體國民，只是程度和早晚的差別，一個也逃不掉。

第三，再看看美國國內，這場災難性的撤兵在國內引起了激烈的爭論，包括遮遮掩掩、欲蓋彌彰的主流媒體。財閥控制的媒體雖然不得已而報導倉惶撤軍的混亂和悲劇的後果，但主題明顯無誤：止損和開脫，行話叫"危機公關"。比如，美軍丟下的武器並沒有800億美元，"那是不實報導，是別有用心，實際上只有700億美元"；畫外音就是800億和700億有著本質的區別。至於為何沒有運走或銷毀那些武器裝備？原因是國防部高層（匿名）和當地駐軍溝通不暢（現代化最先進的通訊技術只有在關鍵時刻才會出故障）。自由派和保守派的報導從批評到譴責不一而足，主題也十分明確：控制白宮和國防部的極左勢力一方面謀己之利（各利益集團，特別是一些"非盈利組織"以人道救援為名，從資金到物資上下其手），另一方面更大的目的是配合"大重啟"削弱美國，征服美國以達到推進全球化進程，早日實現《未來簡史》和《美麗新世界》所描繪的世界大同。

最後，我們必須強調一點，這次災難性的從阿富汗潰敗的整個過程中，全軍上下竟無一人對原本可以避免的傷亡（13名士官在潰逃的最後日子殞命他鄉）站出來承擔責任，甚至舉國上下無人要求追責。唯有阿富汗駐軍的斯鐸‧席勒中校（Stuart Scheller）向國防部發出追責的呼籲。這樣一位愛國勇敢誠信的軍官，冒著巨大風險孤獨的吼聲換來的不是核實追責，而是將他逮捕，送上軍事法庭。如此令人寒心和憤怒的事情竟然發生在昔日令人敬畏的美軍中。日後再有戰事，戰鬥意志幾存？士氣何來？

我以爲，這個名字將永載史冊，萬古流芳：Lt. Col. Stuart Scheller Jr.

在一個乾坤顛倒黑暗降臨的時代，最有價值的只有人性中的良知，而勇氣就是良知的核心元素。

過去三十年美軍在"海灣戰爭""伊拉克戰爭"和大大小小的"反恐戰爭"中樹立的對敵攻無不克，所向披靡的形象，加之好萊塢大片渲染的鋤強扶弱，除暴安民的威望，在這次狼狽潰逃的阿富汗撤軍中劃上了句號。

今後的美軍，在新時代的高科技和未來的信息戰中是否還需要軍魂，是否還有軍魂，先進的武器到底能否取代一支軍隊的靈魂和士氣？在當今動蕩的國際局勢中，在不可避免的軍事衝突中會不斷得到驗證，眼下烏克蘭戰場上的北約對俄羅斯衝突就是一個值得認真研究的戰例。

24. 對自由和民權的致命一擊：《愛國者法案》

本章的內容是了解近幾年美國政治亂象的起點。

對於任何一個自由開放的社會，導致其自由度降低和民權萎縮的最直接原因是政府權力的過度集中和擴大。人類的文明積澱演化到近代史以來最自由的國度是美國，而美國的自由和民權在2002年遭到了"愛國者法案"致命的一擊。此後，真正意義上的自由和民權就日漸滑坡，而聯邦政府的權力卻日益強大，頗有失控的徵兆。民間有一句流行的話，"最令人恐懼的一句話是：我是代表政府來幫助你的（The most scary words in life is: I'm from the government and I'm here to help.）"。

2001年的"911恐襲事件"結出的最大果實有兩個，一個在國外，另一個在國內。在國際上是無止無休的"反恐戰爭"，在國內就是"愛國者法案"。至於這兩個果實是惡果還是善果，那就取決於每個人的價值觀和政治立場。該法案的全稱是：為截獲並阻止恐怖主義提供適當工具以期達到團結和鞏固美國（Uniting and Strengthening America by Providing Appropriate Tools Required to Intercept and Obstruct Terrorism Act of 2001），將每個單詞的第一個字母合在一起即成為"美國愛國者法案"USA PATRIOT ACT，如此這般文字的巧合，不得不令人詫異。一個原本可以直截了當的"反恐法"，為何要煞費苦心搞出一個長長的句子，再從中摘出首字母來宣揚"愛國"？想要知曉該法案的實質，有兩個簡單的辦法：一是查看其內容的要點，二是看看它形成的時間線及過程。

　　該法案的核心內容可歸納為以下幾點：

　　顛覆了《人權法案》第四條"執法搜查必須詳細明確時間，具體範圍，具體地點；必須獲得法院發出的搜查令；嫌疑人享有既定法律程序並免於遭受人身攻擊或任何形式的肉體刑罰"。這些保護基本人權和人身及財產安全的法律，遭到了"愛國者法案"的嚴重踐踏。

1. 1978年通過的"外國情報監控法案"Foreign Intelligence Surveillance Act. 簡稱FISA的法案被"愛國者法案"極度地放大到可以提前去該法案設置的祕密法庭領取空白搜捕令。執法人員可以根據上司安排的具體任務按需隨時填寫或更改搜查內容和範疇，以及拘捕當事人並沒收其財產的原因及結果。用一句通俗的話講，就是可以做到"欲加之罪，何患無辭"。這是從法治走向人治的轉折點。

2. "愛國者法案"授權全國各地的聯邦法院可以延後發出搜查令，即允許執法人員在"時間緊迫"時，可以先斬後奏。但對於什麼條件構成"時間緊迫"沒有明確規定，這就人為地留有極大伸縮度，執法人員可以依據具體任務而自行定義。直白的說，就是執法人員隨時可以主觀認為"時間緊迫"而不需要搜查令，名爲執法，實則是亂法。在"愛國者法案"問世之前，法律對"時間緊迫"僅僅限於"口頭取證和電子通訊"，但"愛國者法案"把此條款擴展爲"人身搜查和物理取證"。這使得任何公民一旦被認定爲"嫌疑人"後，當祕密警察和執法人員突然出現在門前時，喪失了所有可以自衛和自我保護的權力。

3. 該法案明確限制國會的監管權限。祕密警察和情報機構的執法人員可以越過國會，游離於憲法之外，成爲實際意義上的法外之力。這就是爲什麼大家經常在電視或社交媒體上看到這樣的畫面：當國會特別委員會的某位議員在聽證會上質問並要求某個聯邦調查局FBI或中情局CIA特工回答某個問題時，那位特工常常很自豪地說，"無可奉告，這是機密"。過去的20年間，此類聽證會年年有，月月有，但都流於形式，不了了之。也可以說，"愛國者法案"賦予情報機構治外法權，可以理直氣壯地以"國家機密"爲由把國會的監管機能化爲烏有。

4. 以往的聯邦調查局、中情局和司法部是各自獨立且分工明確的三個執法機構。但"愛國者法案"把這三家的界線模糊了，糅合了，變成了聯邦行政機關獨家掌控的政治尖刀和幫派的司法利器，無往而不勝。過去一個部門乾的活兒，如果今日不便直接出手，可以交給另一個部門"迂迴辦案"。如果出了差錯，事後可以相互推諉，如果可以取得預期的政治目的，那就三方通力合作，私下協調，認真比對，甚至篡改"證據"。同時他們還可以真戲假唱或假戲真唱，使得欲求真相的調查記者們和國會的議員們往返於官僚機構堆積如山的資料迷宮裡，耗時費力而不得真相。如此一來，誰掌握了這些凌駕於法律之上的武裝情報力量，誰就實際上有了自家集團的"錦衣衛"。

那麼，如此危及到美國立國精神的提案是如何成為法律的？僅僅以"反對恐怖主義"為由是很難成真的。當時的小布什政府主導了這次立法演出，自始至終顯現出令人唏噓的詭異，強迫和欺詐。這並不是我們主觀的責難，只需看看"愛國者法案"形成的時間線和過程，答案應該是顯而易得的。

9月11日恐襲--->9月17日艾斯克羅夫特提交"反恐法案--->10月2日森森柏若爾向眾議院動議"愛國者法案"--->10月5日眾議院以337:79票通過--->10月12日參議院以96:1票通過--->10月25日送交白宮--->10月26日布什簽字成為法律

圖片製作：則席 @2022

1. 9月11日 "恐襲事件" 發生。僅僅6天之後，總檢察長約翰·艾斯克羅夫特（John Ashcroft, AG）就代表白宮向國會提交了 "動員反恐議案"（Mobilization Against Terrorism Act），內容包括：信息情報收集，移民管理和犯罪處理及反洗錢。同時擴展了司法部的權限，使其可以監聽任何被懷疑人通過電話或電腦與外界交往的內容。而這些正是直接顛覆了憲法第四修正案，民眾從此在所謂的 "反恐" 氛圍中失去了最基本的法律保護。依照官僚機構的慣例和效率，提出一個關乎全國以致世界的議案，沒有幾個月的時間是很難成型的。但如今，這樣 "扭轉乾坤" 的提案只用了六天時間就提交給了國會，一個合理的解釋就是事先做足了準備工作。

2. 兩周後，也就是10月2號，森森柏若爾（Jim Sensenbrenner）正式向國會提交了修改後的 "愛國者法案"。這次用了兩個星期，除了文字功夫之外，更多的時間是對持疑慮態度的議員做工作，幫助他們 "識時務"，不要成為 "反恐戰爭" 和整體布局的絆腳石。在主戰鷹派議員的推動下，國會特別委員會於3號凌晨開會，疑慮派的議員們被告知：如果不通過這個 "愛國者法案"，即將發生的下一起恐怖襲擊將由你們負責！在9/11的慘案悲痛中，在道德和恐懼的雙重綁架下，與會的議員們低下了倔強的頭顱，拱手

出讓了第四修正案對民權和自由的保護，凌晨 3:25分達成一致意見，爲最後在國會表決通過該法案鋪平了道路。

3. 兩天後的10月5號，衆議院以337:79票的壓倒性多數通過了 "愛國者法案" 的審議表決程序。值得格外注意的是，此時紐約的 "雙子樓恐襲" 現場已經清理完畢，所有物證都已經銷毀。所有事發時現場的第一時間報導一律不許重播，全部按照新的主題修改以前的報導內容。幾天時間，所有主流媒體都開始統一報導並反復強調一個主題：恐怖主義已經在美國盤根錯節，美國已經實際處於戰爭狀態， "反恐" 是壓倒一切的要務。

4. 一周後的10月12號，參議院以96：1的高票完成了國會的最後立法程序。至此，聯邦政府、情報機構和祕密警察所嚮往多年的空前權利成了煮熟的鴨子，可以開席享用了。而這一天正是 "911恐襲" 後的一個月。這一個月的時間裡，除了銷毀物證，清理現場以外，還發生了一件令人詫異的事情。事發後不到一周時間，小布什總統就發表演講，指定了 "911恐襲" 的主媒是 "基地組織塔利班"，首犯是昔日中情局的老朋友——本拉登。這使得許多關注政情時局的記者們想起了六個月前被冠以 "陰謀論" 的一個預判：……幾個月或更短的時間內會發生一起重大的恐怖襲擊，罪魁禍首將被指定爲奧薩姆・本拉登。這位 "陰謀論＂的預言者是美國前海軍高級情報官比爾‧庫博（Bill Cooper）。這位預言者爲此付出了生命代價，政府執法機構強殺他的理由：欠稅！

5. ＂愛國者法案＂經過參衆兩院的表決後，於10月25號送達白宮。次日一大早，小布什就爭分奪秒興高采烈地舉行了儀式感十足的簽字儀式。從《獨立宣言》到＂愛國者法案＂，美國這個年輕的聯邦共和國走過了艱辛而又自豪的兩百二十五年，至此，享有極大自由和民權的美國人民迎來了頭懸利刃的＂全面反恐＂新時代，這把利刃可能隨時會落在每個無辜人的頭上。

那麼這個危險的＂愛國者法案＂爲何能得到絕大多數民選代表的認同？能夠在短時間內完成繁雜的立法程序而成爲法律？它有什麼積極的因素？或者說對於保衛國家安全和民衆生命財產安全有什麼積極作用？實事求是而言，有一點潛在的積極成分，只是目前尚未得到印證。比如，此法案增強了不同執法部門聯合監控偵破潛在恐怖活動的能力。據說情報部門掌握了近萬例可能的恐怖跡象，但在國會的多次聽證會上，聯邦調查局和中情局的官員都以＂國家機密＂爲由，拒絕透露任何細節。再如，情報部門以＂反恐＂爲名，要求幾家全國性的電話公司交出客戶通話或短信息內容，要求銀行交出客戶進出和轉賬記錄，現已掌握大量海內外洗錢證據。但是面對國會調查委員會議員要求他們提供具體證據時，情報部門的官員還是照單抓藥，"國家機密，無可奉告"。所以，直到"愛國者法案"被廢除或被修正之後，上述的保家護民的積極作用才能大白於天下，不論是眞還是假。

但該法案的消極作用甚至是危害已經是案例如山，歷歷在目，斑斑可考。這方面只要登錄政府官方網站，如"國土安全局網站"www.dhs.gov 以及各地法院公開的侵權違憲案件，可以說不勝枚舉。如果檢索社交媒體上揭露執法機構破壞言論自由，踐踏人權的文章和節目（雖然有部分內容缺乏嚴謹，還有的刻意放大或扭曲案情已達到博眼球之功效），許多案情令人髮指，義憤塡膺。綜合各方面的案例，可以歸納爲以下幾點。

1. 維繫司法公正的基本程序遭到嚴重破壞（DUE PROCESS）。民法和刑法都賦予嫌疑人聘用律師，事實舉證，對簿公堂及陪審團裁定。但在"愛國者法案"以"反恐"的名義辦案時，既定的司法程序成了一紙空文。

2. 執法人員在接觸嫌疑人時發生多起無端的人身攻擊和過度使用暴力事件。這是對警方"保護和服務"宗旨的嚴重顛覆。僅此一條就在極大程度上造成了民眾對執法部門的不信任以至敵對情緒。這一點又反過來被惡意極端勢力所利用，演變爲2020年動亂中"撤資警力"（DEFUND POLICE）的依據。

3. 公民天賦的言論自由在"反恐"優先的衝擊下受到前所未有的侵害。出版、結社和集會都被嚴密監控，橫加干擾。特別是社交媒體上，凡是不同於官方指南的言論被刪帖、被下架、被停播、被銷號的事件層出不窮。

4. 較之"愛國者法案"生效前，無令搜查和沒收私有財產的事件成倍增長。因為該法案賦予執法部門特權，可以先斬後奏，而且辦案人員在辦案過程中的違法行為不予追究。雖然許多民權機構，如ACLU，不斷起訴聯邦執法機關，其中公開過堂的重大案件多數贏了官司，但難以計數的非重大案件卻拖延時日，對當事人造成難以承受的經濟負擔和精神苦難。

5. 依據"愛國者法案"，對嫌疑人可以無限期拘押而不需要任何理由。僅此一條就對習慣並相信法治的普通人產生了極大的威懾和恐嚇。只要被聯邦調查局或中情局（傳統上只對國外，現在也開始插手國內案件）盯上，就無法預測結果會如何。有的人被內定為嫌疑人約談後選擇自殺，原因即在於此。

6. 如果說還有什麼對人權法案（BILL OF RIGHTS）造成更大傷害的，那就是"愛國者法案"允許執法人員對嫌疑人用刑！雖然在以往的司法案件中有過許多濫用酷刑的事件，如《這就是謀殺》MURDER IN THE FIRST劇情中所描述的那樣，但畢竟是反文明的司法醜聞。所以，執法部門通常會盡力依法辦案，避免刑訊逼供或各種肉體折磨。但是，"愛國者法案"實施後，許多證人在法庭上矛盾重重，反復推翻已有的證詞；而在法庭之外，面對記者的詢問常常選擇三緘其口或者躲躲閃閃，有的直接告訴記者，我不敢說。

最後必須註明的一點是，雖然"愛國者法案"這把利刃懸在每個人的頭上，但並非已經到了完全無法反抗的地步；雖然那些熱衷權利貪得無厭的惡人絞盡腦汁以"反恐"爲名在法律上大動手腳，破壞憲法和攻擊《人權法案》，但經過二十年的實踐，數十個民間團體，佔據法學界多數的憲法維護者和堅貞不屈的新聞記者們不懈地努力，"愛國者法案"延期一案在2020年（川普總統任上）被國會否決，從而至少在法律層面給這個惡法畫上了句號。這正好應了那句老話：病來如山倒，病走如抽絲。要在實際司法層面消除一個惡法的影響，一定需要後人代代保持清醒頭腦和危險意識，以百折不撓的努力來捍衛言論自由和公民權益。

25. 當代美國史的分水嶺：約翰・肯尼迪謀殺案

　　肯尼迪謀殺案發生在五十九年前的11月22日。那個日子在美國現代史上重重地劃上了一個句號，句號的後面是一個巨大的問號。而這個巨大問號的一部分至今依然蒙著一層厚厚的塵埃。許多人試圖抹去這層塵埃，一探被掩蓋的真相。他們中有一些限於資源不足而作罷或所獲甚微，還有一些有能力有資源且堅持不懈的人在嘗試的途中蹣跚地倒下了，成為那個巨大問號後面一連串的小問號。這些小問號根植於那個巨大問號，隨著時間的流逝也漸漸變成了許多大問號。近一個甲子以來，這些大大小小，陰影重疊的問號始終纏繞著每一顆善良的心靈，佔據著每一個求真的腦海裡的一隅，揮之不去。

　　中國有句老話，蓋棺定論。如果從政治角度（即只看其政治作為而非個人生活中的瑕疵）來評價肯尼迪總統，他是美國現代政治史上一座真正意義上的豐碑。他是當代美國最年輕的當選總統；他是第一位不拿工資的總統；他是第一位入主白宮的天主教徒；是第一位沒參加過"貝爾德伯格"（參見本書"三個影子"章節）密會的總統；是第一位與英國皇室沒有瓜葛的總統；是第一位從政前曾經指揮近距離與日本皇家海軍激戰的指揮官；是其指揮的PT-109號戰艦被擊沉後用牙齒咬著一條救生帶將負傷的戰友救離火線的勇士；是第一位不與前任總統們搞個人關係的總統；是一位聰穎過人的讀書人；是一位公認的優秀作家；他的演講都是自己撰寫而從不用代筆。與其他總統的空洞言辭相比，肯尼迪的演說充滿著睿智、警示、幽默和令人沉思的比喻。以此過人之德、之能、之才而名垂青史，可謂實至名歸。

那麼，這樣一位優秀的政治家為什麼會被謀殺？是什麼力量必欲除之而後快？簡而言之，他的對立面太多，太大，太強。要是簡要地列個名單，大致包括：民主黨及共和黨建制派（紐約派和加州派）、洛克菲勒集團、福特基金會、卡內基基金會、中情局、外交事務委員會（對外窗口是《紐約時報》和《外交事務季刊》）。只需掃一眼這個陣容就不難看出肯尼迪總統對立面的能量。

如果再看看肯尼迪總統做了哪些具體事情並計劃做哪些工作，他的死亡就是既定的了。肯尼迪總統就職伊始就對他在海軍服役時的好友，時任海軍部長的鮑爾·瑞說過"要把中情局撕個粉碎"；1963年初，他堅決反對以色列發展核武器並且怒懟當時的以色列總理大衛·本·古里昂（David Ben-Gurion）；他想打破鋼鐵和石油大亨對行業的壟斷；更有甚者，肯尼迪總統反對戰爭。為此，他發布了"國家安全法案備忘錄第263號"，計劃分階段結束越南戰爭。第一批從越南撤出一千名軍事顧問，定於1965年實施；肯尼迪總統明確指出，盤踞在美國商界，製造業和服務業的黑幫勢力必須清除，因為他們已經成了整個社會的毒瘤；最要命的是，肯尼迪總統明確表示他要終止美聯儲對美元的控制，要把貨幣發行權收歸國會（請記住洛克菲勒的名言：只要給我貨幣發行權，誰當總統都無所謂！）。以上這些中的任何一項都足以使一個政治人物成為強大利益集團的眼中釘肉中刺，更何況肯尼迪總統執意要動員各個階層形成共識，"從頭收拾舊山河（此處說的"從頭"是指從威爾遜時代開始糾偏，改錯，易轍，回歸憲法，恢復傳統）"！

為了獲得底層民眾的響應及社會各階層的支持，肯尼迪總統多次在公開場合呼籲增加政府的透明度，反對影子政府及祕密幫派對政府的干擾甚至是控制。1961年他在"美國大學"的演講中呼籲降低意識形態爭執，努力實現世界和平。1963年他在對"美國新聞協會"的演講中抨擊祕密團體及幫派對美國政治的侵害及威脅，強調信息公開流動對美國立國精神及價值觀維繫的重要性。以上的簡單勾勒足以詮釋任何一個利益可能受損的集團都有除掉肯尼迪總統的動機。如果把各個利益集團動機相加，肯尼迪總統的被謀殺就只能是個早晚的問題了。

關於肯尼迪總統謀殺案本身的人證物證，在已知事實基礎上展開的邏輯梳理已經是汗牛充棟；過去五十多年裡，從事這項威脅工作的史學家，調查記者和民間人士前赴後繼，從未間斷。在此，我們只陳述幾個已經在社會各界及專家領域得到普遍認可的最基本的事實。

第一，肯尼迪總統被擊中的第一槍來自其車隊慢行到轉彎處右前方的Grassy Knoll矮牆後面，而不是總統車隊右後側的圖書館六樓藏書間，因為這一槍擊中了總統的咽喉。

第二，特勤局安全守則上明確規定在無全方位特控環境中，總統座駕兩側各需兩名護衛。但就是在出事這天，總統座駕的特工被奇怪地調離了，致使總統本人完全暴露在正前方及左右兩側的危險之下。現場的照片從不同角度表明，總統座駕後面的車子兩側都配有特勤局特工，而唯獨總統本人的座駕卻暴露在三個方向的可能攻擊之下。

第三，現場發現了三個擊發後的彈殼，而不是後來官方極力散布和維持的說詞：只有一個蛋殼。肯尼迪總統本人被擊中兩槍，同車陪同的德州州長約翰・考內來先生身中一槍。

第四，參與作案的罪犯絕非只有一個叫奧斯瓦爾德（Lee Harvey Oswald）的激進分子，而是包括兩天後殺死奧斯瓦爾德的酒吧老闆Ruby，以及隨後殺死Ruby的一個環環相扣的高效鏈條。

第五，對於現場繳獲的犯罪工具，到底是德造毛瑟槍，是阿根廷造馬瑟槍，還是英造英菲爾德步槍？NBC等電視台的報導與現場警員和探員的證詞處處矛盾。幾次改口之後，才統一說是一隻“毛瑟槍”。到底是哪國造的，哪年出廠的，哪個槍店出售的？至今還是“國家機密”。

第六，新掌權的約翰遜政府對肯尼迪總統謀殺案的調查表現得十分冷漠，毫無深究的興趣。後來成立的調查委員會是在“外人”督促下成立的，這個“外人”就是耶魯大學法學系主任尤金・羅斯托

（Eugene Rostow）。

第七，調查委員會由大法官厄爾·沃倫（Earl Warren）牽頭成立了《沃倫調查委員會》；令人詫愕的是該委員會的成員是由清一色的仇恨肯尼迪總統的人員組成。例如，被肯尼迪總統開除的前中情局局長艾倫·杜勒斯（Allen Dulles），日後福特基金會的主席麥克喬治·邦黛（McGeorge Bundy），此君也是極力促使越戰升級的成員之一。

第八，犯罪現場收集的物證都被FBI即刻接管，隨後就發生了丟的丟，毀的毀而無法作爲呈堂證據，最明顯的是總統座駕。事發後三天，這部加長轎車被FBI徹底清洗了一遍，洗去了所有現場遺留痕跡，並更換了損傷部件，特別是被來自右前方子彈擊碎的前擋風玻璃。司法常規裡的所有物證必須分級管理，詳細記錄，任何人接觸物證必須在監管下簽字，這一切都被破壞得蕩然無存。

第九，約翰遜堅持在返回首都的途中，在總統座機上，在肯尼迪總統的遺體旁舉行晉級就任總統儀式並執意要以總統的身分降落在首都華盛頓DC，而這個儀式本應在回到首都DC後舉行。肯尼迪總統的遺孀被迫參加了約翰遜的空中就職儀式。現存的照片上，傑奎琳·肯尼迪穿著帶有丈夫鮮血的衣服，哀傷地站在得意的約翰遜左邊。

第十，祕密警察把凡是見過肯尼迪總統遺體並在現場拍照的記者們集中起來，沒收並銷毀了所有的現場記錄膠片，給出的理由是：在場的某些人不能曝光。這類完全可以在顯影過程中輕易處理的技術問題爲什麼就成了銷毀膠片理由？

第十一，很有趣的事情是，這個走過場的《沃倫調查委員會》記錄了許多後來不被官方認可的現場證人證詞。這些官方想抹去但是"一時大意"存留史冊的證據後來都成了研究此案極有價值的線索，其中包括FBI事後挨門挨戶告誡目擊者不要多言，少管閒事，否則對自己不好。

第十二，參加驗屍的醫生們的證詞一致指出總統的頭顱後半部分炸飛了。這些證詞即證實了子彈來自前方，也證實了是大火力步槍或近距離火器所致。

第十三，謀殺案發生的兩年後，裝殮肯尼迪總統的銅質棺材被灌滿沙子，由空軍執行任務，沉入波濤滾滾的大西洋。爲什麼？

第十四，《沃倫調查委員會》和國會多次聽證會所留下的大量證詞中有一個共同點：祕密警察（特勤局）的不作爲令人無法理解。第一聲槍響後，總統座駕不是按照平時訓練的要求加速離開危險區域，而是減速到幾乎停車直到肯尼迪被致命的第二槍擊中頭部。

第十五，現場諸多記者的鏡頭記錄了當時全部過程。其中一個短片的內容是謀殺發生後不到三十分鐘，幾個高級別的達拉斯警官從圖書館的屋頂往下吊送一支步槍。現場鑑定時，物證科的警員在這支步槍上沒有發現任何指紋或任何部分的手紋。然而，當這支步槍在達拉斯警局度過一夜之後卻在槍身上發現了奧斯瓦爾德的掌紋。那一夜發生了什麼？物證監管記錄留下了什麼？

第十六，從案發後直到六十年代末的七年時間裡，一連串的關鍵證人、警員和調查記者紛紛蹊蹺離世。他們的死亡，不論"自殺"還是"事故"都無法用常識和邏輯解釋。所有的死亡事後都有一個相同之處，即他們都得到了官方和媒體一視同仁的對待：冷處理。

第十七，肯尼迪總統在德州公開活動的每個時段都有詳細專業的錄像記錄，卻唯獨在案發時段沒有，留給世人的只是個別記者偶然拍到的一些反常狀態。比如，總統車隊行駛的道路兩旁裡三層外三層地擠滿了歡迎的民眾，唯獨在案發的轉彎處只有寥寥幾個人，人們難道寧願在遠處眺望而不願近距離看一眼自己擁護的總統嗎？

第十八，奧斯瓦爾德是不是獨自作案？除了官方（當時的白宮、FBI、CIA），其他調查和研究此案的人都認為奧斯瓦爾德不可能獨自作案，在時間和個人能力上他都不可能單獨完成如此複雜的犯罪。持之以恆研究此案的記者、探員和律師們公布了愈來愈多的證據證實：奧斯瓦爾德並沒有去圖書館六樓的藏書間，所謂他從右後方發射的唯一一發子彈導致肯尼迪總統的死亡根本不成立。肯尼迪總統身中兩槍，頸部和頭部，兩槍均來自前方，而擊中頭部的第二槍是最致命的一槍。

第十九，外界聽到的是奧斯瓦爾德試圖聘用紐約一位著名為左翼辯護的律師，但該律師擺手推辭，因為他已經代理的案子與肯尼迪總統謀殺案有利益衝突。到底是什麼案子與當時第一大案有衝突？他是在告訴外界有衝突還是有關係？官方和媒體的說法是奧斯瓦爾德並不急於找律師，但奧斯瓦爾德本人有一段很難得的回答記者問，這段問答上了電視。他面對鏡頭坦然地說："在那次溫馨又簡短的聽證會上，我抗議為什麼不允許我聘用律師"。當然，奧斯瓦爾德後來再也不需要僱用律師了，因為他抗議後的第三天就被那位酒吧老闆盧比（Ruby）當著七十多位警察、保安和特工的面，近距離對著他的心臟開槍殺死了。

第二十，通過主流媒體傳播的"案情解密"無一例外的繞開已存的公開證據。主流媒體向受眾展示經過仔細選擇的花邊新聞、小道消息或街談巷議，並以此進行推論，作為自己報導的依據。對於這類報導，幾十年來大眾都給予極大的關注，不是民眾不知道個中門道，而是這件事本身證實了民眾的疑惑和憂慮。主流媒體報導此案的邊界，尺度和具體內容都經過審核，都來自一個信息源——中情局。

以上這個最基本的事實詳單很長，包括《沃倫委員會報告》實際上只是從不同角度、不同側面證實肯尼迪總統是被蓄意謀殺的。近一個甲子過去了，至今仍有部分歷史檔案不能解密，為什麼？是什麼力量阻止解開肯尼迪謀殺案的最後面紗？川普總統曾經信誓旦旦地宣布他將在2019年末公開所有肯尼迪謀殺案的卷宗，但直到他第一任期結束再也沒提這件事。可見有一股極其強大的幕後力量在阻止並控制著這件歷史大案。這個強大力量最可能的只有一個：中情局。川普總統在白宮的四年做了許多他想做和該做的事。還有許多事都大打折扣，或者與他的初衷事與願違，重要的掣肘因素還是那個強大的力量，中情局。川普所用之人的背景都是公開的，有中情局背景的何止一二，但最明顯的，也是力度最大的當屬他的國務卿蓬佩奧先生。川普總統最終沒能徹底解密肯尼迪總統謀殺案，只有一個解釋：他不得已向那個強大勢力讓步了，屈服了。

　　基於對此案的探索和案情的解讀，到目前為止各類文章書籍和影視作品（詳見"分章索引"），可謂汗牛充棟。可見這起謀殺案對其後的美國政治以致民間百姓的影響，或許可以說，我們今天依然生活在此案的部分陰影裡。比如，此案無聲無形地向所有政治人物、文人墨客、調查記者、銀行家和企業家以及一切跳出個人生活小圈子去關注政治和社會問題的人們傳達了幾個永不消失的信號。

　　首先，民選總統也要聽話，要知道什麼能幹，什麼不能幹。如果誤以為當了總統就真的 "君臨天下" "言行禁止" "執政為民" "政治清明" "政府透明"，那麼請看，肯尼迪就是您的前車之鑒。

其次，美聯儲和美元的事情已經有人 "統籌兼顧" "為國操勞" 了，你們這些民選官員就不必再勞心費力了。金融界的各位精英大佬，你們只需看好自己的賬戶，多關注股市即可。不該問的，不問。不該管的，就當沒看見。為人處世的上策是：少說話，多幹事兒，份外的事情，一概 "不知道" 。

再者，對於一些天性較真兒的調查記者、傳記作家和歷史學者們，最好是把精力用在調查研究其他事件，於人於己都有利。而 "肯尼迪謀殺案" 實在是太政治化了，你們不懂政治，就不要沒完沒了地嘰嘰喳喳，該收手時就收手吧。

最後，肯尼迪謀殺案的案發細節，隨後的偵破過程，特別是《沃倫調查委員會》組成人選及其取證記錄無不向全社會暗示著：美國政治生態環境正在急速惡化。一個甲子要過去了，許多人終於意識到當某些政治人物與情報系統和黑幫勢力結成同盟後會形成怎樣一種可怕的陰暗力量。而更可怕的是：現存的法律對他們束手無策。

肯尼迪總統被謀殺後，迫不及待上位的約翰遜代表軍火集團以遏制共產主義蔓延為理由迅速升級越南戰爭，使得本來於1965年就可以結束的戰火一直燃燒了十年，直到1975年的奠邊府戰役，南越的西貢被北越攻佔，這場戰爭才以美國的失敗而告終。國內的黑幫勢力如野火般蔓延，從紐約到芝加哥，再到拉斯維加斯，從新澤西到亞特蘭大，再到邁阿密，黑幫勢力不僅控制了諸多重要經濟領域和交通運輸行業，而且滲透了多層美國政府機構。紐約的黑幫公開炫耀他們可以決定從市府州府直到聯邦政府機構的部分官員任免。至於肯尼迪總統要收回美聯儲對美元控制權的夙願，此後再也無人觸及。國際上，美國在兩次世界大戰中建立的信用和威望自此開始褪色，同時反向作用加快了美國的帝國擴張，成爲全球霸主。雖然八十年代的雷根總統在某種程度上試圖促使美國重新回歸保守主義傳統，但當時冷戰是主旋律，前蘇聯是主要敵人，所以美國精神重建的歷史重任並沒有實際展開。

之所以說肯尼迪總統謀殺案是美國近代史上最大的轉折點，還有一個事實：肯尼迪總統被謀殺之後，美國社會經歷了他們的立國先賢們根本無法想像的激進的社會轉型運動：民權運動，反戰風潮，女性解放運動，嬉皮士風尚，頹廢的一代，毒品氾濫，同性戀公開，反傳統婚姻等等。這一切都在極大程度上詮釋了美國今日的異端橫行，宗教墮落，自由萎縮，踐踏民權，道德混亂，精神萎靡，搶劫，偷盜，亂性，惡性犯罪，以及整個國家面臨分裂的淵源。

肯尼迪總統謀殺案是從威爾遜時期至今的110年以來美國政治史上最大的轉折點，沒有之一。

後記

　　花了半年多的業餘時間，從十幾年的筆記中"淘換"出這麼二十幾個案例，總體可以歸在"揭短"的範疇。或許有些讀者會認爲有"抹黑"美國之嫌，這都在意料之中。凡是有人群的地方就一定有左中右和上中下，這是自然律（個體差異起源）決定的，是不以任何人或團體的意志爲轉移的。如果說有些群體的絕大多數持有相同觀點，那只能是洗腦和強制的結果。順便補充一句洗腦和教育的區別，前者是單一信息的反復灌輸，後者是多元信息的選擇性獲取。

　　既然人類天然就有左中右和上中下，那就難免有相左的觀點。所有的觀點都是人們表達自己對三個領域的見解：過去、現在和未來。活在當下的人要想體現其生命的價值，唯一的方法就是改變或延續現狀並以此來預判未來，因爲過去是無法改變的，修訂史書另當別論。如此這般，就形成了兩個主要的價值體系，或者叫對立的兩個陣營。就美國的現狀而言，主張改變的基本上對現狀有著深刻的不滿，甚至認爲眼前這個制度已經到了無可救藥的地步。他們中間較爲溫和的要求改良，要求從體制的根本做大手術。激進一些的要求革命，徹底推翻眼前的一切，然後按照自己的"天才設計"（1848年的馬克思理論）建立一個全新的社會。與其相對立的認爲現存制度的基石和骨架是好的，雖然有這樣那樣的問題，但必須要保存並延續現存制度，因爲她是自然演化孕育的文明基石。這就是當下美國政治生態中的激進派和保守派之爭。

這兩派都經常對現實進行批評或抨擊，但出發點有所不同，一派是指出問題所在，希望解決問題，使這個不如人意的現實變好；另一派是把問題歸於現存制度本身，希望推倒重來。

我們所持的是前一種觀點，我們的立場和觀點立足於以下幾點：

1. 現存的美國政治制度，經過兩個多世紀的實踐證明，是具有自我改良和進步基因的，因爲她是千年西方文明在新大陸的延續和創新，是自然演化和積澱的結果，其價值絕非當下某些自以爲聰明的精英所能臆斷的（如"人類簡史"和"未來簡史"的作者）。

2. 現行制度已經無可辯駁的證明了她的物質創造和科技創新能力，其根本在於她給了這片土地上的人們以充分的自由，創造或冒險的空間，人類的無限想像力在這裡得以放飛。

3. 本書所用資料都是公開可查的，是否公正讀者自有判斷，僅僅公開可查這一點就足以證明美國依然存有很大的自由空間，這個社會還有足夠的自信把自己的陰暗面展示給世人。基本的自由空間和許多"負面"信息的公開本身就是這個社會能夠解決問題並健康的走向未來的根本保障。

如果換個角度，從對方的立場出發，我們應該承認目前激進左派對美國政治制度的攻擊在個別層面是有其事實依據的。例如，警察暴力執法，過度使用武力，司法機關內部的腐化，等等；但是合乎自然律和理性的方法是個案處理，事實求是，不搞政治化；但目前的做法是抓住一個或少數案件用以點帶面的方式攻擊整個社會制度，否定其合理性，並以此做為工具汙名和打擊政治對手，以期謀取權力。

這是兩個陣營衝突表面化的現象，但實質的衝突是爭奪財富分配主導權。掌握政權才能掌握財富分配的主導權，所以，一切台上表演和台下勾兌都是為了取得政權或者在權力平衡中佔據優勢。

再深一層就是資本主義和社會主義一樣，在解決財富分配的問題上兩者都是失敗的，至少在目前還看不到成功的跡象，雖然前者在創造財富方面無可爭議的優於後者。源於馬克思主義的激進派之所以主張推倒重來，其理論基礎就是主觀機械地臆斷現行的資本主義制度已經走到了盡頭，看不到什麼未來。當然，馬克思是站在資本主義的對立面對資本主義進行的批判，其理論的實踐者列寧更進一步論斷，帝國主義是資本主義的最高階段，是壟斷的，腐朽的，是必然要滅亡的。奇妙的是，上個世紀最著名的政治經濟思想家之一約瑟夫・舒幕彼得（Joseph Schumpeter）站在資本主義的立場也得出似乎同樣的論斷；所不同的是，馬克思和列寧認為社會主義必然取代資本主義，而約瑟夫・舒幕彼得認為資本主義，因其自身的

"神亡"已經有名無實繼而終將自我結束。

那麼人類到底有沒有什麼可以嚮往的未來？有句俗話，陽光之下沒新鮮事。我們是否可以傻傻的問一句：人類走過的路哪一段最具自然人文合理性，最有可能被今人借鑒和實踐，並在其融入時代元素的基礎上發展出一個可以基本合理解決財富分配的社會制度？

再如此討論下去，這篇"後記"就成了另一本書的"前言"了。就此擱筆，祝願美利堅能經得起考驗，再次證實其立國先賢們的遠見和智慧，爲人類的未來躍馬前行。

文中索引是平日閒讀時的隨筆所記，文中保留諸多人名書名，爲有心者查閱之便，也算是索引的部分。

2021年2月21日（加州·美國）

又及：

付梓之前補充一點：什麼是“陰謀論”？

廣義而言，“陰謀論”就是某種主觀臆斷而無事實依據的理論。“陰謀論”對任何政治組織或社會團體的政治目的和社會活動都是極其有害的，也是我們力主摒棄的。但同時我們應該認識到，“陰謀論”又是各種勢力喜愛的淺層博弈工具，所以隨處可見，花樣繁多。因為“陰謀論”無以立足，博弈的一方常常把另一方的質疑或駁斥歸為“陰謀論”以達不攻自破之效。

所謂“陰謀論”是為了達到一個預設的結論而提出的一個或多個沒有依據的前提論斷。比如，一架飛機被劫持後撞擊了一座大樓，致使機毀人亡，大樓倒塌。官方結論：兩名恐怖分子持隨身水果刀登機，控制了駕駛艙，是一次恐怖襲擊。這個事件可以產生諸多不同的討論和質疑，有的是實打實的“陰謀論”；有的屬於合理質疑。

（1）陰謀論：某外國勢力為了打擊美國的某一個外交政策而對美國採取的報復手段。如果這個“陰謀論”有具體事實做支撐，就成了“合理質疑”，比如，A. 那兩位劫機者卻有其人（照片、讀書、工作或租房證明等等），他們受某外國團體或組織的資助（銀行記錄等等）；B. 劫機者確實登機了（航空公司登機記錄等等）；C. 事後找到的黑匣子證實了事發過程。結論：這是一起某外國勢力用恐怖手段報復美國的恐怖襲擊。反之，如果沒有ABC作為依據，那麼所作出的判斷只能是一種主觀臆斷的"陰謀論"。

（2）陰謀論：某個能量巨大的財團操縱美國政府製造了這起劫機事件，目的是以此為藉口發動一場局部戰爭，謀取暴利。這是標準的"陰謀論"。但是，如果某些個人或社會組織在已經公開的信息基礎上質疑政府在該事件中的作用，要求官方公布與此案相關的且不涉密的細節，所提出的開放性問題就使得所謂的"陰謀論"成了"合理質疑"。比如，A. 為什麼不能公布劫機者和所有乘客的登機記錄？B. 為什麼兩個劫機者用小小的水果刀就能制服機上一百多名乘客，其中包括七十多名膀大腰圓的猛男？C. 為什麼事發後不能公布被劫飛機的黑匣子內容？如果政府拒絕回答此類合理質疑，那就可以斷定有人在極力掩蓋一個真正的陰謀。

2023年1月2日（藍凱斯特·美國）

參考書目及資料

1. 美國轉運的歷史見證人——阿瑟・史萊辛格

- Arthur Schlesinger, Jr; *Journals*. New York, NY: Penguin Books, Reprint edition, 2007
- Walter Bowart; *Operation Mind Control*. New York, NY: Dell Publishing, 1978
- James Schlesinger, Jr.; *A Thousand Days*. Boston, MA: Houghton Mifflin, 1965
- Peter Grose; *Gentleman Spy: The Life of Allen Dulles*. Boston, ME: Houghton Mifflin Co., 1994
- Richard Blow; *American Son: A Portrait of John F. Kennedy, Jr.* New York, NY: Henry Holt and Co., 2002
- Gerald McKnight; *Breach of Trust: How the Warren Commission Failed the Nation and Why*. Lawrence, Kansas: University Press of Kansas, 2005

2. 北部灣事件

- Senate Repeals Gulf of Tonkin Resolution; https://www.history.com/this-day-in-history/senate-repeals-tonkin-gulf-resolution）1970
- Jesse Greenspan; *The Gulf of Tonkin Incident, 50 Years Ago*. https://www.history.com/news/the-gulf-of-tonkin-incident-50-years-ago
- Noel Twyman; *Bloody Treason*. Miller Place, NY: Laurel Publications, 1997

3. 向喬治・瓦賴斯開槍

- Dan T. Carter; *The Politics of Rage: George Wallace, the*

Origins of the New Conservatism, and the Transformation of American Politics. Baton Rouge, LA: LSU Press, 2nd Edition, 2000
· Marvin Olasky; *The American Leadership Tradition: Moral Vision from Washington to Clinton.* New York, NY: Free Press Publishing Company, 1999
· E. Howard Hunt; *American Spy: My Secret History in the CIA, Watergate and Beyond.* New York, NY: John Wiley & Sons, Inc. Publishing Company, 2007
· John W. Dean; *Blind Ambition: The White House Years.* New York, NY: Open Road Integrated Media, 2016
· Peggy Wallace Kennedy; *The Broken Road.* New York, NY: Bloomsburg Publishing Company, 2019

4. 基金會改造帝國

· Janet Greenlee, Mary Fischer, Teresa Gordon (more); *An Investigation of Fraud in Nonprofit Organization: Occurrences and Deterrents.* https://journals.sagepub.com/doi/10.1177/0899764007300407
· Gerard Colby; *Thy Will Be Done: The Conquest of the Amazon---Nelson Rockefeller and Evangelism in the Age of Oil.* New York, NY: HarperCollins, 1995
· Ann Goggins Greory & Don Howard; *The Nonprofit Starvation Cycle.* https://ssir.org/articles/entry/the_nonprofit_starvation_cycle
· Corina Stef; *The Rust Belt's Overlooked Legacy.* https://www.commercialsearch.com/news/the-rust-belts-overlooked-legacy/
· Charity Watchdog (org); *Charity Watch Hall of Shame:*

The Personalities Behind Charity Scandals. https://www. charitywatch.org/charity-donating-articles/charitywatch-hall-of-shame

5. 赫胥黎和《美麗新世界》

· Katie Serena (edited by Jaclyn Anglis); *Meet Aleister Crowley, The 'Wickedest Man In The World' Who Horrified 20th-Century Britain.* https://allthatsinteresting.com/ aleister-crowley

· Erika Dyck & Patrick Farrell; *Psychedelics and Psychotherapy In Canada: Humphry Osmond and Aldous Huxley.* https://pubmed.ncbi.nlm.nih.gov/30138029/

· Jason Mattera; *Hollywood Hypocrites.* New York, NY: Threshold Editions, Second Print, 2013

· Donald J. Dalessio and Stephen Silberstein (editors); *Wolff's Headache and Other Pain.* New York, NY: Oxford University Press, 1993

· Dr. Jerry Bergman; *H.G.Wells: Darwin's Disciple and Eugenicist Extraordinaire.* https://answersingenesis.org/ sanctity-of-life/eugenics/hg-wells-darwins-disciple-and-eugenicist-extraordinaire/

· Timothy Leary; *Flashbacks:A Personal and Cultural History of an Era.* New York, NY: Jeremy P. Tarcher , reprinted 1997

· Jim Keith; *Black Helicopters Over America.* Atlanta, GA: Illuminet Press, 1995

· James H. Critchfield; *Partners at the Creation: The Men Behind Postwar Germany's Defense and Intelligence Establishments.* Annapolis, MD: Naval Institute Press,

2003

- Antony C. Sutton; *Wall street and the Rise of Hitler: The Astonishing True Story of the American Financiers Who Bankrolled the Nazis.* West Hoathly, UK: Clairview Books, 2010
- Lucas Delattre; *A Spy at the Heart of the Third Reich.* New York, NY: Grove Press, 2005
- Mark Lane; *Code Name "Zorro:" The Murder of Martin Luther King, Jr.* Upper Saddle River, NJ: Prentice-Hall, 1977
- Otto John; *Twice Through the Lines.* New York, NY: Harper & Row, First American Edition, 1972

6. 肯尼迪家族的政治謝幕

- R B Cutler; *Conspiracy Reader: From the Deaths of JFK and John Lennon to Government-Sponsored Alien Cover-Ups (1001 Pearls)* .New York, NY: Skyhorse, 1st Edition, 2012
- Jennifer Baldwin; *A Deadly Walk in the Night, The Unsolved Murder of Francis Bemis.* https://medium.com/the-crime-logs/a-deadly-walk-in-the-night-926707f9dca0
- Elizabeth Randall; *Murder in St. Augustine: The Mysterious Death of Athalia Ponsell Lindsley (True Crime).* Cheltenham, UK: The History Press Publishing Company, 2016
- Morgan Dunn; *The Kennedy Curse Has Tormented America's First Family for Nearly 80 Years.* https://allthatsinteresting.com/kennedy-curse

· Shane O'Sullivan; *Who Killed Bobby?* New York, NY: Union Square Press, 2008
· Larry Mlease; *Athalia Lindsley & The Forida Machete Murder.* https://www.truecrimeneversleeps.com/athalia-lindsley-the-florida-machete-murder/
· Paul Post; *Local Man Delivered'Hush Money'.* https://www.saratogian.com/2004/08/01/local-man-delivered-hush-money/
· Julia Wells; *Christopher S. Look Jr. Was Long-Serving County Sheriff.* https://vineyardgazette.com/obituaries/2011/02/24/christopher-s-look-jr-was-long-serving-county-sheriff
· John Kelin; *Praise From a Future Generation.* San Antonio, TX: Wings Press, 2007
· Jim Garrison; *On the Trail of the Assassins.* New York, NY: Sheridan Square Press, 1988
· Harold Weisberg; *Whitewash.* New York, NY: Dell Publishing, 1966
· Howard Roffman; *Presumed Guilty.* New York, NY: A.S.Barnes, 1976
· James Douglass; *JFK and the Unspeakable: Why He Died and Why It Matters.* New York, NY: Touchstone, 2010
· James H. Fetzer, editor; *Assassination Science.* Chicago, IL: Open Court, 1998
· Mark Lane; *Rush to Judgment*（An Argument on Lee Harvey Oswald Role in JFK Assassination）. New York, NY: Holt, Rinehart and Winston, 1966
· Dan E. Moldea; *The Killing of Robert F. Kennedy.* New York, NY: W.W. Norton & Company, 1995

- William W. Turner and Jonn G. Christian; *The Assassination of Robert Kennedy.* New York, NY: Random House, 1978

7. 總統的光環（一）

- Douglas Perry; *Oregon Mystery Man Stirred Up Reagan Scandals.* The Oregonian. March 5, 2018 https://www.oregonlive.com/history/2018/03/oregon_mystery_mans_spy_games.html
- J.H.Hatfield and Mark Crispin Miller; *Fortunate Son: George W. Bush and the Making of an American President.* London, UK: St Martins Press, 1999
- Marshal Fahim; *Accused of Drug Ties, Afghan Official Worries U.S.* New York Times, August 27, 2009
- Yeong Sek Yee & KHadijah Shaari; *How Ronald Reagan Healed His Colon Cancer.* https://cancercaremalaysia.com/2014/01/29/how-ronald-reagan-healed-his-colon-cancer/
- Dr. John A. Richardson; *Laetrile Case Histories: The Richardson Cancer Clinic Experience.* Boca Raton, FL: American Media, 1977
- Mark O Hatfield; *Between A Rock and A Hard Place.* Cleveland, NY: Word Books Publisher, 1976
- Richard W. Etulain; *Mark O Hatfield: Oregon Statesman (Vol. 33)* Oklahoma, OK: University of Oklahoma Press, 2021
- Ralph Nader; *Who Owns America?* 2014. https://theimaginativeconservative.org/author/ralph-nader *How to Fix Democracy with Ralph Nader 2019.* https://

humanityinaction.org/knowledge_detail/how-to-fix-demcracy-with-ralph-nader-ep-23/

· Webb Hubbell; *Friends in High Places.* New York, NY: William Morrow and Compnay, 1997
· Lucien S. Vandenbroucke; *The 'Confessions' of Allen Dulles: New Evidence on the Bay of Pigs.* Diplomatic History 8, No.4, 1984
· Elizabeth Flock; Bohemian Grove: Where the Rich and Powerful Go to Misbehave. https://www.washingtonpost.com/blogs/blogpost/post/bohemian-grove-where-the-rich-and-powerful-go-to-misbehave/2011/06/15/AGPV1sVH_blog.html
· William Klaber and Philip H. Melanson; *Shadow Play: The Murder of Robert F. Kennedy, the Trial of Sirhan Sirhan, and the Failure of American Justice. London,* UK: St Martins Press, 1997
· Howard Willens; *History Will Prove Us Right: Inside the Warren Commission.* New York, NY: Overbook Press, 2013
· Seymour Hersh; *The Dark Side of Camelot.* New York, NY: Back Bay Books, 1998

8. 總統的光環（二）

· Gary Allen; *The Rockefeller File McDonald Lawrence P (Introduction).* Seal Beach, CA: '76 Press, 1976
· R. W. Johnson; Shootdown: *Flight 007 and the American Connection.* New York, NY: Viking Penguin, 1986
· Terry Reed; *Compromised: Clinton, Bush and the CIA.* New York, NY:S.P.I. Publishing, 1994

- Ryan Gingeras; *How the Deep State Came to America, A History.* https://warontherocks.com/2019/02/how-the-deep-state-came-to-america-a-history/
- William A. Dorman and Mansour Farhang; *The U.S. Press Iran: Foreign Policy and the Journalism of Deference.* Berkeley, CA: University of California Press, 1987
- Richard Taus; *To Be A Hero, Stolen Honor: Inside the FBI, CIA and the Mob.* Sarasota, FL: First Edition Design Publishing, 2014
- Paul Heideman; *The Utterly Bizarre Life of Lyndon LaRouche.* https://jacobin.com/2019/02/the-utterly-bizarre-life-of-lyndon-larouche
- Sally Denton and Roger Morris; *The Crimes of Mena (Mena, Arkansas and Seal).* www.theforbiddenknowledge.com
- Ray McGovern; *Are Presidents Afraid of the CIA?* CommonDreams.org, December, 2009
- Barbara Honegger; *October Surprise.* Bucharest, Romania: Tudor Communications Trade Publisher, 1st Edition, 1989
- James Srodes; *Allen Dulles: Master of Spies.* Washington DC: Regnery Publishing, 1999
- Jules Archer; *The Plot to Seize the White House.* New York, NY: Hawthorne Books, 1973
- David Lifton; *Best Evidence: Disguise and Deception in the Assassination of John F. Kennedy.* New York, NY: Carroll & Graf Publishers, 1988
- Barr McClellan; *Blood, Money & Power: How LBJ Killed JFK.* Springdale, AR: Hannover House, 2003

9. 第一滴血

- Webb Hubbell; *Friends in High Places.* New York, NY: William Morrow and Compnay, 1997
- Michael E. Krivdo; *1903 Days as a POW: COL James 'Nick' Rowe, POW Diary, 1963-1968.* https://arsof-history.org/rowe/index.html
- Amanda Miller; *Viewnam-era Antiwar Protests – Timeline and Maps 1963-1975;* https://depts.washington.edu/moves/antiwar_map_protests.shtml
- Stephen Schlesinger and Stephen Kinzer; *Bitter Fruit: The Story of the American Coup in Guatemala.* Cambridge, MA: Harvard University Press, 2005
- Nick Schou; Dr. Death Revisited. https://www.ocweekly.com/dr-death-revisited-63773C48/
- Victor Merina, William C. Rempel; *Ex-Associates Doubt Onetime Drug Trafficker's Claim of CIA Ties.* https://www.latimes.com/archives/la-xpm-1996-10-21-mn-59270-story.html
- Gary Webb; *Dark Alliance: The CIA, the Contras, and the Crack Cocaine Explosion.* New York, NY: Seven Stories Press, 1999
- Stephen Stuebner; *Patriot Leader Bo Gritz Shoots Himself Under Troubling Circumstances.* https://www.splcenter.org/fighting-hate/intelligence-report/1998/patriot-leader-bo-gritz-shoots-himself-under-troubling-circumstances
- Richard Lee Armitage; Center For Strategic & International Studies. https://www.csis.org/people/richard-l-armitage

- Colonel James 'Bo' Gritz; *Called To Serve.* Lazarus Publishing Co. 1st Edition, October, 1991
- S.P.I.K.E.; https://www.spike-team.com/
- Donald Jeffries (forward by Roger Stone); *Hidden History.* New York, NY: Skyhorse Publishing, 2016
- Philip Taubman; *Key Witness In Trial Of Former Spy Is Found Dead.* https://www.nytimes.com/1982/10/27/us/key-witness-in-trial-of-former-spy-is-found-dead.html
- Daniel F. Gilmore; *A Former Green Beret Who Worked for the CIA.* https://www.upi.com/Archives/1982/10/27/A-former-Green-Beretwho-worked-for-the-CIA/5058404539200/

10. 最無理性的理性反抗

- A Documentary; *Honest man: The Life of R. Budd Dwyer.* https://topdocumentaryfilms.com/honest-man-life-budd-dwyer/
- Barbara Honneger; *October Surprise.* New York and Los Angeles: Tudor Publishing Company, 1989
- Guest Editorial; Filmmaker on Dwyer: Guilty as Charged? https://www.pennlive.com/editorials/2010/10/filmmaker_on_dwyer_guilty_as_c.html
- Thom Cole; State Treasurer R. Budd Dwyer, Facing Up to 55··· https://www.upi.com/Archives/1987/01/22/State-Treasurer-R-Budd-Dwyer-facing-up-to-55/9386538290000/
- John Luciew; *Suicide Still Shocks After 35 years.* https://

www.pennlive.com/news/2022/01/suicide-still-shocks-after-35-years.html

11. 兩場風暴

- Affidavit of Edward P. Cutolo, 3/11/1980; https://www.afrocubaweb.com/news/cutolo.htm
- Edward P. Cutolo (very limited material due to security concerns); https://www.usma1954.org/grip_hands/memorials/20153epc.htm
- David Guyatt; *CIA Drug Trafficking*. http://www.deepblacklies.co.uk/cia_drug_trafficking.htm
- Rodney Stich; *Drugging America: A Trojan Horse. 2nd Edition*. Almo, CA: Silverpeak Enterprises. 2010
- Rodney Stich; Crimes of the FBI-DOJ, and the Mafia. Almo, CA: Silverpeak Enterprises. 1999
- Greer Fay Cashman; *David Kimche, 1928-2010, the Man Who Walked in the Shadows*. https://www.jpost.com/israel/david-kimche-1928-2010-the-man-who-walked-in-the-shadows
- Special to the New York Times; *Excerpts From Iraqi Document on Meeting with Us Envoy*. https://msuweb.montclair.edu/~furrg/glaspie.html
- David Emery; *Did George H. W. Bush Say He Would be 'Lnyched' If Americans Knew the Truth?* https://www.snopes.com/fact-check/george-h-w-bush-lynched-quote
- R. Harris Smith; *OSS: The Secret History of America's First Central Intelligence Agency*. Guilford, CT: Lyons Press, 2005

- Webster Tarpley; *George Bush: The Unauthorized Biography*. San Diego, CA: Progressive Press, 2004
- Robert Parry; *Russian Investigation "Russia's PM & October Surprise"*. The Consortium, May, 1999
- Whitney Webb; *One Nation Under Blackmail*. Walterville, OR: Trine Day LLC. ,2022

12. 自立門戶

- Richard E. Sprgue; *The Taking of America, 1-2-3*. Woodstock, NY: Rush Harp and Barbara Black, 1976
- John F. Harris; *Ross Perot: The Father of Trump*. https://www.politico.com/news/magazine/2019/12/29/ross-perot-the-father-of-trump-089601
- Michael Kazin; *The Populist Persuasion*. Ithaca, NY: Cornell University Press, 1998
- Bryan Cutsinger; *Randall G. Holcombe: Political Capitalism*. https://asp.mercatus.org/publications/randall-g-holcombe-political-capitalism
- Doron P. Levin; *Ireconcilable Differences: Ross Perot Versus General Motors*. New York, NY: 1990
- Milton William Cooper; *Behold a Pale Horse*. Flagstaff, AZ: Light Technology Publishing, 1991
- Bill Trott; *U. S. Billionaire Ross Perot, Who Shook Up Presidential Politics in the 1990s, Dead at 89*. https://www.reuters.com/article/people-ross-perot/u-s-billionaire-ross-perot-who-shook-up-presidential-politics-in-the-1990s-dead-at-89-idUSN1E7A20UO
- Mark Crispin Miller (editor); *Loser Take All*: Election Fraud and The Subversion of Democracy, 2000-

2008). Brooklyn, NY: Ig Publishing, 2008

13. 三起大案

- Isabel Goyer; *1972 Cessna 310C Alaska Disappearance of Hale Boggs and Nick Begich.* https://www.planeandpilotmag.com/news/pilot-talk/2020/09/21/1972-cessna-310c-alaska-disappearance/
- Terry Reed; *Compromised: Clinton, Bush and the CIA.* New York, NY: S.P.I. Books, 1994
- Dick Russell; *The Man Who Knew Too Much.* New York, NY: Carroll & Graf, 1992
- Bruce Alpert; *Author Writes About Disappeanance of Plane Carrying Hale Boggs 43 years ago over Alaska.* https://www.nola.com/news/politics/article_45008f3a-4357-5592-962e-3a5b1f26e5f9.html
- Barbara Olson; *Hell to Pay: The Unfolding Story of Hillary Rodham Clinton.* Washington, DC: Regnery Publishing, Revised Edition, 2013
- Kathleen Willey; *Target: Caught in the Crosshairs of Bill and Hillary Clinton.* Medford, OR: WND Books, 2007
- Peter Levenda; *Sinister Forces-The Nine: A Grimoire of American Political Witchcraft.* TrineDay WaterVille, OR: 2006
- Editor's Note; Unsolved, Arkansas. https://entertherazorback.com/tag/fahmy-malak/ (see the following entry)
- Brandon Howard; 10 Unexplained Mysteries From Arkansas. https://listverse.com/2013/12/08/10-

unexplained-mysteries-from-arkansas/
- Linda Ives; An Open Letter to Sheriff Steed. https://idfiles.com/bad-guys/james-steed/
- David Hoffman; *The Oklahoma City Bombing and the Politics of Terror.* Los Angeles, CA: Feral House, 1998
- James Risen and Edwin Chen; *Clinton's Ties to Controversial Medical Examiner Questioned.* https://www.latimes.com/archives/la-xpm-1992-05-19-mn-118-story.html
- Michele Marie Moore; *Oklahoma City: Day One.* Eagar, AZ: Harvest Trust, 1997
- Andrew Gumbel; *Oklahoma City Bombing: 20 Years Later, Key Questions Remain Unanswered.* https://www.theguardian.com/us-news/2015/apr/13/oklahoma-city-bombing-20-years-later-key-questions-remain-unanswered
- Roger Catin; *The True Story of 'Waco' Is Still One of contention.* https://www.smithsonianmag.com/history/true-story-waco-still-one-contention-180968002/
- Texe W Marrs; Big Sister Is Watching You: Hillary Clinton and the White House Feminists Who Now Control America --- And Tell the President What to do. Columbus, OH: Living Truth Publications. 1993
- Christopher Ruddy; *The Strange Death of Vincent Foster.* New York, NY: Free Press, 1997

14. 取勝之道

- Douglas O. Linder; *The Ruby Ridge (Ruby Weaver)*

Trial: An Account. https://www.famous-trials.com/rubyridge/1152-home
· Adam Augustyn; *Ruby Ridge.* https://www.britannica.com/event/Ruby-Ridge
· Tony Brown and Jackie Brown; *The First Canary: The Inside Story of Ruby Ridge and A Decade of Cover Up.* Big Lake, MN: Big Pine Publications. 2000
· Rania Kaur; *'We Will Never Remain Silent': North Idaho Community Braces for Aryan Freedom Network Gathering.* https://www.kxly.com/we-will-never-remain-silent-north-idaho-community-braces-for-aryan-freedom-network-gathering/
· Robert W. Balch; *The Rise and Fall of Aryan Nations: A Resource Mobilization Perspective.* The University of Montana. https://www.jstor.org/stable/45294187
· Deb Kiner; *'We Are Very Sorry': The Bloody Standoff At Ruby Ridge in 1992 That Left 3 People Dead.* https://www.pennlive.com/life/2020/08/we-are-very-sorry-the-bloody-standoff-at-ruby-ridge-in-1992-that-left-3-people-dead.html
· Lloyd Braun; *Where In The World Is Lon Horiuchi?* https://thepresscheck.net/where-in-the-world-is-lon-horiuchi/

15. 三個影子

· Joseph E. Persico; *The Case for a Conspiracy.* New York Times Book Review, December, 1991
· Philip Weiss; *Inside Bohemian Grove.* https://sustainableplay.com/inside-bohemian-grove/

- Richard Nixon; *Hunt as "Double Agent": Memoirs.* New York, NY: Grossett & Dunlap, 1978
- John Ehrlichman; *Witness to Power.* New York, NY: Simon & Schuster, 1982
- John Prados; *Lost Crusader: The Secret Wars of CIA Director William Colby.* https://www.wilsoncenter.org/event/lost-crusader-the-secret-wars-cia-director-william-colby
- Peter Dale Scott; *The American Deep State: Wall Street, Big Oil, and the Attack on U.S. Democracy (War and Peace Library).* Lanham, MD: Rowman & Littlefield Publishers, Incorporated., 2014
- Michael Crowley; *The Deep State Is Real.* https://www.politico.com/magazine/story/2017/09/05/deep-state-real-cia-fbi-intelligence-215537/
- Arnold M. Rose; *Marx's Influence on American Thinking.* https://www.jstor.org/stable/3483838
- Mike Gonzalez; *Zombie Marxism.* https://www.heritage.org/progressivism/commentary/zombie-marxism
- Dr. Cameron: Gordon Thomas; *Journey into Madness: The True Story of Secret CIA Mind Control and Medical Abuse.* New York, NY: Bantam Books, 1990
- Nomi Prins; *All the Presidents' Bankers: The Hidden Alliances That Drive American Power.* New York, NY: Nation Books, 2014
- Richard Norton Smith; *On His Own Terms: A Life of Nelson Rockefeller.* New York, NY: Random House, 2002

· Theodore A. Sumberg; *Toynbee and the Decline of Western Civilization.* https://www.jstor.org/stable/40982166

16. 兩百個問題

· Phillip Marshall; *The Big Bamboozle: 9/11 and the War on Terror.* Createspace (self-print), 2012
· Ron Grossman; *Sherman Skolnick: Conspiracy Theorist From a Pre-Internet Era.* https://www.chicagotribune.com/opinion/commentary/ct-sherman-skolnick-conspiracy-theory-flashback-perspec-1204-20161201-story.html
· WaPo Editor; *George Tenet "Warning to Rice two months before 9/11".* Washington Post, October 1, 2006
· David Ray Griffin; *The New Pearl Harbor Revisited.* Ithaca, NY: Olive Branch Press, 2008
· Jesse Ventura with Dick Russell; *63 Documents The Government Doesn't Want You to Read.* New York, NY: Skyhorse Publishing, INC. 2011
· Vince Morris; *Upstate Maverick is Quiet 9/11 Watchdog.* https://nypost.com/2002/06/10/upstate-maverick-is-quiet-911-watchdog/
· Reuters United States; *The Man Behind the Rebuilding of 9/11's Ground Zero.* https://www.reuters.com/world/us/man-behind-rebuilding-911s-ground-zero-2021-09-01/
· Marie Szaniszlo; *Remembering 9/11: Healing, Not Closure, Comes in 'the Love of Giving Back'.* https://www.bostonherald.com/2021/09/06/remembering-9-11-

for-two-friends-different-flights-the-same-fate/
- Jade Biggs; Tania Head: Where Is The Woman Who Faked Being a 9/11 Survivor Now? https://www.cosmopolitan.com/uk/reports/a37525762/where-is-tania-head-now-fake-911-survivor/

17. 蓋利·韋伯案

- Naomi Klein; *The Shock Doctrine: The Rise of Disaster Capitalism.* New York, NY: Metropolitan Books, 2007
- Kristina Borjesson (editor); *Into the Buzzsaw: Leading Journalists Expose the Myth of a Free Press.* Amherst, NY: Prometheus Books, 2004
- John Marks; *The Search for the Manchurian Candidate: The CIA and Mind Control.* New York, NY: W.W. Norton & Co., 1991
- Gary Webb; *Dark Alliance: The CIA, the Contras, and the Crack Cocaine Explosion.* New York, NY: Seven Stories Press (2nd Edition), 1999
- Frontline PBS; *An Interview With Frederick Hitz*; https://www.pbs.org/wgbh/pages/frontline/shows/drugs/special/hitz.html
- Andrew Barron; Probe Alleged CIA/Drug Link, Activist Says. https://greensboro.com/probe-alleged-cia-drug-link-activist-says/article_501a99b6-4ed4-5190-a649-91f53129dfa7.html
- Michael A. Fletcher; Conspiracy Theories Can Often Ring True. https://www.washingtonpost.com/archive/politics/1996/10/04/conspiracy-theories-can-often-ring-true/3960d4c5-593e-4b4d-b3c9-

a2f9f4148c9d/
- Porter Goss; *Senate Report On CIA Torture.* https://www.humanrightsfirst.org/senate-report-cia-torture/porter-goss
- Mass Media Funk49; *The Bizarre Case of Richard and Susan Hamlin.* https://skepdic.com/refuge/funk49.html
- Ted Gunderson; *Summary of Michael Riconosciuto's Information Presented in Terrorism Cover Up in America.* https://educate-yourself.org/tg/TCUriconosciutosummary.shtml

18. 人造 "救星"
- Caroline Kennedy and Ellen Alderman; *The Right to Privacy.* New York, NY: Vintage Books, 1997
- Evan Thomas; *A Long Time Coming.* New York, NY: PublicAffairs Publishing Company, 2009
- Jeffrey Gold; *Tepuis. The Land Unknown.* Journal: Carnivorous Plant Newsletter, *2019 https://archive.org/details/biostor-242806*
- The BLT: *'Birther' Orly Taitz Takes on Obama in D.C. Federal Court.* January 28, 2010 https://legaltimes.typepad.com/blt/2010/01/birther-orly-taitz-takes-on-obama-in-dc-federal-court.html
- Jerome R. Corsi; *Obama's 'Missing Year' at Columbia Found?* WND Exclusive, 2012
- David Mikkelson; *Did Obama's Literary Agent Say He Was Born in Kenya? https://www.snopes.com/fact-check/promotional-booklet/*

- Sworn Affidavit; *Allen Hulton – Sworn Affidavit – Ayers Family and Obama The Foreign Student – Sheriff Joe Investigation – 2012* https://www.scribd.com/document/86014395/Allen-Hulton-Sworn-Affidavit-Ayers-Family-and-Obama-the-Foreign-Student-Sheriff-Joe-Investigation-2012
- Peter Koenig; *Implosion: An Economic Thriller about War, Environmental Destruction and Corporate Greed.* Bloomington, IN: iUniverse Companuy, 2008

19. 富人遊戲

- Maria Popova; *The Ego and the Universe: Alan Watts on Becoming Who You Really Are.* https://www.themarginalian.org/2014/01/27/alan-watts-taboo/
- Norman Birnbaum; *The Half-Forgotten Prophet: C. Wright Mills.* https://www.thenation.com/article/archive/half-forgotten-prophet-c-wright-mills/.
- Norman Birnbaum; *After Progress: American Social Reform and European Socialism in the Twentieth Century.* Oxford, UK: Oxford University Press, 2001
- Roger Young; *Doublecrossed.* 1991 Film by HBO.
- CPATrendlines; '*IRS Error in Your Favor*'Berkshire Hathaway Awarded $23 million in tax case. https://cpatrendlines.com/2005/10/30/irs-error-in-your-favor-collect-23-million/.
- Joseph C. Goulden; *The Death Merchant: The Rise and Fall of Edwin P. Wilson.* Dallas, TX: Lemur Press Publishing Company, 2021
- Maurice Possley; *Edwin Wilson.* https://www.law.

umich.edu/special/exoneration/Pages/casedetail.
aspx?caseid=3452
· Ralph Nader on 8 Key Issues; https://www.
ontheissues.org/ralph_nader.htm
· Webb Hubbell; *Friends in High Places.* New York, NY:
HarperCollins Publishers, 1997
· David Gilbert; *Our Commitment Is To Our Communities
--- Mass Incarceration, Political Prisoners, and Building A
Movement For Community Based Justice.* https://www.
akpress.org/catalog/product/view/id/2672/s/our-
commitment-is-to-our-communities/
· Emily Flitter and James B. Stewart; *Bill Gates Met With
Jeffrey Epstein Many Times, Despite His Past.* https://www.
nytimes.com/2019/10/12/business/jeffrey-epstein-
bill-gates.html#:~:text=Gates%20met%20with%20
Mr.,by%20The%20New%20York%20Times.
· Vicky Ward; What Was the Real Relationship
Between Jeffrey Epstein and Bill Gates? https://www.
rollingstone.com/culture/culture-features/jeffrey-
epstein-bill-gates-connection-1206453/
· Emily Flitter and Matthew Goldstein; *Long Before
Divorce, Bill Gates Had Reputation for Questionable
Behavior.* https://www.nytimes.com/2021/05/16/
business/bill melinda-gates-divorce-epstein.html

20. 美國的 "紅黃藍幼兒園"

· U.S. Department of State : *2021 Trafficking in
Persons Report.* https://www.state.gov/reports/2021-
trafficking-in-persons-report/

- Robert Parry; *Russian Investigation "Russia's PM & October Surprise"*. The Consortium, May, 1999
- Barry Scheck; *Actual Innocence: Five Days to Execution and Other Dispathes From the Wrongly Convicted*. New York, NY: Doubleday, 2000
- The Franklin Cover Up. www.wikispooks.com/craigspence/references. Also, www.wilisppoks.com/wiki/File:15yearoldboy.gif
- John DeCamp; *The Franklin Cover-Up: Child Abuse, Satanism, and Murder in Nebraska*. Lincoln, NE: A.W.T. Incorporated, 2011
- FBI Website: *Violent Crimes Against Children*. https://www.fbi.gov/investigate/violent-crime/vcac
- Web Research: *Human Trafficking Statistics by State 2022*. https://worldpopulationreview.com/state-rankings/human-trafficking-statistics-by-state
- Rachel Lloyd; *Girls Like Us: Fighting for a World Where Girls Are Not For Sale, A Memoir*. New York, NY: HarperCollins Publishers, 2012
- Francis Stonor Saunders; *The Cultural Cold War*. New York, NY: New Press 2001
- Douglas O. Linder; *The McMartin Preschool Abuse Trial: An Account*. Famous Trials, https://www.famous-trials.com/mcmartin/902-home *Notes From an Interview with Judy Johnson*. *https://www.famous-trials.com/mcmartin/900-interviewnotes*
- Ted Gunderson; *The Mystery of the Carefully Crafted Hoax*. Lincoln, NE: Nebraska Leadership Conference, 1991

· Ted Gunderson; *The Illuminati and The New World Order.* Self Published, 2009
· Bill Dedman; *D.C. Sex Scandal Figure Taped Farewell To Friends. https://www.washingtonpost.com/archive/ local/1989/11/13/dc-sex-scandal-figure-taped-farewell-to-friends/1c2fcd73-876f-4394-84c1-50948d41589d/*
· G M Caplan; *Sexual Exploitation of Children – The Conspiracy of Silence. U.S. Department of Justice.* 1982 https://www.ojp.gov/ncjrs/virtual-library/abstracts/ sexual-exploitation-children-conspiracy-silence
· Neal Marshad; The Conspiracy of Silence – A Television Documentary, 1995. https://www.imdb. com/title/tt0420561/
· Eddie Dean; *Finders' Keeper. 1996,* https:// washingtoncitypaper.com/article/287890/finders-keeper/
· Saundra Saperstein and Victoria Churchville; *Officials Describe 'Cult Rituals' in Child Abuse Case.* https://www. washingtonpost.com/archive/politics/1987/02/07/ officials-describe-cult-rituals-in-child-abuse-case/11f05df1-48e0-41f7-b46d-249c0bd2bc39/
· Medicaid Fraud Attorney – *Child Protective Services Whistleblower – Heroic!* https://medicaidfraudattorney. com/blog/child-protective-services-whistleblower/
· Mashaun D. Simon and Aaron Gould Sheinin; *Murdered: Senator Nancy Schafer for Fighting The Corrupt Business of CPS.* https://itsalmosttuesday.com/senator-nancy-schafers-report-the-corrupt-business-of-cps/

21. 帝國一條腿

· Louis T. McFadden; *Collective Speeches of Congressman Louis T. McFadden*. New York, NY: Omni Publications, Jan. 1970

· Arizona Caucus Club; *Congressman McFadden's Speech On the Federal Reserve Corporation*, 1978. https://famguardian.org/Subjects/MoneyBanking/Articles/mcfadden.htm

· Russ Winter; *The Assassination of Louis McFadden, One of the 20th Century's Most Prescient Men*. https://www.winterwatch.net/2021/04/the-assassination-of-louis-mcfadden-one-of-the-20th-centurys-most-prescient-men/

· William B. Harrison; *Annals of a Crusade: Wright Patman and the Federal Reserve System*. 1981 https://www.jstor.org/stable/3486528

· Wright Patman; *A Primer on Money: What Is Money, How Is It Created, and the Role of the Federal Reserve*. Paris, France: Cosimo Report Publisher, 2018

· Wright Patman; *Our American Government and How It Works: 697 Questions and Answers*. New York, NY: Barnes & Noble Publishing Company, 1974

· Bob Ivry; *Mark Pittman, 52; Reporter Who Foresaw Subprime Crisis*. http://archive.boston.com/bostonglobe/obituaries/articles/2009/11/28/mark_pittman_52_reporter_who_foresaw_subprime_crisis/

22. 俄烏戰爭與美利堅帝國的未來

- Michael Walzer; *Just and Unjust Wars.* New York, NY: Basic Books Publishing Company, 5th Edition, 2015
- *Pfizer, BioNTech and Moderna Making $1000 Every Second While World's Poorest Countries Remain Largely Unvaccinated.* https://reliefweb.int/report/world/pfizer-biontech-and-moderna-making-1000-profit-every-second-while-world-s-poorest
- Mauricio Holguin Garcia; *Top 10 Global Pharma Companies 2021.* https://pharmaboardroom.com/articles/top-10-global-pharma-companies-2021/
- Matej Milulic; *Global Pharmaceutical Industry --- Statics & Facts.* https://www.statista.com/topics/1764/global-pharmaceutical-industry/#topicHeader__wrapper

23. 災難性的阿富汗撤軍

- Stwart Scheller on *Disastrous Afghanistan Withdrawal*: https://www.youtube.com/watch?v=Kh_dB9tgNMQ
- William A. Galston; *Anger, Betrayal, and Humiliation: How Veterans Feel About the Withdrawal From Afghanistan.* https://www.brookings.edu/blog/fixgov/2021/11/12/anger-betrayal-and-humiliation-how-veterans-feel-about-the-withdrawal-from-afghanistan/
- James E. Risch; *Who Is Responsible For the Afghanistan Withdrawal Debacle?* https://www.risch.senate.gov/public/index.cfm/2021/10/who-is-responsible-for-the-afghanistan-withdrawal-debacle
- David Rohde; *Biden's Chaotic Withdrawal From Afghanistan Is Complete.* https://www.newyorker.com/

news/daily-comment/bidens-chaotic-withdrawal-from-afghanistan-is-complete

· Barnett R. Rubin; *U.S. Withdrawal: Five Conclusions.* https://www.carnegie.org/our-work/article/afghanistan-after-us-withdrawal-five-conclusions/

· Christopher D. Kolenda; *Reflecting On the U.S. Withdrawal From Afghanistan, One Year Later.* https://www.cnas.org/publications/video/reflecting-on-the-u-s-withdrawal-from-afghanistan-one-year-later

· Kathleen J. McInnis & Andrew Feickert; *The Afghanistan Withdrawal: Military and Defense Implications.* https://crsreports.congress.gov/product/pdf/IN/IN11726/2

· JE. Barnes; *United States Grapples With Aftermath of Withdrawal From Afghanistan.* https://www.cambridge.org/core/journals/american-journal-of-international-law/article/united-states-grapples-with-aftermath-of-withdrawal-from-afghanistan/43F1DC48F22B3A8772B2928170B7AAEA

· Tamara Milic; *Finding Convergence In The Afghanistan Withdrawal Debate.* https://www.fpri.org/article/2021/11/finding-convergence-in-the-afghanistan-withdrawal-debate/

24. 對自由和民權的致命一擊：愛國者法案

· Brigid O'Neil; *The Partiot Act's Assault on the Bill of Rights.* https://www.independent.org/news/article.asp?id=1184

· Mattew Robinson; *Freedom In an Era of Terror: A*

Critical Analysis of the USA Patriot Act. Chicago, IL. The Academy of Criminal Justice Sciences. March 15-19, 2005

· Casella, S. *Provisions of the USA Patriot Act Relating to Asset Forfeiture In Transnational Cases.* Journal of Financial Crime, 10(4), 2003

· Kusha, H.; *The Implications of USA Patriot Act For Legitimate Struggle Against Dictatorial Regimes Around the World.* Paper Presented at the Academy of Criminal Justice Sciences, Chicago, IL. March, 2005

· Charles Doyle; *The USA Patriot Act: A legal Analysis.* CRS Report for Congress, April 15, 2002

· Madison R. Wadsworth; *The Patriot Act: How It Hurts Democracy.* (2020) https://digitalcommons.usu.edu/hornors/869

· Duncan Campell; *US Interrogators Turn to "Torture Life".* The Guardian. January 25, 2003. https://theguardian.com/world2003.jan/25/usa.alqaida

· Official Opinion; *Surveillance Under The USA/Patriot Act.* https://www.aclu.org/other/surveillance-under-usapatriot-act.

· Sharon H. Rackow; *How the USA Patriot Act Will Permit Governmental Infringement Upon the Privacy of Americans in the Name of "Intelligence" Investigations.* https://www.jstor.org/stable/3312949

· Congress Archive; *How the USA Patriot Act Puts the CIA back in the Business of Spying on Americans.* 2002. https://archive.aclu.org/congress/1102301j.huml

· Beale, S. and J. Felman; *Assessing the USA Patriot Act's changes to Grand Jury Secrecy.* Criminal Justice 17(2), 42, 2002

· Brill, S.; *After: Rebuilding and Defending America in the September 12 Era.* New York, NY: Simon & Schuster, 2005

· Matt Struhar; Torture Ineffective, Undemocratic. The Lantern, February 19, 2008 https://www.thelantern.com/2008/02/torture-ineffective-undemocratic/

· Jennifer C. Evans; *Hijacking Civil Liberties: The USA Patriot Act of 2001.* Loyola University Chicago Law Journal, Vol. 33, 2002 https://www.lawecommons.luc.edu/luclj

· Kazmar, M.N. & M. Miller; *The Patriot Act and Its Affect On the American Jury.* Paper presented at the American Society of Criminology, Los Angeles, CA.

· Rhodes, M.; Local Peace Group Infiltrated by Government Agent. Truth Out. https://www.truthout.org/docs_03/100803J.shtml.

25. 當代美國政治史的分水嶺：約翰‧肯尼迪謀殺案

· The Warren Commission Report; *The official Warren Commission Report on the Assassination of President John F. Kennedy.* New York, NY: Doubleday & Company, Inc. First Edition, 1964

· Noel Twyman; *Bloody Treason.* New York, NY: Laurel Publications, First Edition, 1997

· John Kelin; *Praise From a Future Generation.* Chicago, IL: Wings Press Independent Publishers Group, 2007

· Jim Mars; Crossfire: *The Plot That Killed Kennedy.* New York, NY: Basic Books, Revised Edition, 2013

· Jim Garrison; *On the Trail of the Assassins: One Man's Quest to Solve the Murder of President Kennedy.* New York, NY: Skyhorse Publishing Company, 2012

· Mames W. Douglas; *JFK and the Unspeakable: Why He died and Why It Matters.* New York, NY: Touchstone Publishing, First Edition, 2010

· William Matson Law; *In The Eye of History: Disclosures in the JFK Assassination Medical Evidence.* Trophy Club, TX: JFK Lancer Productions & Publications, Inc. 2004

· Vincent Palamara; *Survior's Guilt: The Secret Service and the Failure to Protect President Kennedy.* Springfield, OR: Trine Day Publishing, 2013

· Mary Barelli Gallagher; *My Life With Jacqueline Kennedy.* New York, NY: Publisher, 1996

· Robert J. Groden & Harrison Edward Livingstone; *High Treason.* Berkley, CA: Berkley Reissue Edition, 1990

· Gaeton Fonzi; *The Last Investigation.* New York, NY: Skyhorse Publishing Company, Reprint Edition, 2018

· Lee Israel; *Kilgallen.* New York, NY: Dell Publishing Company, 1980

· Jack Roth; *Killing Kennedy: Exposing the Plot, the Cover-Up, and the Consequences.* New York, NY: Skyhorse Publishing Company, 2022

· Monika Wiesak; *America's Last President: What the World*

Lost When It Lost John F. Kennedy. Jessup, MD: 2022
· Roger Stone & Mike Colapietro; *The Man Who Killed Kennedy: The Case Against LBJ.* New York, NY: Skyhorse Publishing Company, Reprint Edition, 2014
· L. Fletcher Prouty, Oliver Stone (Introduction), Jesse Ventrua (Foreward); *JFK: The CIA, Vietnam, and the Plot to Assassinate John F. Kennedy.* New York, NY: Skyhorse, O Edition, 2011
· Mark Shaw; *The Reporter Who Knew Too Much: The Mysterious Death of What's My Line TV Star and Media Icon Dorothy Kilgallen.* New York, NY: Post Hill Press, First Edition, 2016
· Sylvia Meagher; *Accessories After the Fact: The Warren Commission, the Authorities & the Report on the JFK Assassination.* New York, NY: Skyhorse Publishing Company, First Edition, 2013
· Mark Lane, Robert K. Tanenbum (Introduction), Oliver Stone (Contributor); *Last Word: My Indictment of the CIA in the murder of JFK.* New York, NY: Skyhorse Publishing Company, 2012

國家圖書館出版品預行編目資料

綁架美利堅／則席著. --初版.--臺中市：白象文
化事業有限公司，2023.6
　　面；　公分
ISBN 978-626-7253-88-5（平裝）
1.CST: 政治制度 2.CST: 政治經濟分析 3.CST: 美
國
574.52　　　　　　　　　　112003347

綁架美利堅

作　　者　則席
校　　對　從容
圖片提供　則席
發 行 人　張輝潭
出版發行　白象文化事業有限公司
　　　　　412台中市大里區科技路1號8樓之2（台中軟體園區）
　　　　　出版專線：（04）2496-5995　　傳眞：（04）2496-9901
　　　　　401台中市東區和平街228巷44號（經銷部）
　　　　　購書專線：（04）2220-8589　　傳眞：（04）2220-8505
出版編印　林榮威、陳逸儒、黃麗穎、水邊、陳婷婷、李婕
設計創意　張禮南、何佳諠
經紀企劃　張輝潭、徐錦淳
經銷推廣　李莉吟、莊博亞、劉育姍、林政泓
行銷宣傳　黃姿虹、沈若瑜
營運管理　林金郎、曾千熏
印　　刷　基盛印刷工場
初版一刷　2023年6月
定　　價　360元

白象文化　印書小舖　PRESSStore出版印記　出版・經銷・宣傳・設計
www.ElephantWhite.com.tw　f 自費出版的領導者　購書 白象文化生活館